JN268009

図解住居学 2

住まいの空間構成

図解住居学編集委員会 編

田中 勝・小川正光・村上良知・
小林敬一郎・白砂伸夫・笠嶋 泰・谷村留都 著

彰国社

編者

図解住居学編集委員会

代表　岸本 幸臣（羽衣国際大学教授，大阪教育大学名誉教授）

委員　一棟 宏子（大阪樟蔭女子大学教授）
　　　大野 治代（大手前大学教授）
　　＊小川 正光（愛知教育大学教授）
　　　小倉 育代（大阪女子短期大学助教授）
　　　梶浦 恒男（平安女学院大学教授）
　　　岸本 幸臣（前掲）
　　＊小林 敬一郎（奈良芸術短期大学教授）
　　　土井　正（大阪市立大学大学院助教授）
　　　宮野 道雄（大阪市立大学大学院教授）
　　　吉田 高子（近畿大学教授）
　　　　　　（五十音順。＊印は本巻担当委員）

刊行にあたって

　生活水準の相対的な上昇とともに，国民の住まいに対する関心や要求が，以前にまして高まりつつある。快適な家庭生活に必要な，適切な広さの住まい，心安らぐ美しいインテリア，こどもや高齢者らが安心してすごせる居住環境，人々が住まいに求めるこうした要求は，今日の社会生活にとって不可欠な生活要求といえよう。

　さらに1995年に発生した「阪神・淡路大震災」は，住まいにとって防災的な性能がいかに大切であるかを改めて教えている。

　その結果，人々の住まいへの関心も，かつてのファッショナブルでフィーリング的なものから，構造や性能あるいは政策的な内容をも含む，本格的な内容に変化しているようである。また，生活科学・家政学部系大学や教員養成系の大学でも，住居学を学ぶ学生が増えてきているし，インテリア系の専門学校や資格養成講座の人気も高まっている。住まいに関心をもつ層が増えることは，わが国の住宅水準を改善する上で好ましい現象だといえよう。

　住宅事情に恵まれた先進国では，共通して国民の住まいに対する意識の高さと，それを支える教育基盤の充実があることが無視できないように思う。このことは国民の一人一人が，住まいについての正しい知識を身につけることなくして，住宅政策の充実も，その結果としての居住状態の改善も難しいことを示しているようである。その意味で，多くの人たちが住まいについての関心と知識をもつことは，わが国の住宅事情を改善するための最も大切な課題になっているのではなかろうか。

　本シリーズはこうした視点に立って，さまざまな場でこれから住まいを学ぼうとする人たちに，専門的な知識と技術をできるかぎり平易に身近な課題として学習できるテキストとして編集したものである。本シリーズは6巻構成であるが，住まいに関する必要な内容はすべて網羅しているつもりである。

　第1巻「住まいと生活」では，人間生活にとって住まいとはどんな存在なのかを紹介している。住まいのあり方やその機能を，それが立地している風土や人々の生活，あるいは時代の中で考えてみることにしている。

　第2巻「住まいの空間構成」では，住まいを人間生活の空間的投影としてとらえ，私たちの生活行為と空間との関わり方という視点から述べている。さらに，住まいの設計に必要な空間構成論や，個別空間の装飾や装備についても，その考え方を紹介している。

　第3巻「住まいの構法・材料」では，住まいが成り立っている構造的な側面について紹介している。住まいはどのような仕組みで建てられているのか，どのような材料を必要とするのかを考えることにしている。

　第4巻「住まいと社会」では，住まいに関わる諸問題を扱い，わが国の住宅問題の特性とその背景要因を述べている。また，住宅政策に求められる新しい理念についても国際的な視点から紹介している。

　第5巻「住まいの環境」では，快適で衛生的な室内環境を実現するための条件を，「光・音・熱・空気・設備」の側面から考察している。さらに，今日的課題である環境共生や持続可能な人間居住の実現という視点からも，住環境のあり方に触れている。

　第6巻「住まいの管理」では，住まいと人間生活の好ましい対応関係の技術として管理の課題を扱っている。変化する家族と生活内容に住まいや空間がいかに対応すべきか，どんな管理システムが必要なのか，どんな社会的支援が求められているのかを解説している。

　本シリーズでは各巻の記載内容に，できるかぎりビジュアル・スペースを増やして，読者の理解を助ける形式を採用することに腐心した。本書を読まれた方が，住まいについて人間生活の最も大切な基地としての理解を，今まで以上に深めていただければと思う。本シリーズが住まいに関心を持ち，住まいを学ぶ人たちに広く活用され，私たちの住生活や住まいの改善に少しでも役立ってくれることを，筆者一同は切望してやまない。

平成10年9月　図解住居学編集委員会代表　岸本幸臣

はじめに

　生活内容に沿った平面を計画したり，住まいの空間構成を設計する作業は，住まいに関する諸領域を代表する最も創造的な行為である．この巻では，住生活の内容と住空間の構成に関する原則と，生活内容を空間構成へと設計していく基本的な方法を扱う．

　わが国における平均的な世帯構成人数は減少しているにもかかわらず，住宅規模は着実に増加しつつある．このことは，各家庭の住宅規模にゆとりが生まれてきていること，生活内容を表現する個性的な住空間が形成される可能性があることを示している．住生活に合致した住まいが実現できるのは，すばらしいことである．しかし，一部の雑誌で取りあげられるような生活の実態と遊離した奇抜な形態の設計は望ましいものではない．一度形成された住空間は，そこで展開される生活内容に大きな影響を与え，規定する．形が面白いだけで住み難い住空間は，居住者の毎日の生活に対して徐々にではあるが影響を与え続け，長い年月をかけて生活内容を損ねることになる．家族関係や生活内容を検討し，十分理解したうえで設計された住空間は，住みやすいばかりでなく，その後の家族の生活を発展させ，新たな住要求を生みだし，次の住空間の計画と設計を迫り，住生活をさらに発展させるだろう．

　ここでは，生活実態を基礎として行う住空間の計画と，設計に関する基礎的な理論を，多くの計画事例をあげながら説明している．住空間の段階性からみると，居室の構成から始め，住戸の平面計画，インテリア，屋外の敷地計画やエクステリアまでを扱っている．作業の段階からみると，生活実態と住空間に関する原則，設計の手法，設計に関する法律まで，幅広く扱っている．さらに，今後の家族関係や環境からみた住まいの方向性についても示唆を与えている．具体的に，次のような内容から構成されている．

　第1章では，住まいを構成する基礎的単位である居室を取りあげ，生活行為にもとづいた居室規模と構成の考え方を述べている．

　第2章では，居室の集合体である住戸平面と敷地を対象とし，基本的な計画の原則と方法について説明している．

　第3章では，住まいの平面構成について，時代や地域により，また，生活内容に対応してさまざまなタイプが形成されていることを事例をあげて示している．

　第4章では，住まいの基本的な枠組が形成された後に，住み方に応じて家具を配置したり内装の仕上げを行うインテリアの考え方と方法，屋外の空間を形成するエクステリアの要素と方法について述べている．

　第5章では，色彩の計画を取りあげ，色彩が表現する感覚的な内容と活用方法について検討している．

　第6章では，夜間の生活の場を演出するあかりの種類と，あかりを形成する照明設備の計画方法を解説している．

　第7章では，住まいの形態を二分する戸建て住宅と集合住宅という典型をとりあげ，各々の構成上の特徴と計画手法について事例を示しながら検討している．

　第8章では，第1章から第7章までの計画上の原則を踏まえ，実践的に設計を行う際に遭遇する問題点と解決方法について述べている．また，設計時に留意すべき基本的な法律の条件についても示している．

　第9章では，これからの住まいの方向性を検討している．環境への対応と高齢者居住というふたつの課題を中心に取りあげ，環境とも他の家族とも共生する必要性を述べ，既に始められている試みを紹介している．

　住まいの計画と設計で対象にするのは3次元的な空間そのものである．計画をまとめたり，熟達した設計ができるようになるためには，空間を敏感に感じとり，分析する必要がある．数多くの優れた住まいの空間を実際に体験し，素直に感動する経験の蓄積が重要である．その際，この巻で取りあげた計画原則のどこに該当するのか，設計の手法がどのように応用して使われているのかを分析し，考えてみる作業をしていただきたい．計画と設計の技術は，応用の積み重ねを経て理解され，身に付くものである．そのような作業を通じて，この巻では述べていない新しい方法や原則が発見されるかもしれない．

平成12年8月　担当編集委員　小川正光，小林敬一郎

目次

1 ライフスタイルと居室

- 1.1 生活行為・モノ・居室の関係 ─── 10
- 1.2 住空間と収納スペース ─── 12
- 1.3 なぜダイニングキッチンは生まれたのか ─── 14
- 1.4 ライフスタイルと居室の形態・規模 ─── 16
- 1.5 居住水準の設定 ─── 18
- 1.6 居住者の住要求と居住水準 ─── 20
- 1.7 住宅規模による住宅平面の発展 ─── 22

2 平面を計画する理論

- 2.1 自然環境とプライバシーによる居室の配置 ─── 26
- 2.2 居室の結合タイプ ─── 28
- 2.3 動線によるプランニング ─── 30
- 2.4 ゾーンプランニングによる居室の結合 ─── 32
- 2.5 居住者の評価による計画 ─── 34
- 2.6 庭と敷地の計画 ─── 36
- 2.7 生活の変化に対応する住宅 ─── 38

3 平面プランの構成

- 3.1 住宅平面の変遷 ─── 42
- 3.2 住宅平面の種類 ─── 44
- 3.3 住宅平面の地方性 ─── 46
- 3.4 ライフスタイルと住宅平面 ─── 48
- 3.5 敷地条件と住宅平面 ─── 50
- 3.6 高齢社会と住宅平面 ─── 52

4 インテリアとエクステリア

- 4.1 日本のインテリアの歴史 ─── 56
- 4.2 インテリアデザインに見る西洋の影響 ─── 58
- 4.3 諸室の平面計画 ─── 60
- 4.4 リフォーム計画 ─── 62
- 4.5 防犯設計 ─── 64
- 4.6 エクステリアのデザイン ─── 66

5 色彩の計画

5.1	色彩の心理	70
5.2	暮らしの色彩	72

6 照明の計画

6.1	あかりの種類	76
6.2	諸室の照明計画	78
6.3	エクステリアの照明	81

7 戸建て住宅と集合住宅

7.1	戸建て住宅の問題と集合住宅の問題	84
7.2	集合住宅の住戸平面①	86
7.3	集合住宅の住戸平面②	88
7.4	集合住宅の住戸平面③	90
7.5	集合住宅の集合形態①	92
7.6	集合住宅の集合形態②	94
7.7	集合住宅の屋外空間	96
7.8	街・ストリートをつくる集合住宅①	98
7.9	街・ストリートをつくる集合住宅②	100

8 計画から設計へ

8.1	設計の考え方とプロセス	104
8.2	設計の手法① 魅力ある玄関回り	106
8.3	設計の手法② 楽しいLDK	108
8.4	設計の手法③ 合理的な家事スペース	110
8.5	設計の手法④ 個室の分離と結合	112
8.6	設計に関わる法律	114
8.7	ハートビル法	120

9 新しい住まいの試み

9.1 環境との共生	124
9.2 海外のエコロジカルハウジング	126
9.3 家族形態の変化に対応する住まい①	128
9.4 家族形態の変化に対応する住まい②	130
9.5 自立した生活を支える住宅と地域	132
9.6 わが国のケア付き住宅	134
9.7 スウェーデンのケア付き住宅	136

用語解説 ―――――― 139

・本文中の図表名称の末尾に付いている片かっこ付きの数字は，各章末の「図表出典リスト」の番号を示す。
・本文中に太字で示した語は用語解説に掲載した。

執筆分担（執筆順）

田中　勝	1・9章（9.1〜9.2節）
小川正光	2・9章（9.3〜9.7節）
村上良知	3章
小林敬一郎	4（4.1〜4.5節）・5・6・8（8.6〜8.7節）章
白砂伸夫	4章（4.6節）
笠嶋　泰	7章
谷村留都	8章（8.1〜8.5節）

1 ライフスタイルと居室

　住まいは家族の生活の場である。核家族や三世代，単身世帯など家族の型によって住まいに対する要求は異なり，住空間を構成する居室の種類や規模・構成も変わってくる。住要求は社会背景や生活水準，家族の成長・分解過程，ライフスタイルの変容とともに絶えず変化し，地域の気候風土や歴史・文化，生活様式とも関わりが深い。時代とともに住まいづくりのあり方が大きく変わろうとも，住まいは家族の住生活をやさしくつつみ込む器であり，家族の生命や安全・健康を守る基盤として一定の広さや性能を有していなくてはならない。現住宅の問題点を明らかにし，目標とする住生活像の実現に向けて家族の住要求を正確に把握していくことが，住宅平面計画の出発点といえるのではないだろうか。食事や睡眠，団らん，家事，接客，趣味など住居内外で展開される種々の生活行為を満足させるのに必要な居室や空間要素を住宅全体の広さの中で適切に配置していくことが重要である。そのためには人の動作や家具・耐久消費財の保有，ライフスタイル，地域性などの視点から「生活」を総合的に把握し，バランスのとれた住空間としてまとめ上げていくことが望まれる。

　第1節では人体寸法やモノ，生活行為からみた居室の種類・規模について述べ，第2節では住居内における家具・耐久消費財の保有状況と収納スペースの問題について解説している。第3節では戦後の公共住宅の平面計画に導入されたダイニングキッチン誕生の社会的背景や住まい方を整理し，第4節では起居様式や住宅の広さ，地域の生活様式によって公室空間の構成や住まい方にバリエーションが生まれることを示している。第5節では国および地方自治体の住宅政策に位置づけられている「居住水準」の役割や水準設定の考え方について述べる。第6節では住宅の広さに対する居住者の要求水準の変化や住宅事情の地域差を取り上げ，地域別に居住水準を設定していくことの重要性を述べている。第7節では共同住宅平面を例に住戸規模と住空間を構成する諸要素の関係について述べている。

1.1 生活行為・モノ・居室の関係

1.1.1 住生活と住空間

現代社会において人間は，住居や地域，都市などさまざまな生活空間の中で暮らしている。家庭生活の基盤となる住居には，安全で快適な構造や設備が求められるとともに，居住者の**住要求**の変化や地域の**生活様式**に対応した住空間が必要である。すなわち，家族の住要求を踏まえた住宅計画を行う必要がある。具体的には住居内で展開されるさまざまな**生活行為**（家族の団らん，食事，睡眠，学習，趣味など）を拾い出し，各行為の関連性を考慮しつつ，住宅全体の面積の中でそれぞれの生活行為を行うのに必要な居室（寝室，居間など）や平面要素（玄関，廊下，収納，浴室など）の規模を設定していく。住空間のスケールは，その中で生活する人間とモノとの空間的なバランスの上に成り立っており，家族構成やライフスタイルの変化にあわせて，①人体寸法，②住居各部での人の動作寸法，③モノ・家具などの生活財の寸法や配置について十分に検討しておく必要がある。

1.1.2 生活行為と居室

家庭生活における生活行為の一例を表1.1に示す。生活行為は個人レベルから家族全体に関係するものまで幅広い内容を含み，家族構成員の年齢・性別のほか時間帯や季節などによっても発生場所が異なる。また各行為は，一連の動作の複数の組合せによって成り立つことが多い。したがって住宅全体の規模や間取りを検討するときには，各行為の時間的・空間的相互関係を詳細に把握し，住宅全体のスペースを効率的に使うように工夫するとよい。

住空間の広さを決める基本となるのは人体寸法である。人の生活行為

表1.1 生活行為・モノ・居室の関係[*1,*2]

空間	生活行為	主な家具・器具・設備	目的・機能	居室の種類	室の配置
家族生活	もてなす	テーブル，ソファ，座卓	接客	応接間・座敷	玄関に近い
	くつろぐ，寝そべる，TVを見る，新聞を読む，音楽を聴く	テーブル，ソファ，TV，AV，新聞，椅子	家族の団らん	居間	日当りや眺望が良好，庭に出やすい，家族が集まりやすい
	食事，準備・後片づけ	食卓，椅子，食器棚，カウンター	食事	食堂	眺望がよい，LやKとのつながり
家事	調理（洗う，切る，煮る），準備・後片づけ	流し台，調理台，ガス台，食器棚，冷蔵庫	作業能率	台所	西日を避ける，LやDとのつながり，勝手口
	裁縫，アイロンがけ，家庭事務，洗濯，乾燥，掃除	ミシン，家事机，椅子，洗濯機，乾燥機，掃除機	家庭管理	家事室，ユーティリティ	各室との連絡がとりやすい
個人生活	睡眠，読書，仕事，更衣，収納	ベッド，ふとん，ソファ，机，椅子，書棚，押入	睡眠，個人性，対話	夫婦寝室，書斎	部屋の独立性が保てる位置
	勉強する，遊び，趣味，学習，更衣，収納	テーブル，机，椅子，書棚，ステレオ，TV	自主性，管理	子供室	落ち着いて勉強でき，プライバシーが確保しやすい
	1日の大半を過ごす，睡眠，接客	ふとん，ベッド，タンス，クローゼット	静ひつ性，快適性	老人室	日当りや風通しがよい，眺めがよい，1階
生理・衛生	排泄	和式便器，洋式便器	人間の基本的生理機能	便所	室の中を通路にしない，給排水設備をなるべく1ヵ所にまとめる
	入浴，くつろぐ	浴槽，シャワー，洗面用具		浴室	
	脱衣，洗面，化粧	脱衣かご，洗面・化粧台，鏡		洗面・脱衣室	
通路・交通	履き物の脱ぎ替え	下駄箱，クローク，傘立て	出入口	玄関	道路や敷地との関連
	上る，下る	コンセント，照明，スイッチ	上下階連結	階段	ドアの位置，開閉方向
	移動する，出入り		平面移動	ホール・廊下	
収納	収納，整理する	ロッカー，戸棚，たんす，引出し，押入	収納，整理整頓	押入，納戸，クローゼット，物置	各室にバランスよく配置する

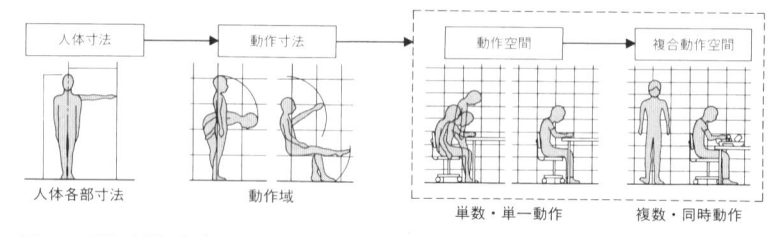

図1.1 動作空間の概念[*3]

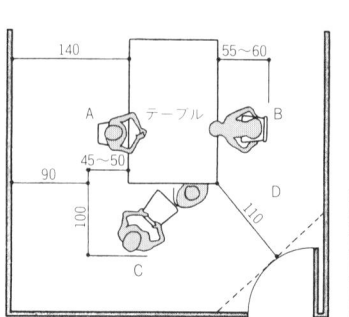

A 椅子に腰をかけた基準の寸法
B 立つために椅子をずらす場合の寸法
C 斜め後ろから椅子をサービスする場合の寸法
D ドアを内側からあける場合の寸法
E 壁ぎわに棚があり，その前に人が立って仕事をする場合の寸法
F Eと椅子の間を人が通る場合の寸法
G 引出し付きの棚から物を取り出す場合の寸法

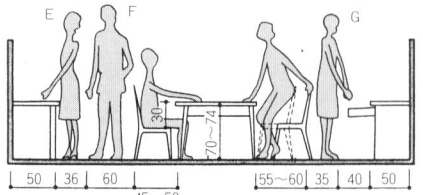

図1.2 家具，ドアの配置，人の動きと居室の規模（ダイニングキッチン）[1)]

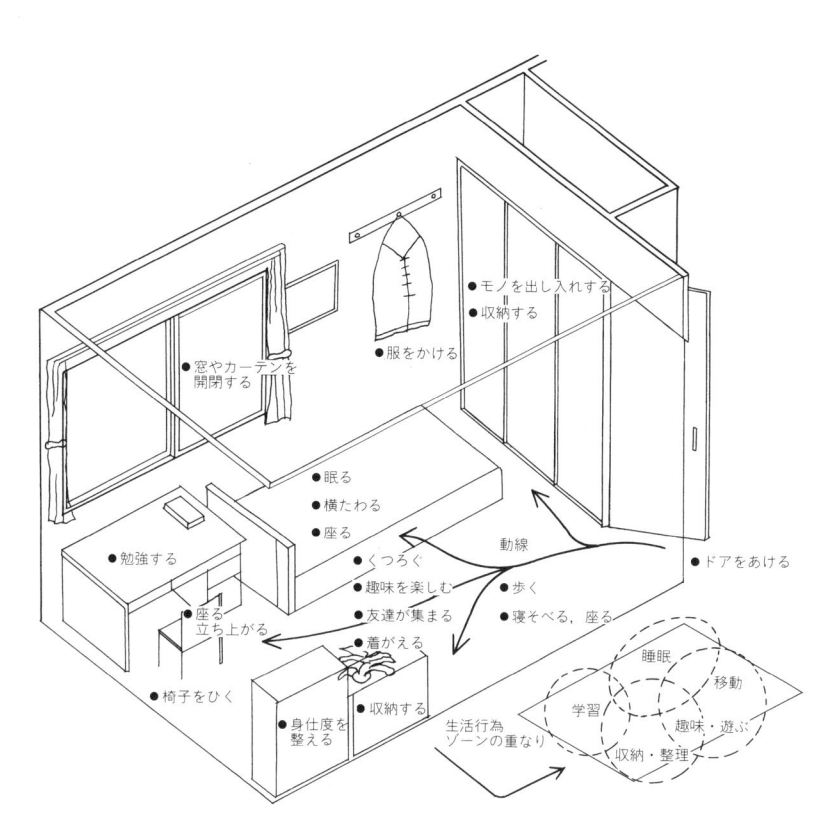

図 1.3 居室における生活行為のつながりと家具配置（子供室）

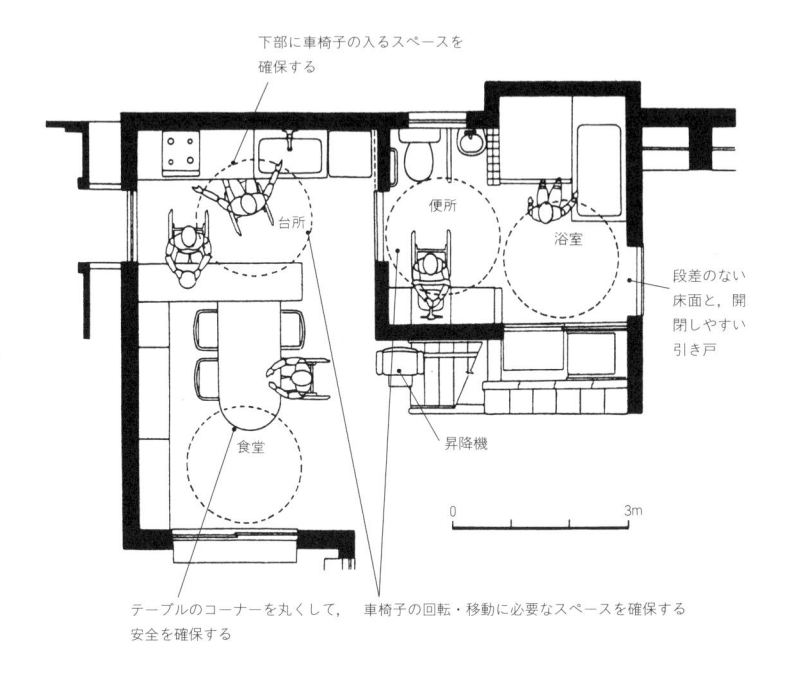

図 1.4 身障者用独立住宅における車椅子の回転・移動寸法と食堂・台所・浴室・便所のつながり（阿佐ヶ谷の家，設計：高木敦子設計室，車椅子に関する指導：野村歓）[2]

には何らかの動作・行動がともない，さらに各行為の目的・機能を補助するために居室内にはさまざまな家具や耐久消費財，器具・設備などが持ち込まれる。人体寸法，動作寸法，家具面積，空間のゆとりなどを平面的，立体的に集めたものが住宅平面（住空間）を構成すると考えてもよい。動作空間の大きさは浴室や便所など限られた行為を行う場所では均一で，居間や食事室などのように多人数が集まり，複数の行為が重複して展開されるような場所では空間の広がりにバリエーションが生まれやすい。居室を計画する場合には，関連性や連続性の強い生活行為をできるだけ集約し，家具配置を考慮に入れながら空間の有効活用を図っていくのが望ましい（図1.3）。

1.1.3 高齢者や身障者への配慮

住宅のバリアフリー化は，高齢者や身障者にやさしい住まいづくりの基本である。人の姿勢や運動能力，行動様式は年齢とともに変化し，高齢者になると1日の大半を居室内で過ごすことが多くなる。こうした高齢者の住生活特性を踏まえて，最近の新築住宅では居室内の段差解消や滑りにくい床仕上げ，廊下や浴室などへの手すり・照明の設置など高齢化対応の住宅設計が浸透しつつある。高齢者や身障者が同居する住宅では，車椅子の回転スペースや生活補助者（介護者）のことも考えてゆとりのある住空間を確保しておくことが大切である。（図1.4）。しかし建築時期の古い住宅では高齢者の住生活にとって多くの障害が存在し，それが原因で家庭内事故につながるケースも多い。こうした事故の多くは増改築やリフォームなどの適切な住宅改善を行うことによって防ぐことも可能であり，そのための公的支援（助成金，住宅相談，情報提供など）が求められている。

1.2 住空間と収納スペース

1.2.1 住生活とモノ

　高度経済成長による所得水準の上昇やライフスタイルの近代化によって，家庭内には多種多様なモノ（生活財）が持ち込まれるようになった。生活を支えるこれらのモノによって，私たちの住生活は便利で豊かになったようにも見える。しかし実際の住まい方を見ると（図1.5），住宅内にはさまざまなモノが溢れ，それらを収納するための十分なスペースもないのが現状である。延床面積の拡大を上回る勢いで家具の増加や大型化が進み，住生活の秩序を維持していくことが困難になるケースも少なくない（図1.6）。とはいえ現代の住生活はモノなしでは成り立たず，もう一度，住空間における人とモノとの共存について考えていく必要があろう。そのためには住み手の価値観やライフスタイルの転換を含めて住生活とモノ保有のあり方を見直すとともに，住宅を計画する場合には住宅の広さや家族人数に見合った収納スペースを確保しておくことが重要である。

1.2.2 間取りと家具のレイアウト

　住宅を設計したり購入するときに，家具や耐久消費財のスペースについて考えない人はいない。ところが，入居して実際に家具を置いてみようとすると，間取りの制約（開口部の位置・形式，壁面量など）や構造（梁の有無，天井高など）などの諸条件に気づき，思うように家具が置けないといったケースをよく耳にする。平面図や断面図，各室の展開図，住居模型などを使って家具・耐久消費財のボリュームを把握し，居室内の家具配置を考えながら住宅全体の間取りを検討していくことが重要である（図1.7）。

・家族構成：夫婦と子供2人
・住宅規模：持ち家（4LDK）132 m²
・居住地：東京

(1992年12月16日 16：30)

左から一輪車，本，人形，時計，おもちゃ，おもちゃの収納カゴ，洋服掛け，本棚3と本と人形，勉強机と椅子とぬいぐるみと本，自動車，スーツケース2，ビデオゲーム，トロフィー，電子ピアノと椅子と本，松葉づえ，靴28，ローラースケート，スノーケル，浮き輪2，クーラーボックス，冷蔵庫，コーヒーテーブルと魔法びんと炊飯器とトマト，サイドテーブルと電話，米びつと写真，カラーテレビと焼き物のめんどり，サイドテーブルと炊事用具，消火器，こたつ，食器棚と食器と電気オーブンとオーブントースターとリキュールびん，張子の動物，洋服掛け，ベッド，ドレッサー，傘5，二段ベッドと毛布とまんがとおもちゃ，犬小屋と犬，ワゴンテーブルと炊事用具，食器収納，電気洗濯機と乾燥機，お風呂用具，スケートボード
[写真に写っていない物] ガスストーブ，ガスヒーター，客用布団，衣服，コインコレクション，アルバム，シャベル，くま手，道具，自転車3，子供用椅子，ヘルスメーター

図1.5　Uさん一家の持ち物³⁾（写真提供：© Material World／ユニフォトプレス）

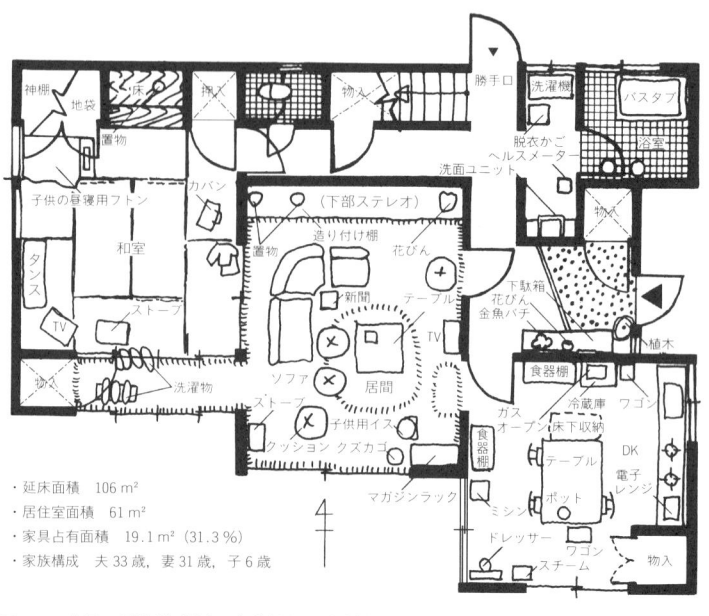

・延床面積　106 m²
・居住室面積　61 m²
・家具占有面積　19.1 m²（31.3 %）
・家族構成　夫33歳，妻31歳，子6歳

図1.6　家具・耐久消費財の占有状況（豊橋市，住み方調査）

1.2.3 収納スペースの実態と評価

住宅の収納設備には，押入・物入（天袋，地袋を含む），納戸，ウォークイン・クローゼット，造り付け家具，小屋裏・床下収納，地下室，屋外物置などがある。これらの収納スペースは，住宅の延床面積の拡大とともに増加していく傾向にある（図1.8）。しかし，平成10（1998）年の**住宅需要実態調査**によると，収納スペースに対する居住者の不満率は55.4％に達し，住宅に関する不満の第3位を占めている。収納に対する不満の原因は，①量が少ない，②収納するものにあった大きさ，形状でない，③位置・形状がよくないの3点に集中している（図1.9）。特に共同住宅の場合には床面積や間取りの制約から収納部分が切り詰められることが多い。設計の自由度の高い戸建て持ち家であっても，入居後の時間の経過とともに家族人数や住み方が変化し，**生活財**の保有量の増加によって計画時の収納スペースでは足りなくなるケースが多い。

家具・耐久消費財の占有面積は平均して床面積の約3割を占め，4畳半などの狭小な居室では居住空間を満足に確保することができない。収納スペースを含めた適正な居室規模を確保するとともに，住居内のデッドスペースや屋外物置の活用も工夫したい。

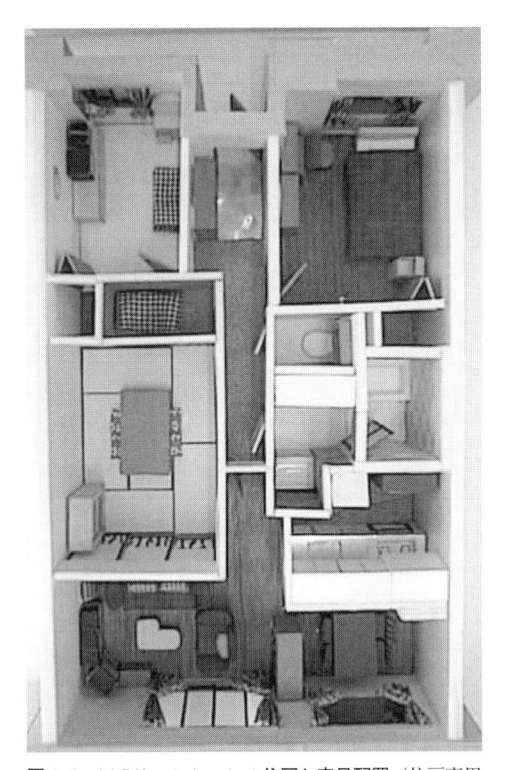

図1.7 3LDKマンションの住戸と家具配置（住戸専用面積67 m²，山梨大学家政科学生作品）

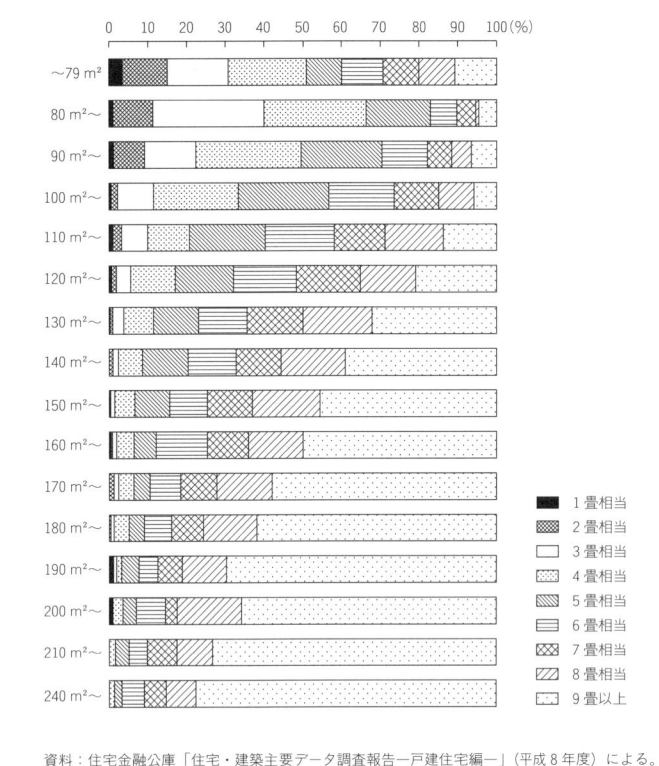

図1.8 住宅の延床面積と収納面積
資料：住宅金融公庫「住宅・建築主要データ調査報告—戸建住宅編—」（平成8年度）による。

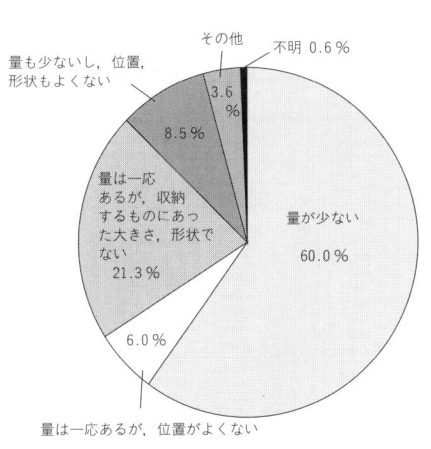

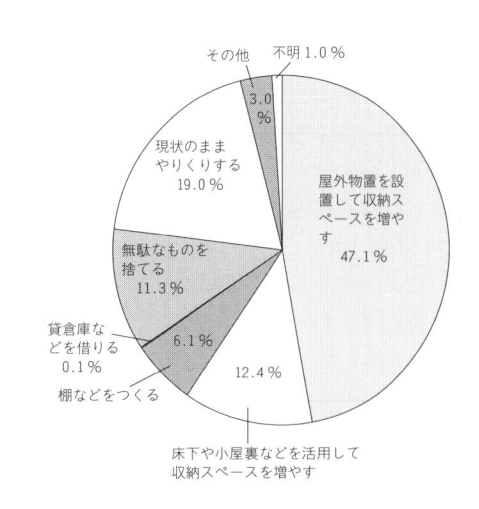

図1.9 収納に対する不満の原因（左）と解消方法（右）[4]

1.3 なぜダイニングキッチンは生まれたのか

1.3.1 戦前と戦後の住まい

　家族の団らんや個人のプライバシーを重視した住宅計画は今日では一般的なこととなっている。しかし、戦前は家父長制に代表される「家」制度があり、家族生活よりも接客中心の住宅平面や格式を重視した空間構成が優先されていた。特に、主婦の家事労働の場であり、日照や通風条件のよくない台所は長い間、住宅の中でも日の当たらない部分として扱われてきた。

　戦災によってわが国の都市は未曾有の住宅難に追い込まれ、庶民は限られた床面積の中でギリギリの生活を強いられた。このため、襖や障子で仕切られた和室の空間を食事や就寝などの目的によって使い分け、スペースの絶対的不足に対応していたのである（図1.10）。こうした居室の転用性は日本の住宅における住まい方の知恵でもあり、限られた住宅面積の中で家族のさまざまな住要求を満たすことを可能にした。しかし同時に、転用による過密就寝や住居の保健、精神衛生上の問題も含んでいた（図1.11）。

　戦前から戦後にかけての住生活の近代化過程において、**食寝分離**や**就寝分離**の考え方が、家族生活本位の住宅計画の基本原則としてわが国の生活様式や住宅計画技術の中に本格的に定着していったのは、高度経済成長期以降のことである。その先導役としての**ダイニングキッチン**が庶民住宅に幅広く普及していった背景には、①小住宅における住生活秩序の獲得、②台所設備・器具の近代化、③洋風ライフスタイル（椅子座）の普及、④女性の社会的地位向上と台所作業の軽減など社会的生活様式や価値観の変化があった。

図1.10　昭和30年代の庶民住宅の茶の間の風景（葛飾区郷土と天文の博物館展示室）[5]

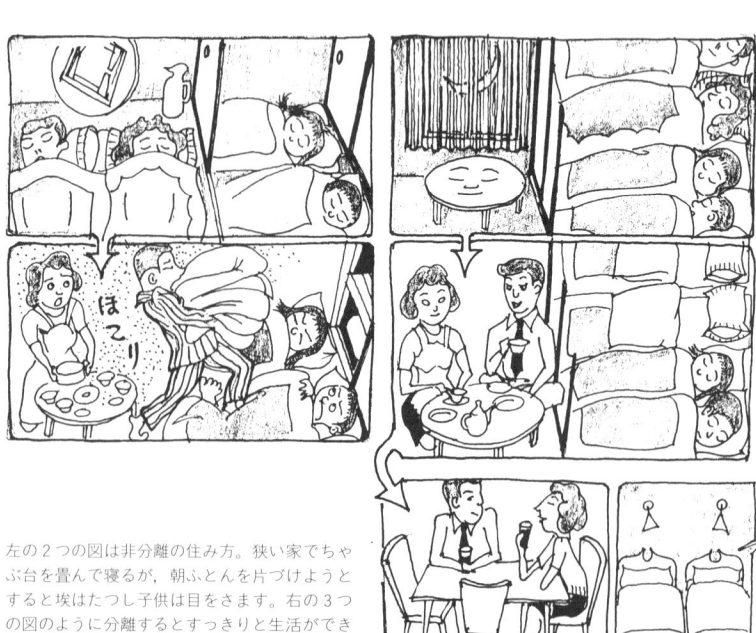

左の2つの図は非分離の住み方。狭い家でちゃぶ台を畳んで寝るが、朝ふとんを片づけようとすると埃はたつし子供は目をさます。右の3つの図のように分離するとすっきりと生活ができる。ただし寝室が過密になることは狭い住宅の持つ根本的な矛盾である。

図1.11　食寝分離の考え方[6]

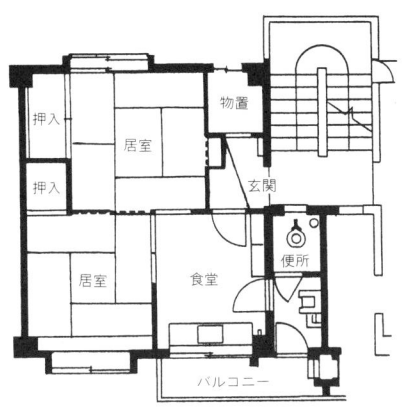

図1.12 公営住宅51C型住戸平面（40.2 m²）

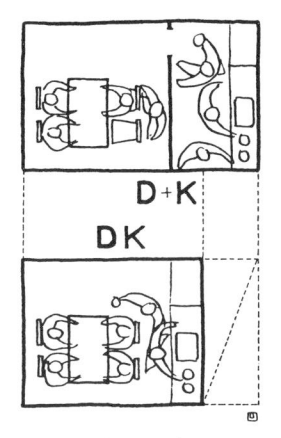

図1.13 ダイニングキッチンの面積節約効果[7]

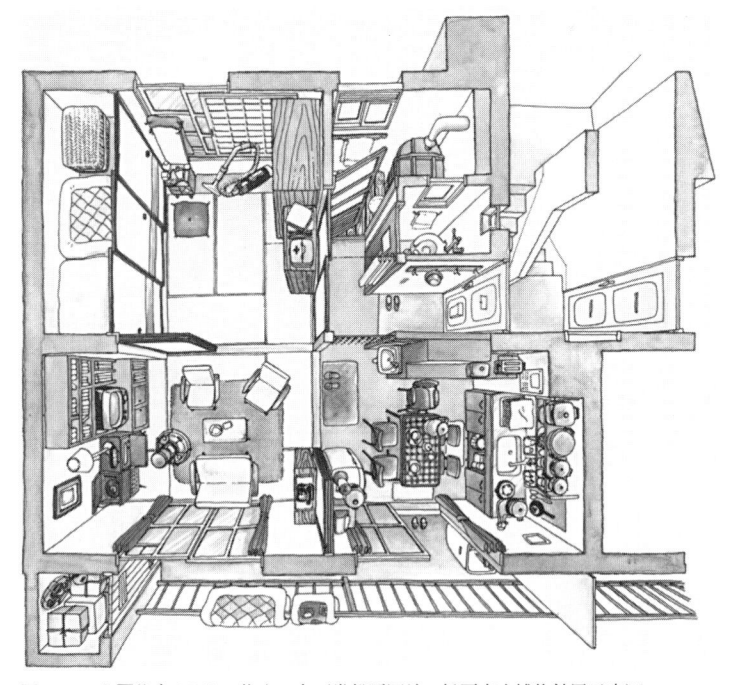

図1.14 公団住宅2DKの住まい方（常盤平団地，松戸市立博物館展示室）[8]

図1.15 ダイニングキッチン（常盤平団地，松戸市立博物館展示室）[8]

1.3.2 住み方調査と食寝分離論

住空間と住生活との対応関係の科学的分析を通じて，居住者の住まいに対する住要求の発展法則を把握しようとするのが**住み方調査**である。西山夘三は関西の庶民住宅における住み方の観察・分析から，平面計画原則としての食寝分離の必要性を実証した。小住宅であっても寝室と食事室を分離し，小さな食事専用の室を確保していることを示したのである。食事の場と就寝の場を空間的に分けることで最低限の住生活の秩序を維持し，住居の衛生状態の改善や主婦の家事労働の軽減を図っている。さらに独立した寝室の確保によって，夫婦と子供の就寝分離の適正化を図ろうとするのが食寝分離論である（図1.11）。

1.3.3 公営住宅におけるダイニングキッチンの普及

西山による食寝分離論は，ダイニングキッチン（食事室兼台所，以下DK）という形で公営住宅51C型住戸平面や初期の公団住宅平面の中に見ることができる（図1.12）。床面積12坪（約40 m²）という制約の中で，台所（K）と食事室（D）をひとつの部屋にまとめ，椅子座の食事専用の場を確保した（図1.14）。DとKの一体化により食事と調理のためのスペースを節約し（図1.13），その分の面積を独立した寝室の確保に振り向けている。椅子座のDKは調理や食事以外の用途への室の転用を防ぎ，台所まわりの主婦の家事労働の効率化にも寄与した。

昭和43（1968）年の住宅統計調査において住宅数が世帯数を上回り，住宅政策は量から質の問題へと転換した。今日では公営住宅の床面積も70 m²を超えるようになり，DKはLとつながる家族の団らんの場や接客の場として発展してきている。

1.4 ライフスタイルと居室の形態・規模

1.4.1 ライフスタイルと住宅平面

わが国の住宅の居室には和室と洋室があり，**起居様式**としては床座と椅子座が用いられている。洋室では椅子座が，和室では床座の生活が多い。しかし最近では居室の種類と起居様式とが必ずしも対応しておらず，家族のライフスタイルや居室の広さによる自由度が高まっている（図1.16，1.17）。戦災直後，住宅の床面積が小さかった時代には居室の転用性を高めるために和室と床座の組み合わせが標準的であったが，ダイニングキッチンの導入や高度経済成長期以降の住宅の大型化，住生活の洋風化・近代化にともなって椅子座が広く普及し，固定的な起居様式にとらわれない多様なライフスタイルを生み出している。

1.4.2 公室空間の発展とバリエーション

住生活の基本的段階では，食寝分離や個室確保，居間の確立，家事スペースの整備などの住要求が住宅平面計画の中に取り込まれていく。住要求は家族や社会の発展とともに変化するから，これを満足させるために増改築や住み替えといった居住状況の改善行為が生じる。住宅規模の拡大によって基本的な住生活がしだいに充足していくと，接客や格式，家族構成員の趣味など，より高度の住要求に応えるための住宅平面が志向される。これらは居住者の住意識やライフスタイル，地域の伝統的住文化とも密接に関連している。

公室空間には表1.2のようなバリエーションがあり，それぞれ利点・欠点をもつ。近年はDK型やK型などLを含まずに公室領域を構成するタイプが減少し，L，D，Kを一つの空間にまとめたLDK型のシ

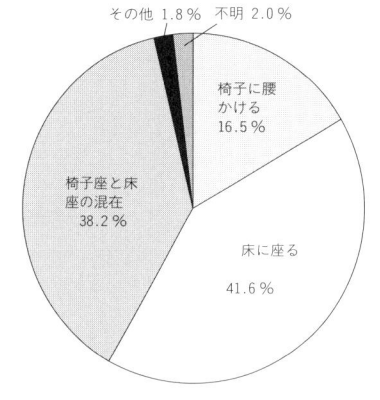

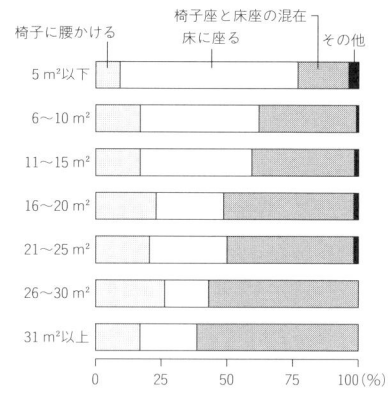

図1.16 居間の起居様式[4]

図1.17 居間の広さと起居様式[4]

表1.2 公室空間のバリエーション[8]

公室の型	空間のモデル	生活の特徴
DK型	寝・L　DK 7〜9	・食事（D）と就寝は分離するが，団らん（L）は就寝の場と重なる。 ・小規模住宅向き。各室を分離すると狭苦しくなるので一般には食事室兼台所（DK）と居間兼寝室は開放的につなげられる。居間兼寝室は転用のきく畳敷きの部屋とされることが多い。
LDK型	LDK 15〜20	・最低限の広さで公室部分（食事・団らんなど）と私室部分（就寝など）を分離する。 ・L，D，Kが一体となるので安定した居間は確立しがたい。 ・LDKの面積が大きければ，軽い仕切でKとLを分けることが可能。
LD+K型	LD 13〜15　K 5〜6	・L，Dは同一室とし，Kを分離する。 ・食事中心に団らんする生活の型に適する。 ・面積の小さいLDのしつらえに工夫を要する。和室のLD（茶の間）の型もある。
L+DK型	L 12〜13　DK 9〜10	・D，Kは同一室とし，Lを分離する。Lを独立に充実させようとする生活型に適する。 ・DKは家事の便，台所作業しながらの団らん参加などの理由で人気がある。 ・DKを食事のみの場とするか，集まりの場とするかで扱いが異なる。
L+D+K型	L 12〜13　D 7〜8　K 5〜6	・L，D，Kをそれぞれ分離する。 ・各室をそれぞれの用途に応じて充実させることができる。 ・不十分な規模で形式的に分離させることは，かえって生活を窮屈にすることもある。
S型	S　(L・D・K)	・L，D，Kの空間以外に特別の用途のための空間をもつ。 ・接客室・書斎・プレイルーム，そのほか趣味に応じたさまざまな用途がある。

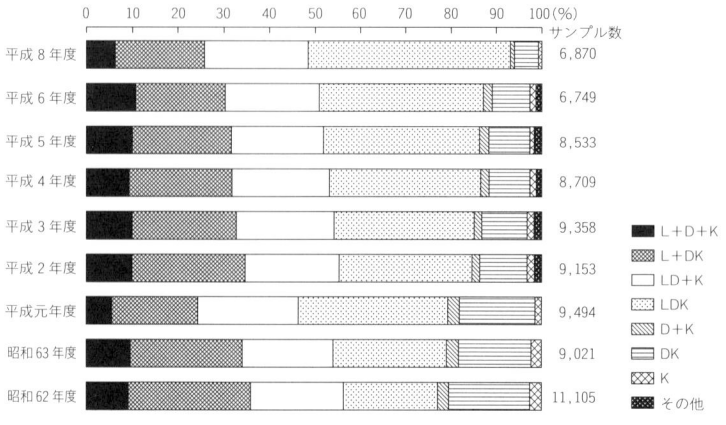

注：空間モデル欄の数値は，現代の公共的住宅を想定した場合の最低所要面積（m²）を示す。

※1 昭和62年度には沖縄県を含まない。平成7年度は調査データなし。
※2 L，D，Kの組み合わせ不明を除いている。
資料：住宅金融公庫「住宅・建築主要データ調査報告」による。

図1.18 戸建て住宅における公室空間構成の推移

ェアが拡大してきている（図1.18）。Lを含んで公室領域を確保する場合、L, D, Kをそれぞれ独立させるよりは少ない面積で団らんや接客スペースを確保できるLDKタイプの採用が多くみられる。住宅規模が拡大していく中で、小住宅ではDKやLDKといった最小限のスペースで公室を構成している。このときDKやLDKが接客の機能を兼ねる場合には、来客によって家族の団らんや食事が妨げられるケースがある。しかし規模の大きな住宅では、LD+KタイプやL+DKタイプによる公室確保も可能になることがわかる（図1.20）。

1.4.3 居室間の構成の工夫

住宅規模の拡大にともなって、L, D, Kといった基本的な公室領域に付加されることが多いのはLに連続する和室である（図1.21）。LDあるいはLに連続した和室を設けることで和室を独立した接客の場とし、同時に団らん専用の空間を確保することが可能になる。また団らんは椅子式のLのほか冬場にはコタツを使った和室を確保することもできる。こうして、団らんを中心とする住み方にも変化が生まれる。住宅全体のスペースの拡大は居室構成の自由度を高め、地域の生活様式に対応した住宅平面の形成を可能にしている。

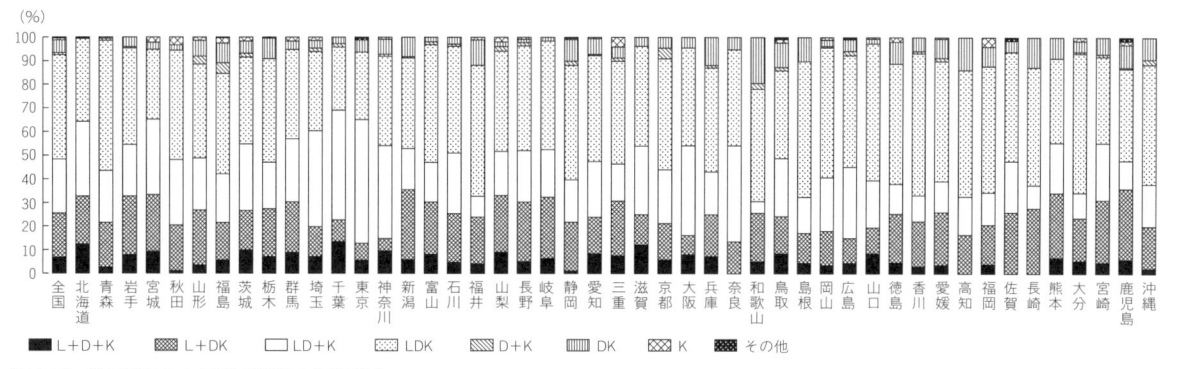

図1.19 地域別にみた戸建て住宅の公室構成

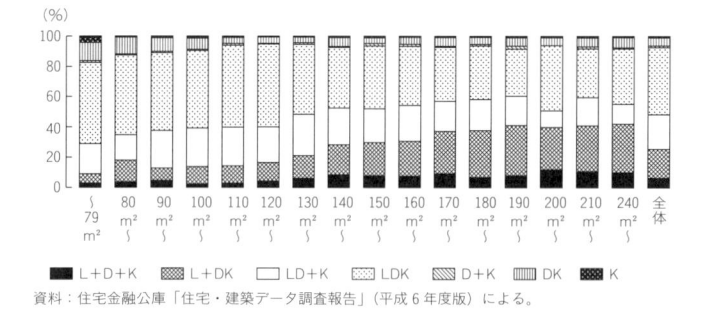

資料：住宅金融公庫「住宅・建築データ調査報告」（平成6年度版）による。

図1.20 住宅の延床面積別にみた戸建て住宅の公室構成

名東区の建売住宅（延床面積83.3 m²） 1階

LDは、家族用の団らんの場としてしつらえがなされている。団らんは、和室にまで連続してのびるが、来客時には区切った客間となるよう座卓も置かれている。接客に対するより、団らんを重視した住み方である。

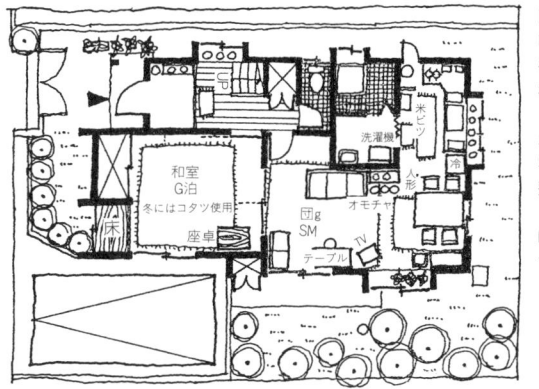

団らんは、DK, Lで主に行い、冬には和室へ移動することもあるが、和室は接客に使うため整頓されている。Lにも客を通すのが可能なしつらえがなされている

名東区の建売住宅（延床面積93.9 m²） 1階

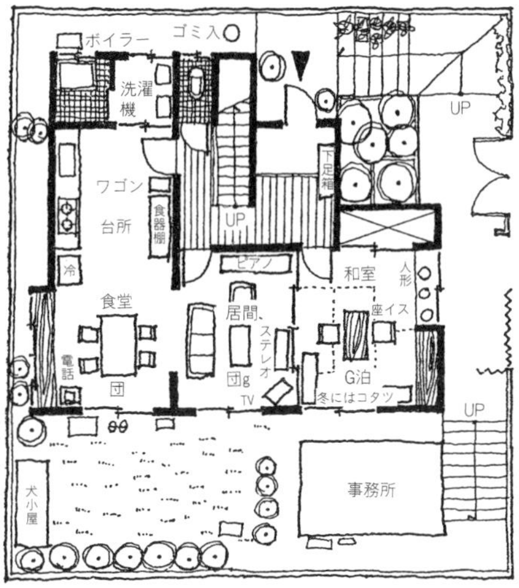

団：団らん　泊：来客の宿泊
G：改まった接客　SM：夫の仕事
g：親しい客の接客

図1.21 Lに連続する和室を持つ戸建て住宅の住まい方（名古屋市）[10]

1.5 居住水準の設定

1.5.1 住宅建設5カ年計画と居住水準

居住水準という用語は，住宅とそこで生活する世帯の対応関係を総称する概念として用いられている。居住水準の設定は，社会的な住宅事情の改善に大きな役割を果たしてきたが，国の住宅政策の中に明確に位置づけられたのは第3期住宅建設5カ年計画（以下3期5計）以降のことである。昭和43（1968）年に総住宅数が総世帯数を上回り，住宅政策の課題が量的住宅難の解消から質的水準の向上へと大きく転換した。国民の居住実態を詳細に把握し，あるべき水準に向けて具体的に改善・誘導していくための政策目標として，居住水準指標が導入されたのである。

居住水準の考え方の基礎となったのは昭和42年の公団住宅新型系列の設定であった。ここでは食寝分離と就寝分離を生活の基本原則とし，家族構成によって必要とされる居室や平面要素を積み上げ，住宅全体の適正規模を導いている。経済の論理ではなく，生活の論理から出発して住宅の広さを提案した基準として，大いに評価される。

1.5.2 居住水準の系列化

3期5計で国が定めた居住水準は「最低居住水準」と「平均居住水準」の2系列であった（図1.22）。前者は国民が健康で文化的な生活を営むための最低限度の住宅の広さや間取りを具体的に示したものであり，すべての国民が早期に実現すべきものとされた。一方，後者は最低居住水準レベルの住まい方を確保した世帯が次に目標とする水準である。

昭和40年代に入り，居住水準の改善が進むと，住宅事情の地域差や住宅問題の内容の相違などが顕在化

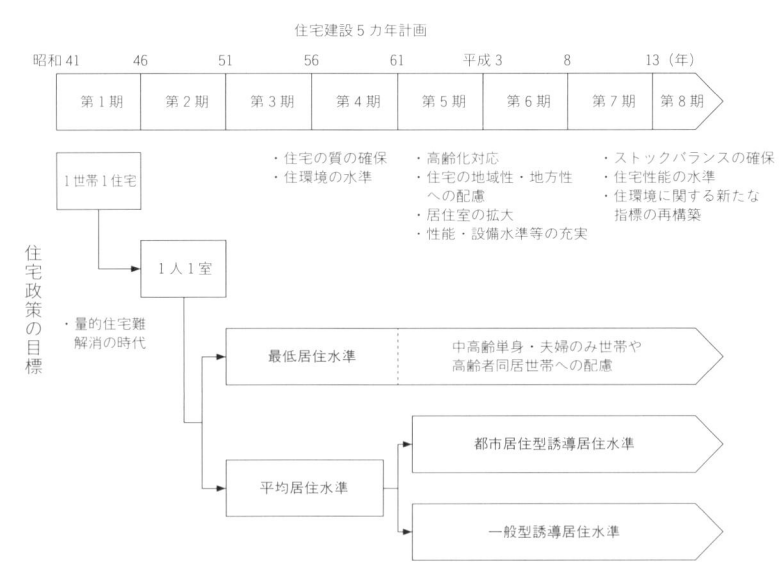

図1.22 戦後の住宅政策における居住水準目標の変遷

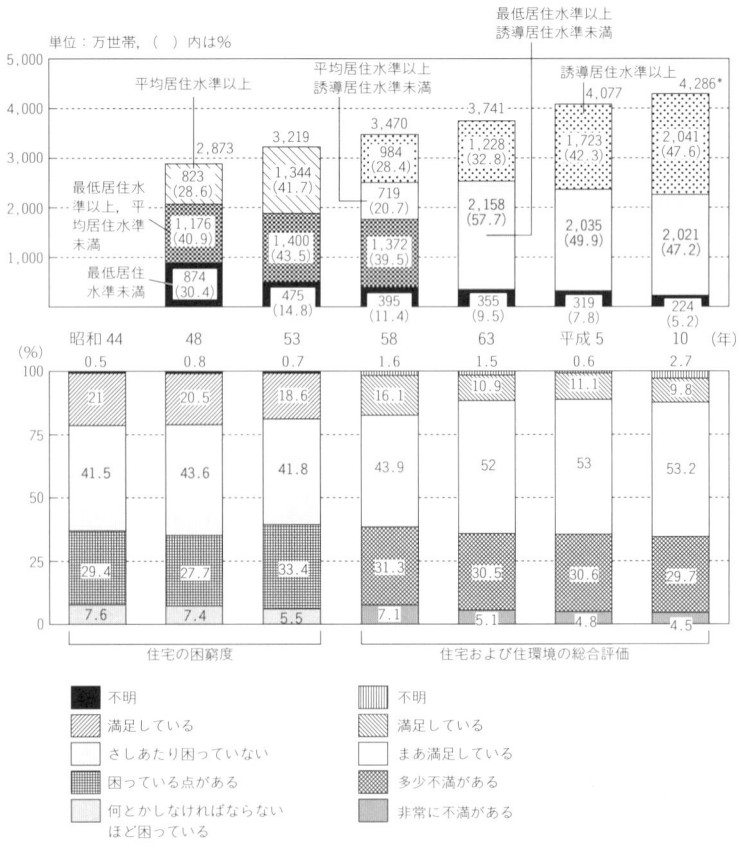

図1.23 居住水準の達成状況（上）と住宅に対する困窮感・不満率の推移（下）

資料：住宅（・土地）統計調査，住宅需要実態調査
注：昭和48年の世帯数および昭和58，63年の誘導居住水準未満世帯数については建設省の推計による。
＊：平成10年住宅・土地統計調査速報集計結果より算出。居住水準による必要畳数の不詳を除く。

してきた。そこで建設省は，5期5計から平均居住水準に代わって「誘導居住水準」を導入し，現在に至っている。この誘導居住水準は，都市の中心およびその周辺における共同住宅居住を想定した「都市居住型誘導居住水準」と，郊外および地方における戸建て住宅居住を想定した「一般型誘導居住水準」とに分かれている。6期5計では西暦2000年までに全国の半数の世帯がこの水準を達成することを目標としたが，平成10年住宅・土地統計調査では全体の52.4％が誘導居住水準未満にある。一方，最低居住水準では高齢者を含む世帯の住生活ニーズや家族関係に配慮した居室規模や設備が提案されたが，基本的に数値は据え置かれている。居住者の住宅に対する困窮感や不満率はこの30年間でほとんど改善されておらず（図1.23），基準値の改訂など居住水準設定の方法論や住宅政策の再検討が求められている。

1.5.3　現行居住水準の室構成

現行居住水準では家族の就寝条件を仮定し，世帯構成別に具体的な室構成を示している（表1.3）。最低居住水準レベルでは公室領域をDK，誘導居住水準ではLDK系列とした。一般型誘導居住水準では座敷や納戸，多目的室などへの利用を想定した余裕室を設けている。

表1.3　現行居住水準における室構成と就寝条件[*4]

1.6 居住者の住要求と居住水準

1.6.1 住要求の発展と居住水準

居住性は，住宅の広さや部屋数，設備のほか，立地や住環境，家賃などを含めた総合的なものである。住宅難の内容が時代とともに変わっていく中で，住宅の広さの問題は，居住者の最も基本的な住要求の一つとして住宅計画理論や**住宅政策**の中に位置づけられてきた。今後も，住宅や住環境に対する居住者のニーズを正確に把握し，住宅事情の改善や住宅平面計画のプロセスの中に位置づけていきたい。

広さや部屋数に対する居住者の要求水準や実態としての住宅の規模水準（level）は，地域や居住者階層によって異なり，時代とともに推移する。一方，住宅政策としての居住水準（standard）は，ある時代や階層の「水準」や「要求」を踏まえて設定されるが，固定されやすく，levelの変化の大きい時には大きな矛盾を生じる（図1.24）。levelとstandardの大きな乖離を避けるためにも住宅規模水準の動向や居住者の**要求水準**を的確に把握しておくことが重要である。

1.6.2 住宅規模水準の動向

一世帯当たりの住宅の広さの平均値（ストック）はこの数十年の間に拡段に向上してきた（表1.4）。単身世帯の増加や核家族化などの世帯要因に加えて，広さに対するニーズが高まり，狭小な住宅ストックが淘汰されてきたからである。その結果1人当たりの畳数は飛躍的に拡大し，現行最低居住水準をはるかに上回るレベルに達している。

1.6.3 住宅の広さに対する満足度

建設省が5年ごとに行っている住宅需要実態調査では，住宅や住環境に対する居住者の主観的評価を知る

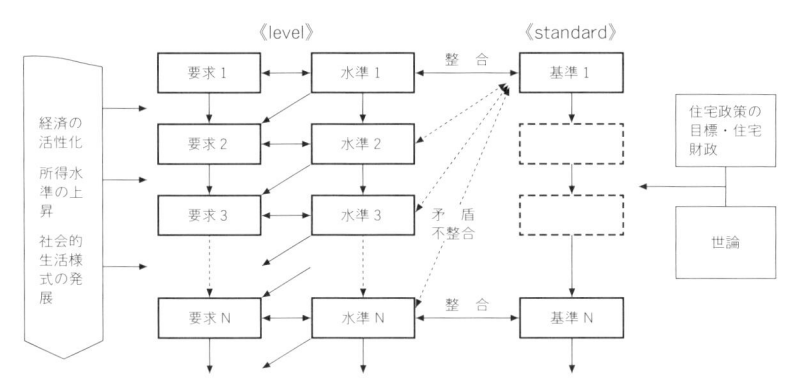

図1.24 住要求の発展と居住水準

表1.4 愛知県における世帯人数別，居住室畳数の平均値の推移[*5]　　単位：畳

世帯人数		昭和33	38	43	48	53	58	63	平成5	10 (年)
1	人	12.3	12.0	10.9	11.8	13.2	14.8	15.9	18.3	19.8
2	人	15.1	15.9	16.0	18.7	22.8	25.5	28.9	31.8	33.6
3	人	17.7	18.5	18.5	21.9	26.2	29.0	32.4	35.0	36.7
4	人	20.2	21.5	21.5	24.8	28.6	31.4	34.4	36.9	38.7
5	人	23.4	26.0	28.0	32.1	36.4	38.8	42.0	43.1	44.7
6	人	29.4	32.7	36.0	42.0	47.8	50.8	56.5	53.8	55.0

注：昭和33年〜昭和63年までは住宅統計調査による実績値。平成5年および10年は予測値。いずれも主世帯が対象。

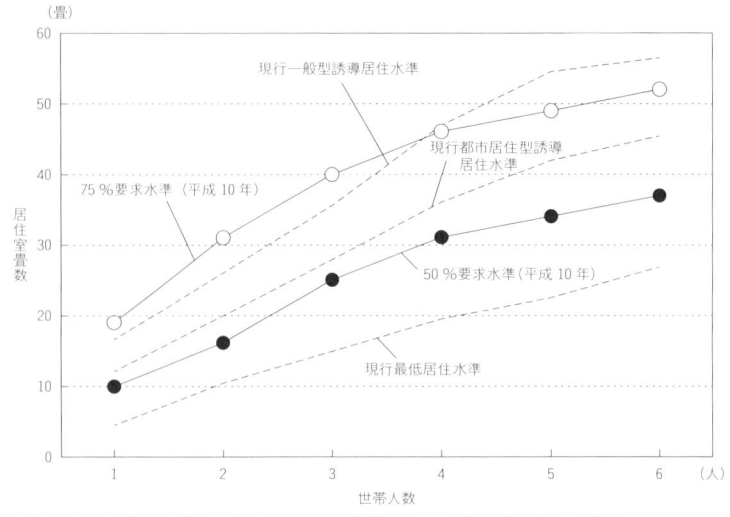

注：50％および75％要求水準は，平成10年住宅需要実態調査データの特別集計結果より算出した。

図1.25 現行居住水準と居住者の要求水準（全国）

表1.5 都道府県別にみた住宅事情

指標 都道府県	住宅数[1] (千戸)	持ち家率 (%)	共同住宅率 (%)	戦前住宅率[2] (%)	日照3時間未満率[3] (%)	最低居住水準未満率[4] (%)	敷地面積[5] (m²)	延べ床面積[6] (m²) 総数	持ち家	借家
00 全国	43,922	60.3	37.8	3.8	12.2	5.2	273	90	120	44
01 北海道	2,142	55.7	⑩37.6	0.9	⑨12.6	1.4	288	86	115	⑩50
02 青森	473	70.9	18.3	2.0	⑩12.0	2.1	⑩366	118	145	③52
03 岩手	448	70.7	19.3	5.0	9.1	2.3	⑥386	117	⑩147	50
04 宮城	780	60.4	34.2	2.8	8.8	3.6	⑧384	98	133	44
05 秋田	374	⑦77.5	15.7	3.1	9.0	1.5	④400	⑧135	⑤160	⑦51
06 山形	364	③76.4	16.6	5.4	6.6	1.8	②419	④134	④160	50
07 福島	651	68.7	21.2	6.0	6.1	3.0	⑥386	112	141	49
08 茨城	927	70.4	21.5	3.4	6.3	3.5	①448	102	126	47
09 栃木	629	69.1	21.1	3.3	5.5	3.3	⑦399	101	126	47
10 群馬	658	70.3	19.8	5.3	6.3	3.3	⑨370	102	126	47
11 埼玉	2,310	63.1	⑨39.9	1.2	11.7	⑥5.0	239	81	103	43
12 千葉	2,004	62.2	⑧40.9	1.8	10.4	⑦4.9	273	84	108	44
13 東京	4,942	41.5	①66.6	0.9	①20.7	①11.9	148	59	93	36
14 神奈川	3,020	53.9	②53.6	0.9	⑦13.5	④7.2	188	72	98	40
15 新潟	762	⑤75.2	16.9	5.2	11.3	1.4	350	⑤131	⑥159	49
16 富山	337	①80.6	15.9	5.3	⑤13.9	1.6	⑤393	①152	①177	⑥51
17 石川	390	68.0	27.1	5.6	④14.1	2.1	297	⑥124	③162	47
18 福井	244	⑤75.5	17.4	5.0	9.9	2.0	330	②137	②165	①54
19 山梨	298	67.3	23.1	5.6	6.0	3.4	342	105	135	40
20 長野	714	71.5	18.2	⑤8.1	5.8	2.4	357	⑧123	⑦153	⑨50
21 岐阜	649	⑧73.5	19.7	6.3	7.5	2.7	292	116	143	46
22 静岡	1,207	64.9	28.1	3.2	9.5	4.0	273	97	126	46
23 愛知	2,342	57.9	⑦41.8	3.1	10.8	4.2	260	91	125	45
24 三重	595	③76.4	16.6	6.9	9.0	2.6	294	111	130	49
25 滋賀	403	②73.9	21.5	⑩7.3	10.4	2.3	291	⑩118	143	46
26 京都	964	59.4	37.1	④8.8	③16.3	⑤5.4	170	80	108	40
27 大阪	3,290	49.6	③52.5	3.6	②20.3	③9.1	130	69	99	40
28 兵庫	1,890	60.9	⑤43.6	3.8	⑧12.8	5.4	204	89	116	46
29 奈良	457	71.0	26.2	5.8	9.4	3.2	235	105	127	50
30 和歌山	365	⑩72.1	17.1	② 9.3	10.5	⑩4.6	206	98	118	47
31 鳥取	190	⑨72.4	17.2	⑧7.7	2.1	3.3	318	⑦123	⑧151	②52
32 島根	248	71.8	17.9	①14.3	10.4	3.3	312	⑨121	⑨149	⑤51
33 岡山	653	67.2	22.6	③9.1	7.0	3.3	272	104	134	46
34 広島	1,033	60.0	34.7	5.9	11.0	3.7	228	92	123	45
35 山口	558	65.2	24.6	⑥7.9	7.9	3.1	282	99	125	46
36 徳島	275	70.1	21.9	7.1	7.5	2.5	280	103	128	46
37 香川	347	69.0	23.4	5.8	7.7	2.4	297	108	135	50
38 愛媛	542	65.4	22.5	4.4	9.1	3.3	238	94	120	48
39 高知	299	67.7	20.8	6.8	8.4	3.8	199	90	110	49
40 福岡	1,789	53.9	⑥43.5	3.5	11.8	4.0	277	84	116	46
41 佐賀	274	69.7	19.5	⑦7.8	6.7	3.5	328	112	140	④52
42 長崎	518	65.5	24.8	6.0	9.8	⑧4.9	242	93	116	49
43 熊本	616	66.0	24.6	7.0	8.3	3.3	329	95	121	48
44 大分	434	64.2	28.4	⑨7.6	7.9	3.6	290	96	123	49
45 宮崎	422	68.3	21.6	4.4	6.2	3.6	345	92	111	⑧51
46 鹿児島	685	67.2	21.9	5.7	9.1	⑨4.7	320	84	101	49
47 沖縄	414	55.3	④45.6	0.4	⑤13.9	②9.5	278	75	98	47

資料：平成10年住宅・土地統計調査確報集計結果より作成。
  各指標別に，数値の高いものから第10位までを番号で示した。
  1）居住世帯のある住宅のみ 2）建築の時期「不詳」を除く 3）日照時間「不詳」を除く
  4）居住水準による必要畳数「不詳」を除く 5）一戸建て・長屋建て住宅のみ 6）専用住宅のみ

表1.6 名古屋市施策目標水準における室構成[*5]

世帯人員（人）	室構成	寝室（畳）	DK（畳）	居住室面積（m²）
1	1K	6	2	13.0（8畳）
2	1DK	6	8	23.0（14畳）
3	2DK	6,6	8	33.0（20畳）
4	3DK	6,6,6	8	43.0（26畳）
5	4DK	6,6,6 または 8,6,6	10 または 8	46.0（28畳）
6	5DK	6,6,6,6 または 8,6,6,6	10 または 8	56.0（34畳）

ことができる。現行居住水準指標は家族構成別に生活像を仮定し，必要な住空間を理念的に求めている。そこで，住居の広さや部屋数に対する居住者の主観的評価を検討し，地域の生活様式の中に形成されてきた住宅規模に対する社会的規範を把握してみたい。

図1.25は住宅の広さに対する居住者の要求水準を示している。50％要求水準は居住者の過半が満足する住宅規模レベルであり，平成10年調査では現行都市居住型誘導居住水準に近づいている。居住水準が設定された時代に比べると，どの世帯人数でも住要求は上昇し，実態としての住宅規模の拡大へとつながっている。今日では，現行最低居住水準に相当する住宅では居住者の満足度は1割程度に過ぎず，社会的に供給していく住宅の最低レベルとしての意味はなくなっている。

1.6.4 地域独自の居住水準設定

わが国の住宅事情は，地方・地域によって大きく異なっている（表1.5）。特に戸建て住宅の平面はその地域の気候風土や生活様式を反映しやすく，居室の規模や構成に地域性が認められる。大都市圏に比べて住宅事情の比較的良好な地域では，国の定める居住水準とは別に独自の居住水準目標を設定し，豊かな住生活の実現と住文化の継承をめざすことも可能である。

住宅政策体系が中央から地方へとシフトしていく中で，**住宅の地方性・地域性**を生かした独自の居住水準設定を行う自治体が増えている。たとえば名古屋市では，戸建て住宅平面と住み方調査の分析から地域の生活様式を形成している住宅平面の構成原理を見出し，市民の住宅の広さに対する要求水準を根拠に，独自の居住水準目標を提案している（表1.6）。

1.7 住宅規模による住宅平面の発展

1.7.1 住宅平面要素

住宅平面は，住宅内で展開されるさまざまな生活行為を満たす空間や平面要素によって構成されている（図1.26）。家族人数や住宅全体の規模の増加にともなって拡大しやすいスペースとしては寝室やLDK，続き間座敷などの居住室がある。これらの空間を連結するための廊下やホールなどの通路・交通空間は，住宅規模や居室数の増加に比例して増えていく。戸建て住宅の場合には，このほかに床の間や仏壇，広縁などが加わり，地域の伝統的な生活様式を反映した住宅平面を形づくることになる（図1.28）。

1.7.2 共同住宅平面の規模と構成

共同住宅の平面計画では，戸建て住宅と比べて住戸面積や南面間口寸法の制約を受けやすい。平面を構成する要素は戸建て住宅とそれほど変わらないが，住戸面積の効率的利用を考えたプランニングが行われる（図1.27）。分譲住宅は賃貸住宅と比べて住戸専用面積の大きな物件が多いが，居室規模や面積配分に本質的な差は見られない。住宅全体の規模が拡大しても，玄関のたたきや浴室，洗面・脱衣スペースなどの面積はほぼ一定である。収納は，非居住空間の中では床面積の拡大に比例して増加していく部分である。床面積の4～8％が収納として確保されているが，この数字は都市居住型誘導居住水準の設定値と比べると小さい。

居間と食事室を合わせた居室の面積にはかなりばらつきがある。L，D，K回りの構成や公室空間と連続する居室の有無によって，生活行為を充足するのに必要な面積も変わってくるからである。

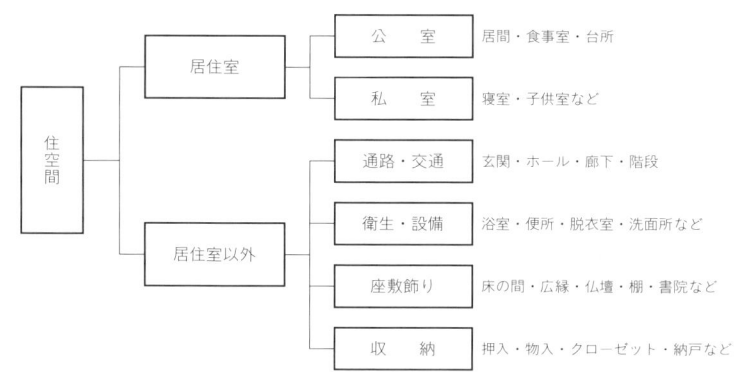

図1.26 住宅平面の構成要素

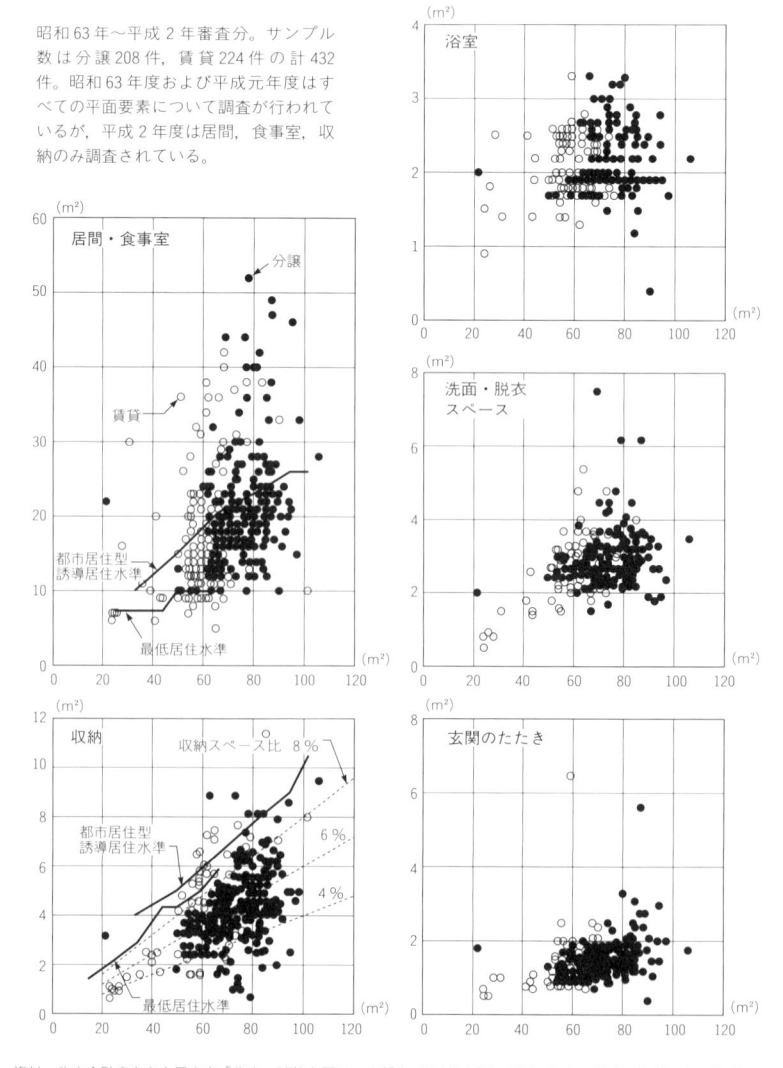

昭和63年～平成2年審査分。サンプル数は分譲208件，賃貸224件の計432件。昭和63年度および平成元年度はすべての平面要素について調査が行われているが，平成2年度は居間，食事室，収納のみ調査されている。

資料：住宅金融公庫名古屋支店「住宅・建築主要データ報告 共同住宅編」（昭和63年～平成2年分）より作成。

図1.27 住戸専用面積（横軸）と居室・平面要素の規模（縦軸）

1.7.3 共同住宅平面の類型化

共同住宅では南面住戸数を増やすために戸当りフロンテージ（間口）が制限される。3LDKの場合、5.4m（3間）〜6.3m（3間半）程度の計画例が多い。フロンテージを制限したままで部屋数を増やそうとすると、奥行きの長い間取りとなる。外気に直接面していない居室が出てきたり、ほかの居室への通り抜けの場となる居室が生まれやすい。

住戸規模・フロンテージと南面する居室の種類により、居室配置のパターンを模式的に整理したのが図1.29である。1列型では居間兼寝室を南に配置したワンルーム形式の間取りが多い。間口が5m台になると居室の2列配置が可能となり、南側に寝室を2室配置するケースや、寝室にLまたはDKを連続させて南面配置させるパターンが見られる。同じ2列型であっても、フロンテージが6.3m台に広がると、収納スペースを挟んで独立性の高い南面寝室が確保できるとともに、公室空間との連続性にも配慮した間取りの自由度が高まる。フロンテージの拡大による南面3列型ではLの位置によって、居間中心型や公私分離型など異なるタイプの公室空間を構成することができる。

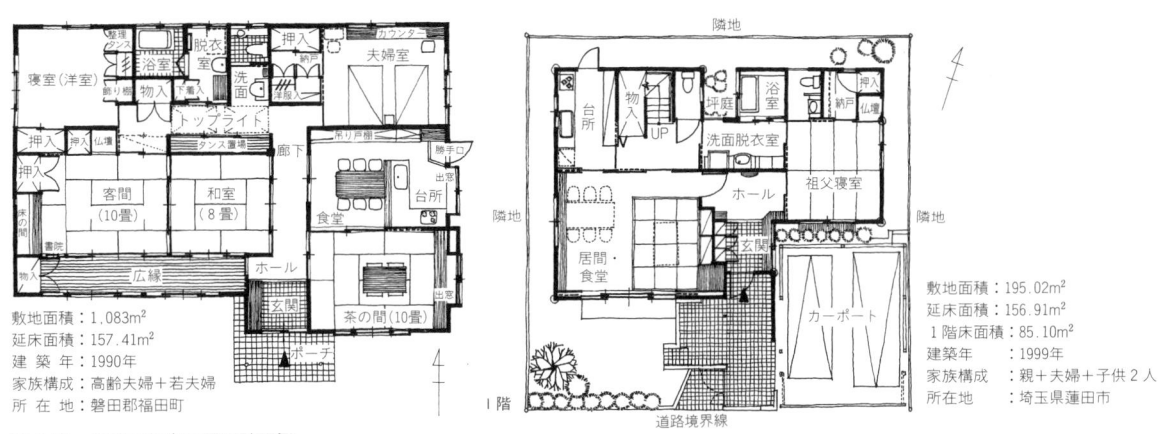

図1.28 戸建て住宅の平面計画例

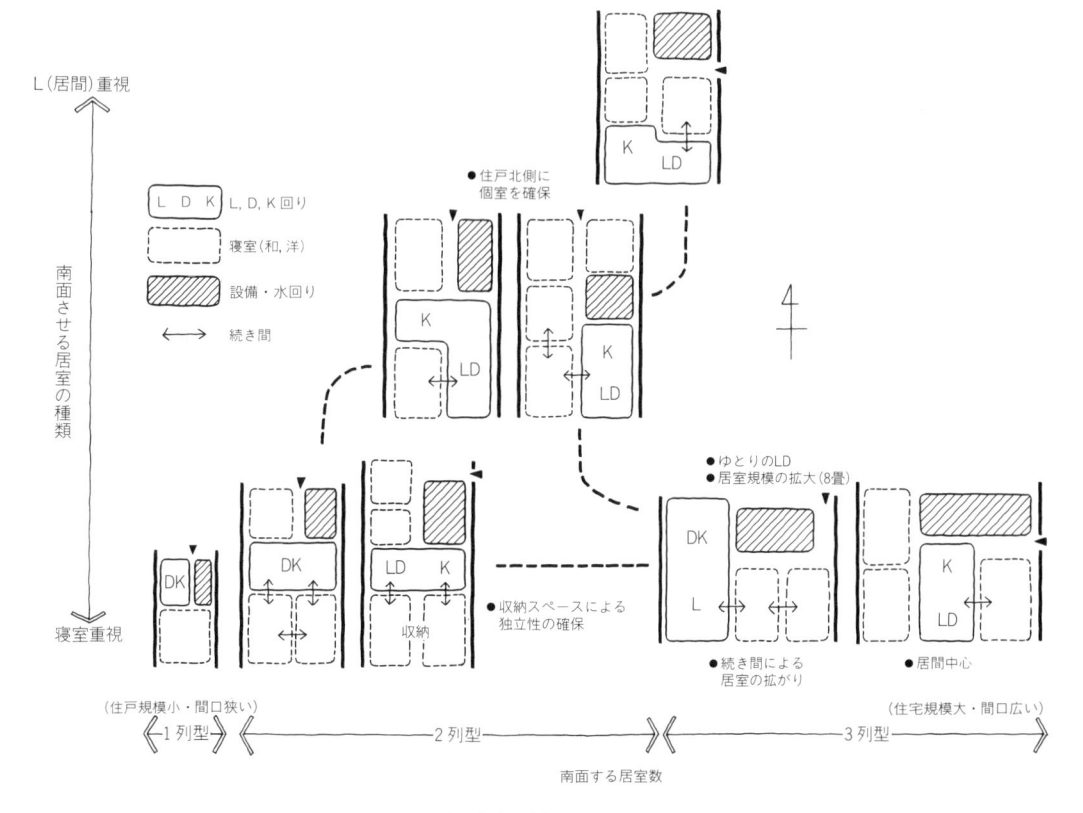

図1.29 共同住宅の住戸平面の類型化（岐阜・愛知・三重の東海3県）

図表出典リスト

1) 住環境の計画編集委員会編：住環境の計画2　住宅を計画する，彰国社，1987
2) 日本建築学会編：コンパクト建築設計資料集成〈住居〉，丸善，1991
3) マテリアルワールド・プロジェクト：地球家族　世界30か国のふつうの暮らし，TOTO出版，1994
4) 居住性調査報告書II，住宅金融公庫，1990
5) 葛飾区郷土と天文の博物館　常設展示図録，葛飾区郷土と天文の博物館，1992
6) 住環境の計画編集委員会編：住環境の計画1　住まいを考える，彰国社，1992
7) 西山夘三：現代日本住宅史　すまい考今学，彰国社，1989
8) 松戸市立博物館　常設展示図録，松戸市立博物館，1994
9) 田中辰明編：住居学概論，丸善，1994
10) 巽和夫編：現代ハウジング論，学芸出版社，1986

参考・引用文献リスト

*1　林知子ほか：図説　住まいの計画　住まい方から住空間をデザインする，彰国社，1989
*2　芦川智・佐生健光編：すまいを科学する，地人書館，1990
*3　日本建築学会編：コンパクト建築設計資料集成，丸善，1994
*4　住環境の計画編集委員会編：住環境の計画4　社会のなかの住宅，彰国社，1988
*5　三宅醇編：住宅需給構造の地域的変貌過程に関する研究（2），(財)新住宅普及会住宅建築研究所，1988
*6　岸本幸臣編：図説テキスト　住居学，彰国社，1997
*7　住文化研究会編：住まいの文化，学芸出版社，1997
*8　日本家政学会編：家政学シリーズ18　住まいと住み方，朝倉書店，1990
*9　石堂正三郎・中根芳一：第3版　新住居学概論，化学同人，1995
*10　快適な住まいQ&A 100 1997年版，日本総合住生活，1997
*11　田中勝：住居水準に関する基礎的検討，豊橋技術科学大学卒業論文，1984
*12　町田玲子ほか：住生活論，化学同人，1995
*13　水沼淑子：和・洋の心を生かす住まい，彰国社，1997
*14　本間博文・西村一朗：住居学概論，(財)放送大学教育振興会，1994
*15　扇田信：住生活学，朝倉書店，1978
*16　日本建築学会編：建築設計資料集成6，丸善，1979
*17　田中勝：住居水準の設定に関する基礎的研究，豊橋技術科学大学修士論文，1986
*18　日本住宅公団建築部調査研究課：調査研究報告集14，日本住宅公団，1968
*19　田中勝・三宅醇・小川正光：居住者の住宅評価による現行居住水準の再検討，日本建築学会計画系論文報告集第385号，日本建築学会，1988
*20　東海圏のこれからの住まいを考える，住宅金融公庫名古屋支店，1996

2 平面を計画する理論

　家族の生活に必要な居室や設備という単位空間を確保した後に，それらを適切な位置に配置し，相互に結合する作業を通して住宅全体の平面がまとめられる。本章では，単位空間から住宅平面へと合理的に計画する基本的な考え方や方法を取りあげる。このような作業を通じて作りあげているのは，住宅の空間的な構成という物的な側面ばかりでなく，家族の生活内容そのものであることを忘れてはならない。

　同様な居室・設備から構成される住宅でも，そこで展開される生活内容に対する理解の仕方により，幾通りもの住宅平面が形成される可能性がある。計画の段階では，まず日常の生活を送るのに支障がない平面を形成するのが基本である。次の段階として，各家庭ごとの独自な生活や個性的な特徴を，住空間の構成として表現することが求められる。本章で扱うのは，前者の段階における，平面計画の基本的な考え方が中心である。これらの理論を基本として，実際の計画では，住生活の内容を的確に把握し，形に表現していく感性も必要とされる。そのためには，作品の図面を数多く分析したり，実際に現地を見学することを通じて，空間を総合的に把握する能力を養っておく必要がある。

　第1節では，居室・設備の適切な配置を自然環境とプライバシーの視点から考える。第2節では，単位空間相互の結合方法について，実例をあげて比較・分析する。第3節から第5節までは，平面を計画するうえでの論理的な方法を述べる。第3節は，人や物の移動が描く動線を用いて分析する方法，第4節は，単位空間の性格を読みとりゾーンとしてまとめていく方法，第5節は，居住者が住み良さの観点から行う評価をもとに平面を比較・選択する方法を説明する。第6節では，屋内の計画にも大きな影響を与える庭の役割と構成を取りあげる。また，住宅は時間の経過や生活内容の変化により常に変化するものである。第7節では，生活の変化に対応する平面計画のあり方について検討する。

2.1 自然環境とプライバシーによる居室の配置

2.1.1 家相図の居室配置

住宅の平面を構成するための基本的な作業は，居室の配置である。適切な位置に配置した後に，相互に結合して平面が形成される。

今日でも居室の配置を決定するうえで影響を与えているものに家相図がある（図2.1）。家相とは，中国の易から発生したもので，立地・住宅の形・方位など自然環境条件を中心とした視点から住宅計画の吉凶を判断する根拠となってきたものである。しかし，現在では衛生・設備条件による環境の整備が可能になってきたため，家相の考えが果たす役割はなくなってきている。また，家相に描かれた部分的な判断だけでなく，生活内容の総合的・科学的な分析に基づいた計画が必要である。

2.1.2 自然環境からみた居室の配置

各居室・設備は，その中で行われる生活行為が必要とする条件により配置されなければならない。満たされるべき条件のひとつは，日当り・風通しなどの自然環境である。

わが国における日当りの変化を見ると（図2.2），夏には太陽が高くまで昇るが，冬には低いままである。冬でも住宅の奥深くまで日当りが得られる南側は，最も過ごしやすい方位である。また，朝早くから日が当たり始める東側も，寒い時期には過ごしやすい方位である。西の方位は，暗くなるまで夕日が当たるので，冬には暖かいが，夏には夜遅くなっても暑くて過ごしにくいため，工夫が必要である。

戸建て住宅の敷地を想定し，日当り・風通しなどの自然環境の点から，典型的な居室配置を示すと，図2.3のようになる。家族の多くが共

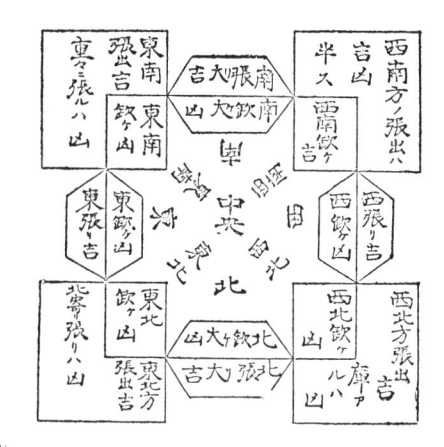

図2.1 家相の例[1]

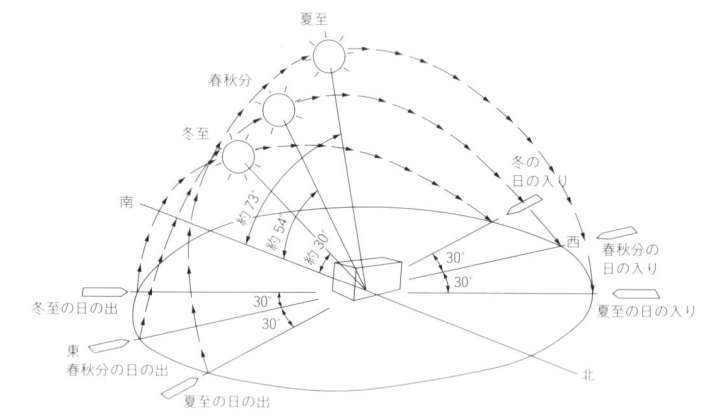

図2.2 1年間の太陽の動き[2]

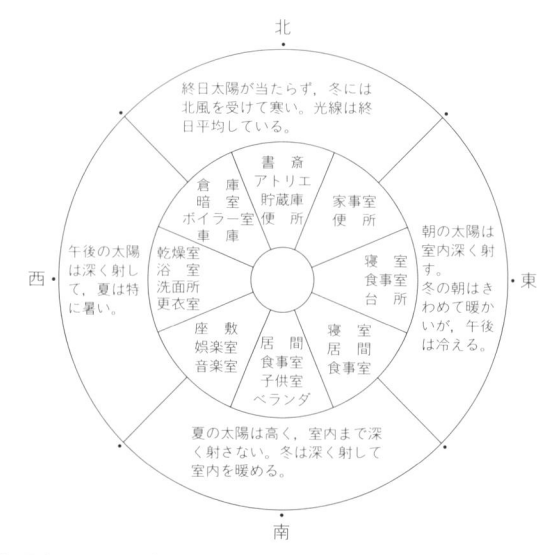

図2.3 自然環境からみた居室の配置[3]

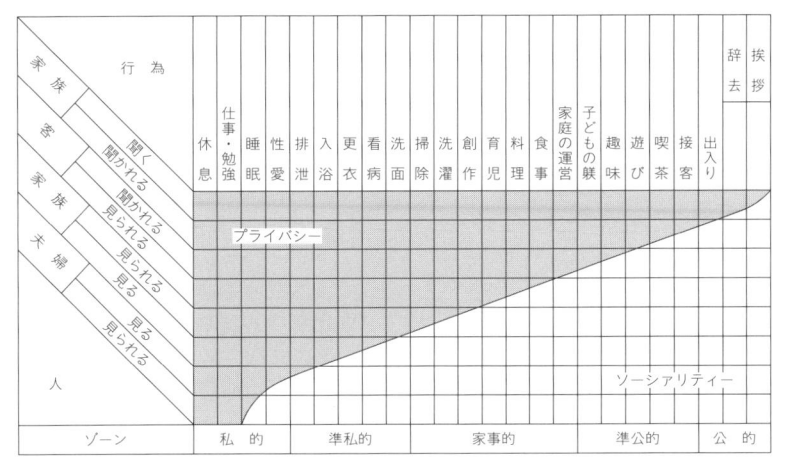

図2.4 プライバシーからみた生活行為[4]

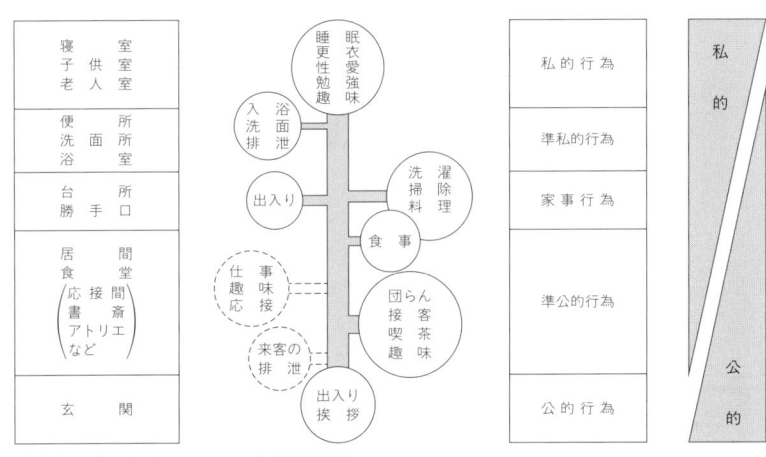

図2.5 プライバシーからみた居室配置[3]

a) 中庭に面した明るい居間（撮影：John Nicolais）

b) 街路と内部を区切る壁面と入口（撮影：John Nicolais）

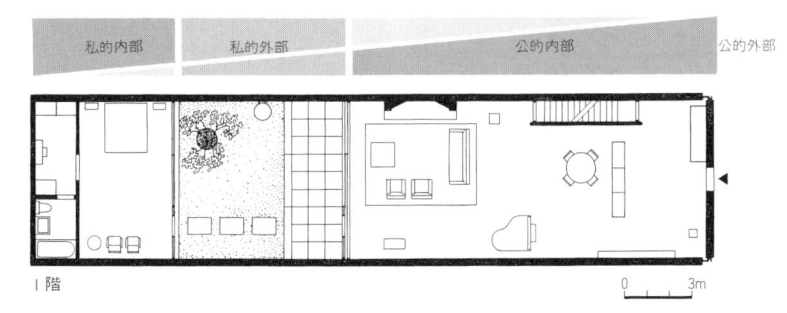

図2.6 プライバシーにしたがった平面構成（ロックフェラー三世ゲストハウス, 設計：フィリップ・ジョンソン）

通して使い，日中の滞在時間が長い居室は，日当りがよく，風通しも得やすい南側に配置するのが望ましい。朝，気持ちよく目覚め，活動するためには，食事室・台所などは東側に配置するのが望ましい。壁で囲まれて窓が少なく，使用する時間も限られている洗面・浴室などの設備関係や玄関は，居室を配置しにくい西側に配置すると全体の計画が立てやすくなる。接客に関連した居室は，西側の玄関と南側の団らん室の中間に位置するのが自然である。書斎・アトリエなどの作業を行う居室は，方向性を持たない採光が得られる北側に配置するのが望ましい。

2.1.3 プライバシーからみた居室の配置

居室・設備の配置を決定する第2の要素は，各部分が必要とするプライバシーの程度である。最も高いプライバシーが必要とされる生活行為は，人目を避ける生理的な行為や秘密の行為，集中して静かに行わなければできない行為などで，個室が必要である。家族で行う行為も，外部に対してはある程度の閉ざされたプライバシーを必要とする。

以上のような生活で必要とされるプライバシーを，自然な形で空間化した居室の配置が必要である。2階建ての戸建て住宅では，1階に来訪者を含めて家族が共用する居室，2階に個人の居室を配置するのが一般的である。各階では，図2.5のように，表側の共用する割合の高い居室から，奥に行くにしたがって，高いプライバシーを必要とする居室へと段階的に配置する。フィリップ・ジョンソンが設計した**コートハウス**では（図2.6），プライバシーを必要とする寝室・設備部分のブロックと団らん・食事などを行う共用の居室のブロックとに1階の居室を大きく二分し，両者を中庭を隔てて明確に配置している。

2.2 居室の結合タイプ

2.2.1 結合タイプの種類

居室を結合させて住宅平面にまとめる。結合方法には、次の4タイプがある。外形の制約が少ない場合の「連結型」と、制約が強い場合の「分割型」が対照的で、「流動型」は「連結型」から、「配置型」は「分割型」から派生したタイプである。

2.2.2 連結型

必要な種類と規模の居室を準備し、その後、適切な位置に配置し、廊下・ホールなどを用いて結合させる、加算的な方法である。時間をかけて居室を並べ替える試行錯誤の作業を行えば、誰でも平面にまとめら

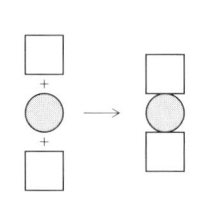

各居室の形態・機能を変化させることなく、居室を相互に結合させていく。

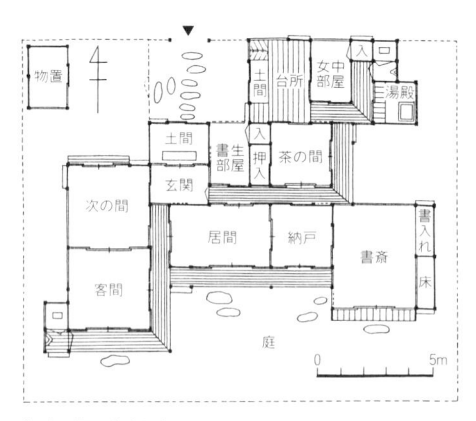

a) 大正期の中流住宅[6]

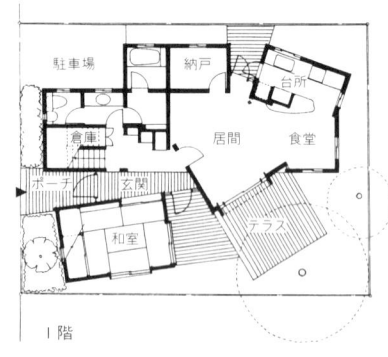

b) 椋の木の家（設計：内田文雄・龍環境計画）

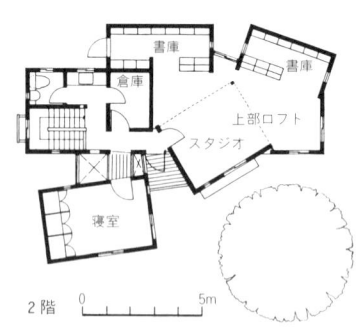

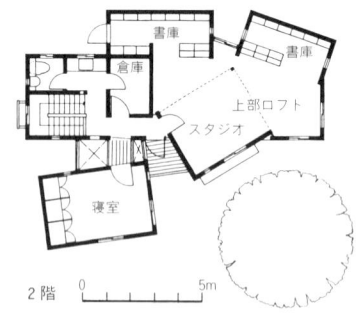

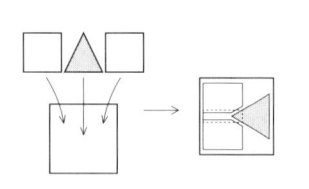

図 2.7 連結型の事例

限られた枠の中に、そのままの形では並べきれない居室を、相互に変形させながらはめ込んでいく。

a) 藻岩下の家（設計：山之内建築研究所）

b) 繰り返しヴォールトの家（設計：AMO設計事務所）

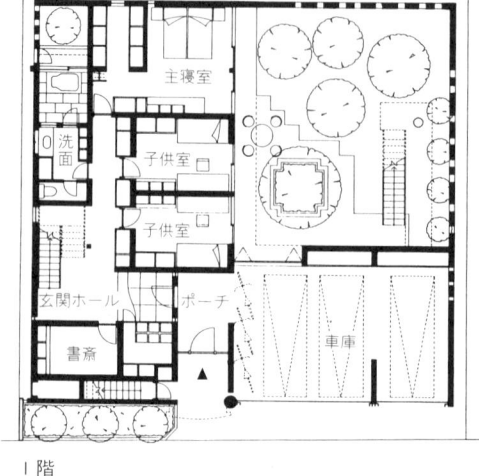

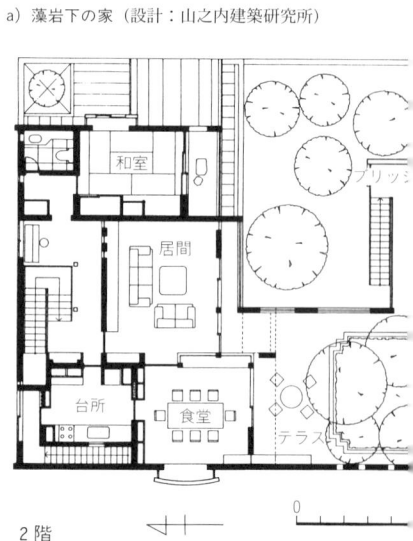

図 2.8 分割型の事例

れる長所がある。平面は凹凸が多くなるため、敷地にゆとりが必要となる。わが国の伝統的な**雁行型**の居室配置が典型である。

2.2.3 分割型

住宅の外形が決まっている平面の中を区切り、必要な居室と結合関係を確保していくタイプである。外枠の制約が大きく、ほかの居室・設備との取り合いがあるため、十分な居室規模や開口部をとれない居室が発生しやすい。平面全体のバランス関係に眼を配りながら、問題のない結合関係へとまとめあげる熟練した計画能力が必要とされる。

2.2.4 流動型

必要な居室を準備し、相互に結合させて平面を構成する手順は「連結型」と同様だが、単位となる居室の原型をとどめない結合方法をとり視覚的に連続するため、居室相互間を自然に移行できる。場面が次々に展開する楽しさがあり、住宅全体に一体感が生まれる。

2.2.5 配置型

あらかじめ決まった外枠の中に、居室や設備をバランスよく置き、残りのスペースを適切な規模と形状の居室に区分する方法である。配置した居室や設備の周りには、十分な広さが必要である。平面の中央部に壁量の多い設備部分をまとめた**コア**は、構造的にも合理的である。

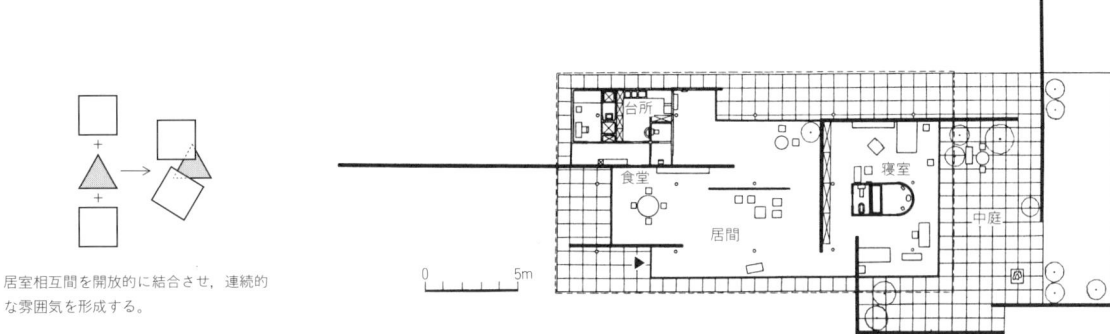

居室相互間を開放的に結合させ、連続的な雰囲気を形成する。

図2.9 流動型の事例

a) ベルリン建築博覧会展示作品（設計：ミース・ファン・デル・ローエ）

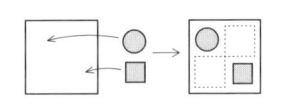

ゆとりのある外形の中にいくつかの居室を配置し、残されたスペースをも適切に区切っていく。

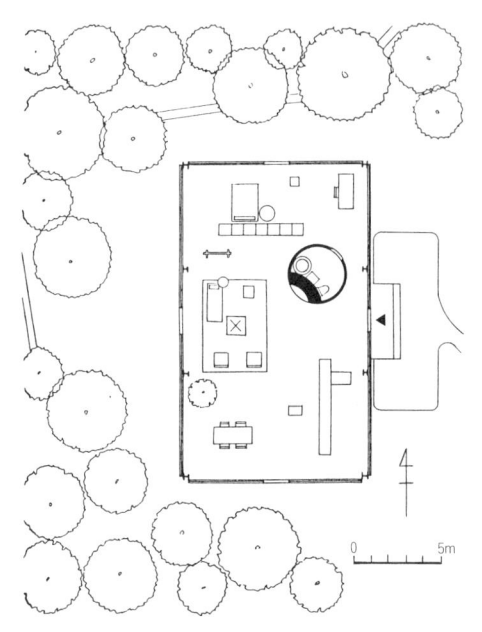

a) ガラスの家（設計：フィリップ・ジョンソン）
図2.10 配置型の事例

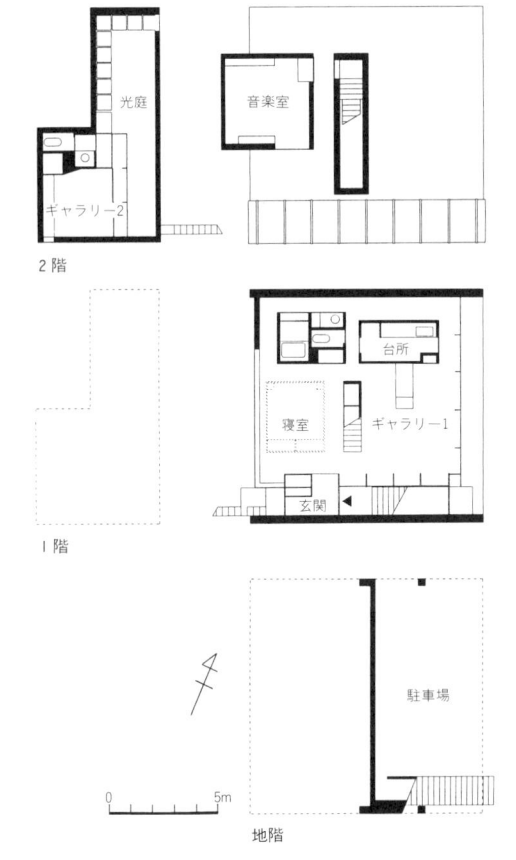

b) 太宰府の住宅（設計：有馬裕之＋Urban Fourth）

2.3 動線によるプランニング

2.3.1 動線とは

動線とは，人や物が移動した軌跡のことで，居室や設備を配置したり，使いやすい計画を行うのに有効な考え方である。動線の表し方は，移動の発生から終着までの経路に線を引き，発生の頻度を線の太さで表す。異なる人や物の移動は，線の種類を変えて表現する。動線からみた望ましい平面は，①動線の長さが短いこと，特に発生頻度が高い動線が短いこと，②異なった種類の動線が，交錯したり接したりしないこと，③居室を通過するのを避け，居室内の生活行為を乱さないこと，である。

動線によるプランニングが効果を発揮するのは，台所など作業の順を追った合理的な配置計画である（図2.11）。省力化が望まれる家事作業の設備の配置や，効率性を重視した

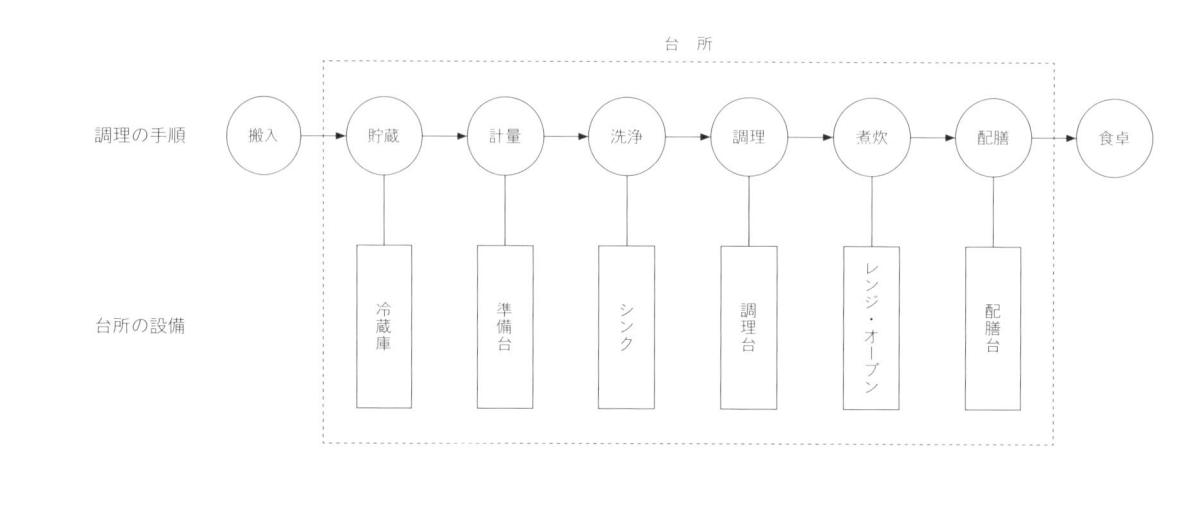

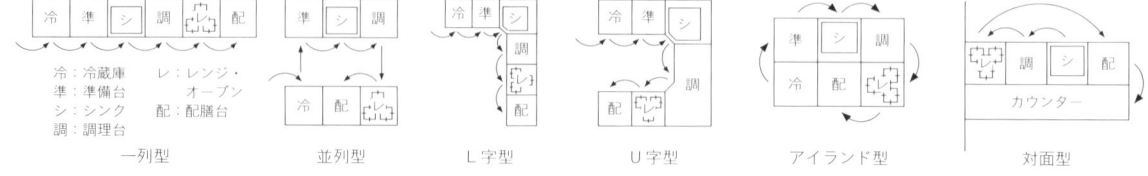

図2.11 調理の動線と合理的な台所の構成

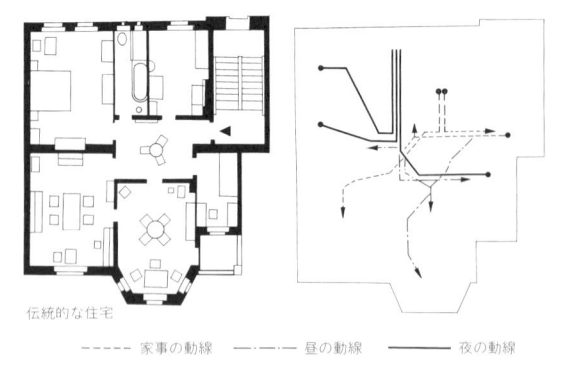

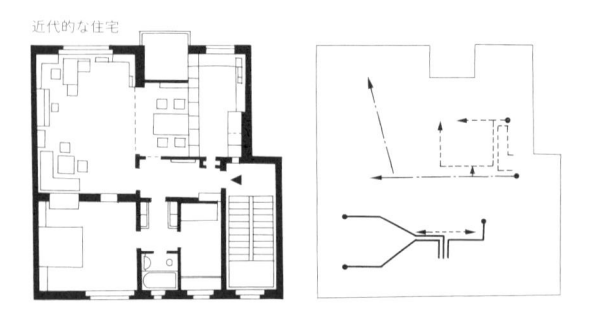

a) 伝統的な住宅では居室の機能は無秩序で分化していない。つまり，昼の動線と夜の動線は，いきあたりばったりに交錯している。

b) 近代的な住宅では，さまざまな居室の機能は，2つの別々の範囲に配置されている。1つは昼の活動のためであり，もう1つは夜の活動のためである。そして，それら2つの動線は交錯していない。

図2.12 A.クラインの動線図[6]

洗面・浴室・便所など衛生関連の場を構成する際の主要な方法である。

動線を使ったプランニングが、わが国に初めて紹介されたのはA.クラインの研究で（図2.12）、平面を計画するうえでの基本的な方法となった。

2.3.2 池辺陽によるプランニング

A.クラインの動線の理論を発展させ、主要な方法として住宅設計を展開したのは、池辺陽である。

図2.13は、池辺の考えをもとに作成したもので、動線の点から、2つの平面を比較・評価する過程を示している。動線の頻度・交錯、動線が占めているスペースという項目から比較し、住宅を使うそれぞれの主体が合理的に生活できる平面の評価方法を科学的に示している。

動線の考え方は、次のように住宅平面を設計する場合にも有効である。

まず、住宅を構成するすべての居室を「社会圏」、「個人圏」、「労働圏」という3つの基本的な生活圏域に分け、各々の中心に居間、寝室、台所を配置する。次に、住宅を構成する各居室と中心的な居室との動線の頻度を測定し、高い頻度の居室を近い位置に配置して（図2.14）、組織図を作成する（図2.15）。さらに、このような組織図を具体的な住宅平面としてまとめる（図2.16）。

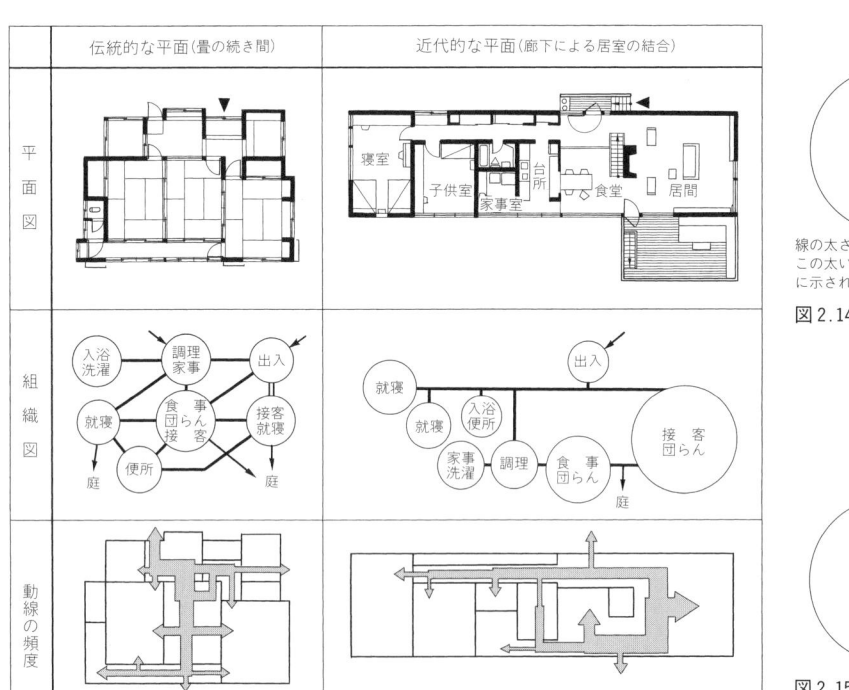

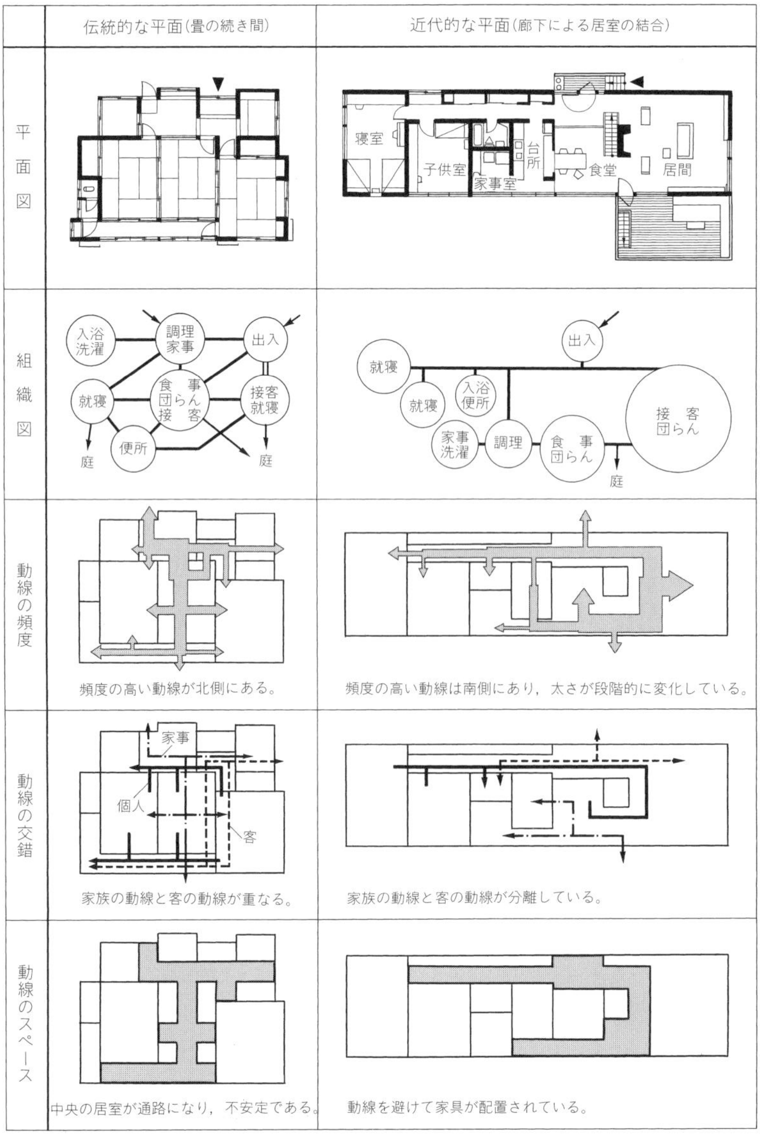

図2.13 池辺陽の動線理論による住宅平面の比較[7]

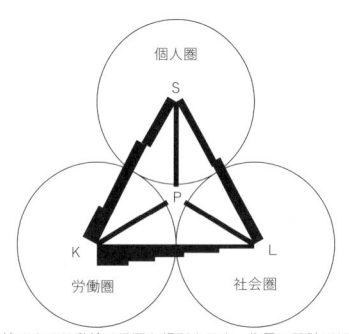

図2.14 池辺陽の「基本動線図」[7]

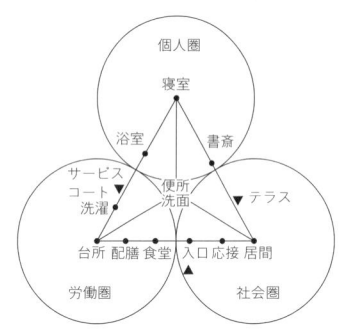

線の太さは動線の重要な場所を示す。住居の設計ではこの太い部分の配置に特に注意が必要。その基本組織に示された各部の生活を考えること。

図2.15 池辺陽の「住居の基本組織図」と各居室の位置づけ[7]

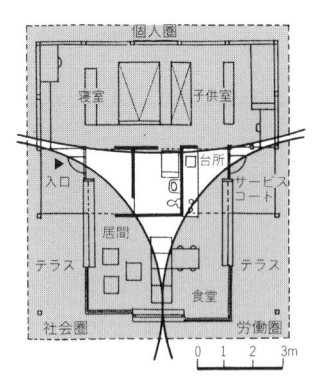

図2.16 「住居の基本組織図」による作品 No.20（設計：池辺陽）[7]

2.4 ゾーンプランニングによる居室の結合

2.4.1 居室の性格を読む

住宅の平面は，さまざまな種類の居室や設備部分により構成される。各々の機能を発揮して，十分な役割を果たせる合理的な配置と結合が重要である。そのためには，各居室・設備の性格を理解した計画が必要である。一般的な住宅で，住戸内で行われる生活行為と，それが行われる居室の相互関係を考えると，表2.1のようにまとめられる。このような分析によると，同一の生活行為や類似した生活行為が複数の居室で共通して行なわれていることが明らかになり，居室にもまとまりをもったグループがあることが分かる。したがって，住宅平面全体は，さまざまな居室・設備で複雑に成り立っているようだが，いくつかの居室・設備のグループにまとめ，順を追って考えることが可能である。

2.4.2 ゾーンプランニングの方法

ゾーンプランニングとは，まず類似した性格を持つ居室・設備をまとめたグループを作り，その後，各グループを組織的に配置して平面全体をまとめる方法である。居室・設備のグループは，平面的に見るとゾーンを構成していることから，この名が付いている。

ゾーニングでは，居室・設備のどのような性格に着目して分類を行うかが重要である。表2.1では，「集合的行為」を行うか「個別的行為」を行うかを指標としているが，プライバシーの点から見て「公的な居室」か「私的な居室」か，「昼間使用する居室」か「夜間使用する居室」か，「大人が使用する」のか「子供が使用する」のか，「静的」か「動的」かなど，さまざまな指標によるゾーニングが可能である。

表2.1 居室の種類と住生活行為

◎：特に関連が深い　○：関連がある

住生活行為	居室の種類	居間	食堂	応接室・座敷	書斎	主寝室	子供室	地下室	台所	浴室	便所	押入・物置	廊下	玄関
集合的行為	家族の団らん	◎	○						○					
	食事	○	◎						○					
	遊びと趣味	○	○	○	○	○	○							
	接客	○	○	◎										
個別的行為	夫婦の就寝					◎								
	子供の就寝						◎							
	仕事・勉強	○		○	◎	○	○						○	
家事的行為	料理		○						◎					
生理的行為	入浴									◎				
	排泄										◎			
補助的行為	移動	○	○	○	○	○	○	○	○	○	○	○	◎	○

図2.17 アメリカの教科書に見られる居室の種類とゾーン分け[8]

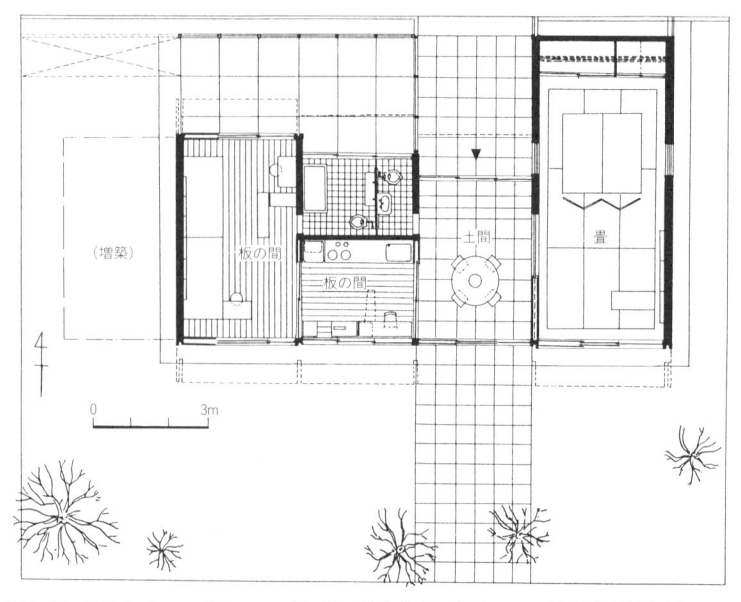

図2.18 明快なゾーンプランニングの例（試作住宅，設計：RIA建築総合研究所）

F：土間　E：設備　B：夫婦寝室
L：居間　J：和室　C：子供室
D：食堂　A：アトリエ　G：客室
K：台所　S：収納

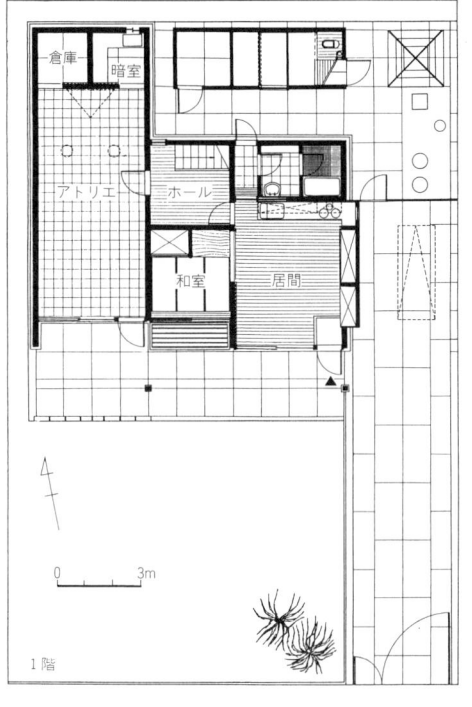

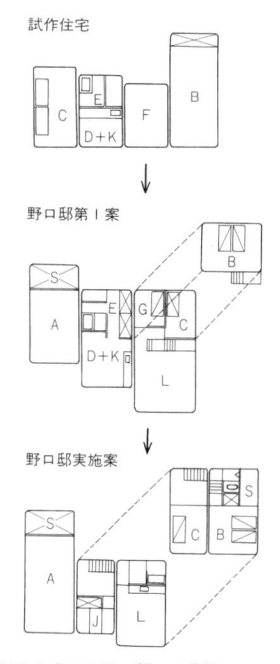

試作住宅

野口邸第1案

野口邸実施案

試作住宅から野口邸への過程
試作住宅の東西に並べたゾーニングを生かし，野口邸第1案では，南入りの敷地を東西に3つに分け，西から，アトリエと倉庫のゾーン，食事と設備のゾーン，居間と寝室群のゾーンとしている。このアイデアを徹底させるため，南側の庭も含めたゾーニングにしている。このような平面と庭の結びつきは，実施案にも面影を残している。実施案のゾーン構成は，西から東へ，アトリエと倉庫，和室（予備室，来客または両親の宿泊）と階段室，居間と設備部門であり，2階は和室の上に個室（子供の寝室），居間の上が夫婦の寝室となっている。
ゾーンの解釈という点からいえば，第1案のもつ，主人の仕事場，主婦の仕事場（アクティヴィティズ）いこいのゾーンと居間と個室の3つの生活圏の解釈が，仕事場，予備室と子供，居間と夫婦の3ゾーンに訂正されている。

図2.19　ゾーンプランニングによる住宅作品（野口邸，設計：RIA建築総合研究所）

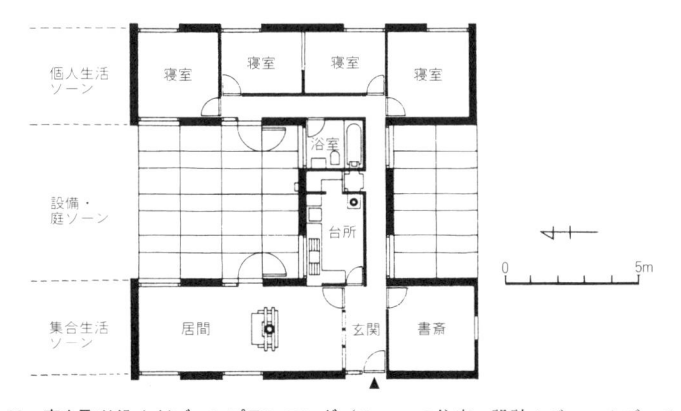

図2.20　庭を取り込んだゾーンプランニング（Cowesの住宅，設計：ジェームズ・スターリング，ジェームズ・ゴーワン）

2.4.3　ゾーンプランニングの事例

図2.17は，アメリカの教科書に見られる一般的な住宅である。3つのゾーンから構成されている例である。ここで使われている3つのゾーンは，表2.1で区分した居室・設備のグループと，ほぼ一致している。

この手法を，わが国で実際の住宅設計理論として積極的に展開したのがRIA建築総合研究所である。図2.18では，増築部分を含めて敷地を東西に5区分し，各ゾーンごとの目的を明確にしている。増築部分を除く4つのうち，中央の2ゾーンは，外部とつながる入口，食事・団らんの集合的行為の場，設備部分で構成される。来客も含めた家族の共用ゾーンである。この2つのゾーンを，東側の親の居室と西側の子供の居室という2つの個室ゾーンが挟んでいる。各ゾーンの東西間口を均等に割りつけ，南北の奥行きを変化させることで，各ゾーンの独立性を明確にしている。

図2.18の考え方を，実際の住宅計画に生かしたのが，同様に東西にゾーンを並べた図2.19である。ゾーンの設定には，図式的な性格が強いが，これを居住者の生活様式や住要求に合わせて具体的に変更しつつ，次第に明快な平面へと練り上げる計画手法が重要である。

庭を含めたゾーンプランニングを行っている例が，図2.20である。居室は，東西の住棟とそれらをつなぐ住棟の3つのゾーンに分けられている。西側の住棟は，集合生活のゾーンである。東側の住棟は，個人の居室を南北に並べたゾーンを形成している。これら2つのゾーンを，共用で使用する設備・台所と廊下のゾーンがつないでいる。さらに，東西2つの住棟ゾーンに挟まれた庭も，各居室に採光・通風を供給し，居室間を結合する役割を果たす外部の共用ゾーンを構成している。

2.5 居住者の評価による計画

2.5.1 居住者による評価の重要性

どんな居住者でも問題なく住める住宅の供給も重要であるが，居住者自らが生活に合致した住宅を計画できるようになることも重要である。個別の住宅計画が可能になる条件は，次の3点である。

第1は，基本的な住宅規模水準が高くなることである。ある程度以上の規模を備えないと，合理的な条件を満たし，問題のない住宅を作ることは難しい。第2は，世帯構成や生活様式の変化によって形成されるさまざまな住生活の中から，居住者が自らのタイプを認識できることである。第3は，居住者の住宅に関する知識が豊富になり，自らの住生活に合致した住空間を読みとり，選択する能力を備える必要である。そのためには，住宅に関する社会的な教育や十分な情報が不可欠である。

以上の項目を満足した住宅は，社会的に決定される基本的な条件を備え，さらに個々の居住者により生じる独自の要求に応えられる高い水準のもので，主に注文住宅である。

2.5.2 居住者評価の信頼性

居住者は住空間の構成を適切に把握し，評価できるのだろうか。図2.22では，住宅の規模条件と居住者が行う評価の関係を検討している。住宅の規模が拡大すると，居住者の評価も対応して高くなるという適確な関係が見られる。

住宅平面全体を構成する要素は多く，複雑で，評価は難しいものである。ほぼ同一規模で，南面開口部の大きさと浴室・便所設備の位置が異なる集合住宅の3タイプを居住者が比較すると（図2.23），日当り・風通しなど自然環境に関する項目で，外部に面する開口部が多い平面で高

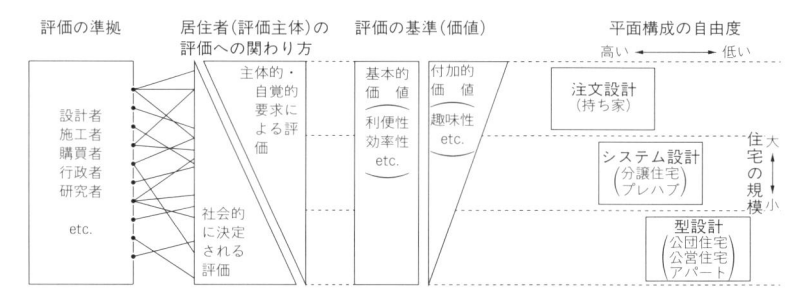

図2.21 住宅の評価と選択過程における居住者の関わり方[3]

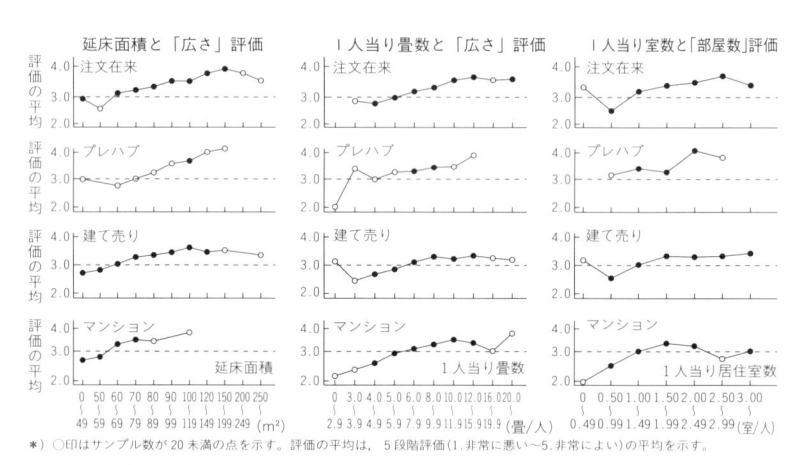

図2.22 住宅の規模条件と居住者の評価[9]

＊）○印はサンプル数が20未満の点を示す。評価の平均は，5段階評価（1.非常に悪い〜5.非常によい）の平均を示す。

図2.23 マンションの平面型と居住者評価の比較[9]

＊）居住者評価は，5段階で行い，良い評価（4,5）にトーンを付けている。「光熱費負担感」と「管理費負担感」は3段階評価を行い，良い評価（3）にトーンを付けている。

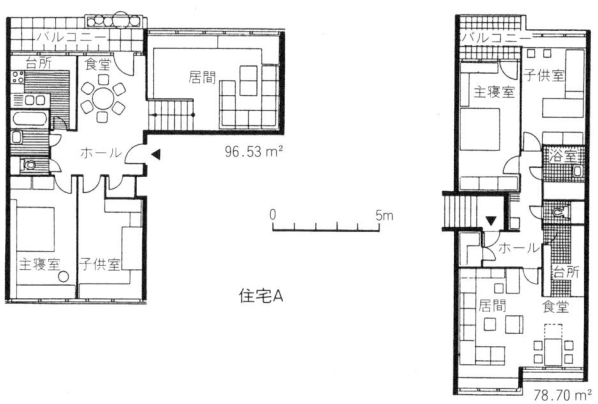

a) 比較する住戸平面

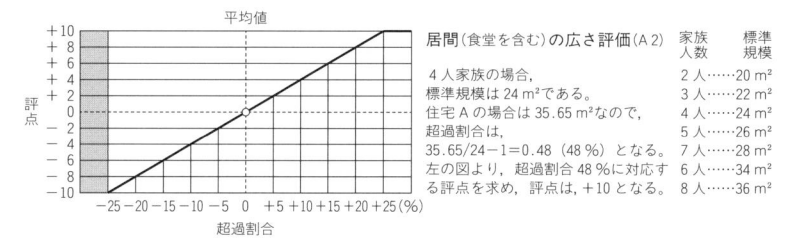

b) 評価表による判定方法

居間(食堂を含む)の広さ評価(A2)

4人家族の場合、
標準規模は24 m²である。
住宅Aの場合は35.65 m²なので、
超過割合は、
35.65/24−1=0.48（48 %）となる。
左の図より、超過割合48 %に対応する評価を求め、評価は、+10となる。

家族人数	標準規模
2人	20 m²
3人	22 m²
4人	24 m²
5人	26 m²
7人	28 m²
6人	34 m²
8人	36 m²

住宅平面		住宅 A			住宅 B		
項	目	評点	重み	評点×重み	評点	重み	評点×重み
1	配分計画	+5	5	+25	0	5	0
2	居間（食堂を含む）の広さ	+10	5	+50	0.8	5	+4
3	2人室の広さ	−0.28	7	−2	−2.5	7	−17.5
4	1人室の広さ	—	—	—	—	—	—
5	台所の広さ	+3.7	3	+11	−5.8	3	−17.4
6	浴室の広さ	−4	1	−4	0	1	0
7	住宅全体に対する通路の割合	+10	1	+10	+9	1	+9
A.	居室の広さ			+90			−21.9
8	各居室と玄関とのつながり	+5	3	+15	+10	3	+50
9	個室と浴室とのつながり	0	3	0	+5	3	+15
10	台所と食堂とのつながり	+3	3	+9	+8	3	+24
11	台所の採光と換気	+10	1	+10	+5	1	+5
12	便所の位置	−2	1	−2	0	1	0
13	居室相互の適切な分離	−3	1	−3	0	1	0
B.	間取り			+29			+74
14	居室の最小寸法	+4.36	4	+17.5	+2	4	+8
15	居室の最大寸法	−0.5	2	−1	0	2	0
16	採光	+10	5	+50	+10	5	+50
17	日当り	+10	3	+30	+7	3	+21
C.	居室の質			+96.5			+79
18	使い方への対応	+5	3	+15	0	3	0
19	改築のしやすさ	—	2	—	0	2	0
20	外壁の可変性	—	3	—	0	3	0
D.	可変性			+15			0
21	設備工事の程度	+9	1	+9	+4	1	+4
22	暖房の性能	+4	2	+8	0	2	0
23	遮音性能	+4	3	+12	+6	3	+18
24	材料の程度	+10	1	+10	+2	1	+2
25	保温性能	+2.6	4	+10.5	+9.2	4	+36.8
E.	装備			+49.5			+60.8
26	敷地のゆとり	+4	4	+16	+2	4	+8
27	屋外の設備	−2	2	−4	0	2	0
28	眺望	−1	2	−2	+7	2	+14
F.	周辺環境			−10			+22
			評価の合計	+290			+213.9

c) 価値の合成による住宅の評価の比較（4人家族の場合）

図2.24　住宅平面の評価方法[10]

い評価を得ている。このような点から、居住者が行う評価は、住空間の特性を的確に読みとった結果であり、信頼性は高いと考えられる。

2.5.3 住宅平面の評価システム

居住者の評価をもとに、住宅平面を総合的に点数化して評価する提案がなされている。図2.24では、2つの住戸平面を点数化して比較するオーストリアの方法を紹介する。

まず、平面を評価する「項目」の指標として、c)に示す28項目が設定されている。

各住宅・項目ごとに「評点」を算出するが、そのためにはb)に例を示した評価表を用いる。横軸に平面の物的条件、縦軸に対応する「評点」を示すグラフは、図2.22や図2.23のような居住者の評価を実際に調査した結果にもとづいて経験的に設定されたものである。b)の形式のグラフは、各評価項目ごとに作成されている。A・Bの住宅平面ごとに、物的な構成から判断した点数を求め、順次、c)の28項目の欄に記入する。

各評価項目が居住性全体の中で果たしている重要性は、「重み」として求められている。各項目ごとに「評点」と「重み」とを掛け、その結果を合計して総合的な評価値を算出し、平面の比較を行う。

住宅A・Bの比較では、総合的な結果ではAの方が高い評価を得ているが、項目別の検討から平面計画の改善点を見出すことも可能である。住宅Aは、「2 居間（食堂を含む）の広さ」と「5 台所の広さ」の項目の評価は高いが、「8 各居室と玄関とのつながり」や「10 台所と食堂とのつながり」の評価はBの住宅より低いことがわかる。これらの点を改善することが課題になる。そして、改善した結果を、さらに評価する過程を通して平面の質を高めてゆく。

2.6 庭と敷地の計画

2.6.1 住宅に必要な庭の種類

「家庭」は,「家」と「庭」から成り立つものである。住宅を計画する場合には,常に庭の計画も考えていなければならない。ここでは,戸建て住宅の庭の構成を検討する。

一般的な戸建て住宅の敷地は,次のような異なった役割を果たす3種類の庭から成り立っている(図2.25)。①主庭:家族が滞在することが多い居室の前に,連続して広く確保された庭である。住宅の日当りを確保することも兼ねて,南側に配置するのが一般的である。遊び・運動・植栽などの手入れ,季節によっては食事などの屋外の生活行為を行う場であり,住戸内に日当り・採光・景観などを与える役割を果たす,中心となる庭である。②前庭:敷地の入口から玄関に至る庭である。表札・敷石・植栽などが配置され,各戸を識別し,来訪者に家族の生活の様子を察知させる場となっている。町並みを形成する要素でもある。この部分に,車の駐車スペースが取られることもある。③サービスヤード:屋内の家事行為と連続した作業・収納などを行う庭で,敷地内の生活から目につきにくい所に配置される。作業が機能的に行えることや,廃棄する物を一時的に置いておく場の衛生を確保することに対する配慮が重要である。家事や作業に関連して車を活用する家庭では,駐車スペースをサービスヤード内に設けると合理的である。ペットの飼育は,主庭とサービスヤードとの間で行われることが多い。

2.6.2 敷地境界のつくり方

道路や隣地から敷地内へ外部の者が侵入するのを防ぎ,所有している範囲を主張し,住宅地の景観の一部

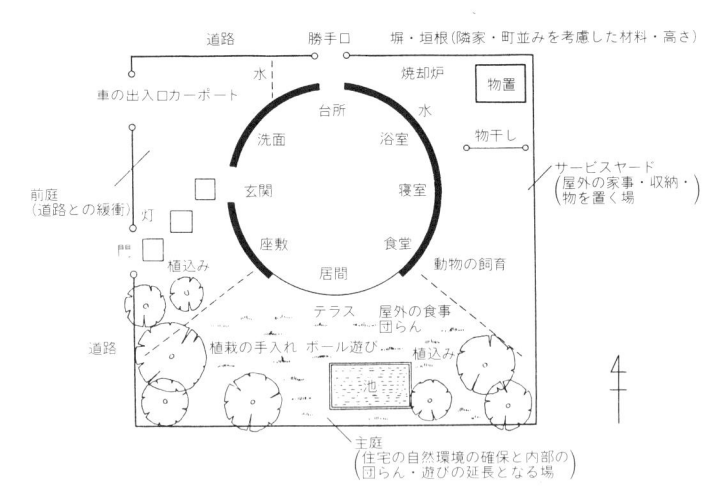

図2.25 庭の構成と機能[3]

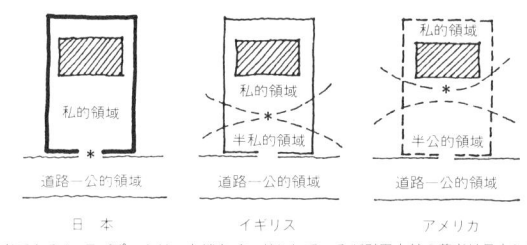

図2.26 文化の違いによる「私」と「公」の境界の違い[11]

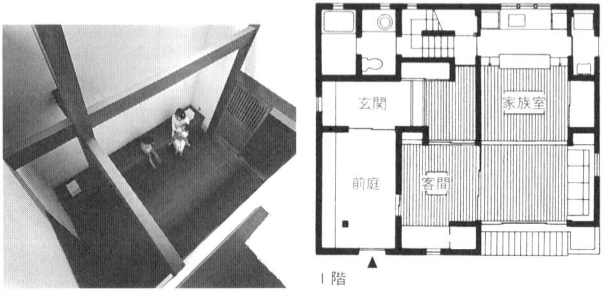

*)原著者であるA.ラパポートは,左端をインドとしているが引用文献の著者は日本としている。

図2.27 屋内に取り込まれた前庭(新籐邸,設計:山本理顕設計工場,撮影:新建築写真部)

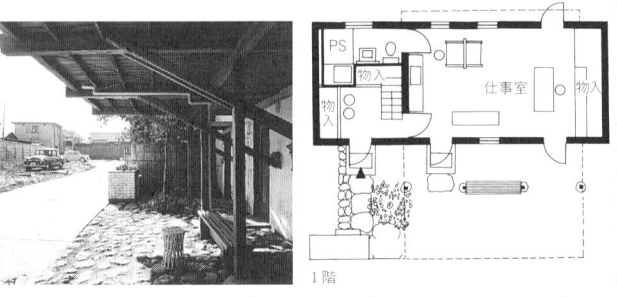

屋内に取り込んだ前庭は,内部でもあり外部でもある。白い壁と玄昌石の床,彫刻的な柱,梁の木組みとベンチなど,玄関の接客性を象徴的に美しく空間化している。

図2.28 地域に開設された前庭(すまい,設計:藤木忠善,撮影:村井修)

単純なコンクリートの箱から張り出した木造のテラスが街路に広く開放した前庭を覆い,誰でも近づきやすい広場を形成している。この深い庇により,コンクリートの硬さはやわらげられ,ささやかな集いの場が生まれている。

を形成する塀や垣根などの境界の計画も，敷地の重要な構成要素である。わが国の標準的な戸建て住宅では，周囲に塀や垣根を巡らし，敷地を囲い込む構成が多く見られる（図2.26）。これは，住戸の屋内と屋外とを連続させ，日当りや通風などの自然環境を利用した生活様式に対応していると考えられる。1階に**掃き出し窓**が多く見られるのも，わが国の特徴である。

図2.27は，このような特徴を前庭にまで適用した例である。高い塀に囲まれた前庭が屋内のような印象を与えるのは，空間の構成ばかりでなく，格式を備えたしつらいがなされているからでもある。

敷地全体を占有化することが問題になる場合もある。狭小な敷地では，一部分を隣戸と相互に共用して狭さを補うことが必要である。また，同居する家族がいない高齢者世帯では，近隣との日常的なつきあいが重要である。このような場合，前庭などを外部からも使用可能な半私的領域として，積極的に地域に解放する計画が望ましい（図2.28）。

2.6.3 敷地規模による庭の構成の変化

敷地規模により庭の構成は，図2.29のように変化する。主庭が独立して確保されるのは，約100 m² の敷地になってからである。敷地は南北に長く，居室が1列に並んだ住戸平面を形成する。サービスヤードは，前庭と一体化した構成である。この規模に達しない敷地では，道路と住戸との緩衝となり，サービス機能を含む前庭しか取れない。

150 m²を超える敷地になると，主庭・前庭・サービスヤードの3種類の庭を確保することが可能になる。このレベル以上の敷地規模を確保するのが望ましい。さらに規模が拡大すると，正方形に近い形態になり，庭の種類も豊富になる。

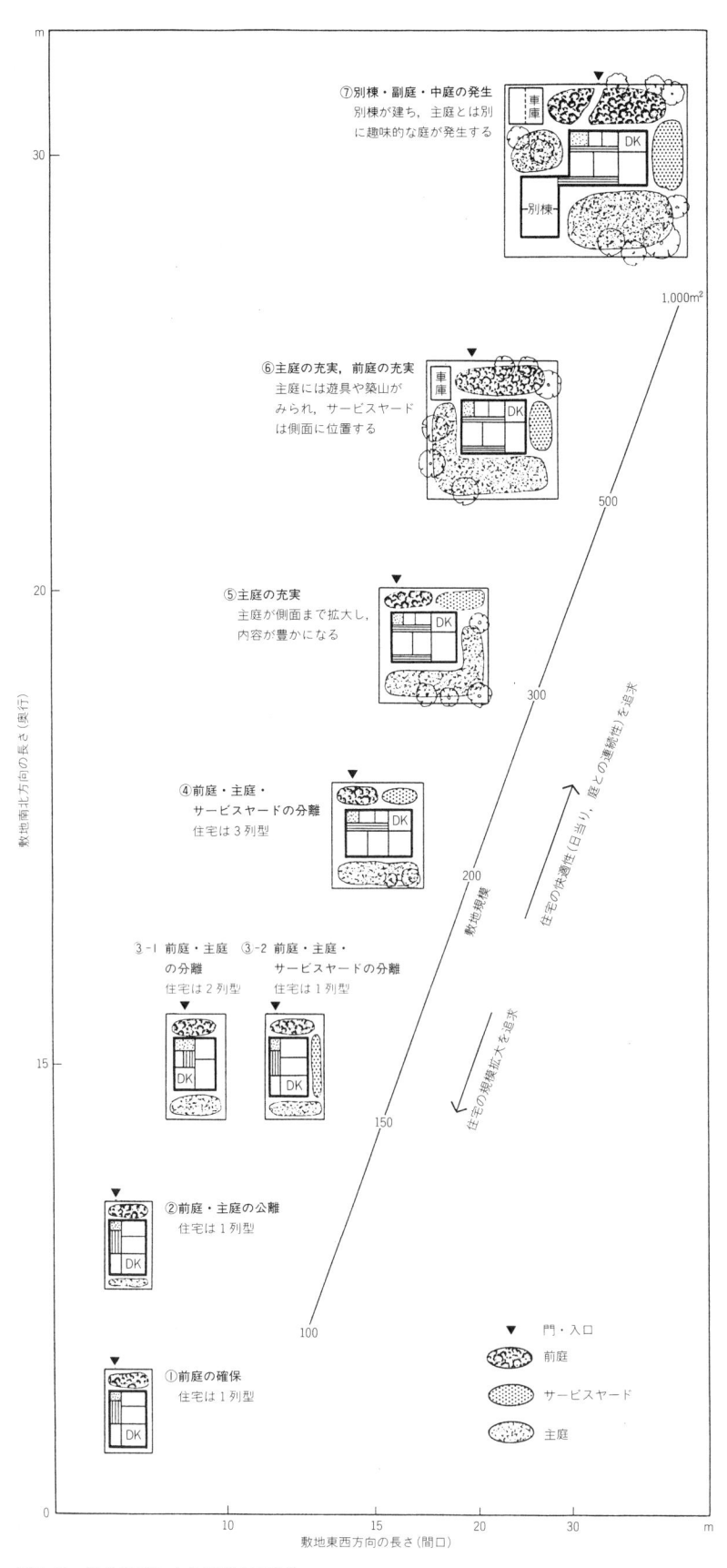

図2.29 敷地規模による住宅の変化[3]

2.7 生活の変化に対応する住宅

2.7.1 生活の変化と住宅の変化

家族は，常に成長し，変化している。家族生活の変化に対して住宅も変化すべきであるが，ただちに住宅の増改築として表れることは少なく，住み方の工夫や「我慢」により住みこなされ，建物の変化として顕在化するまでには，ある程度の時間がかかるのが一般的である。

図2.30は，建築家の自邸が徐々に変化した経緯を示す。家族の成長期には，数年ごとに居室間の生活行為を入れ替え，それで対応できない場合に，増改築を行っている。居住する過程で生活の変化を敏感にとらえ，現在居住している住宅に手を加えつつ活用する柔軟な対応が必要であるが，あらかじめ変化を予測し，対応できる計画も必要である。

2.7.2 住戸内の改築による対応

住宅を増築する際，既存部分との

STAGE	I	II	III	IV
年代	1978～1983	1983～1988	1988～1995	1995～
家族構成	夫婦 子犬1匹	夫婦+子供(幼児)2人 犬2匹	夫婦+子供(小・中学生)2人 犬1匹	夫婦+子供(中・高校生)2人 犬4匹
		ウサギ2羽→10数羽 ニワトリ，チャボ10数羽放し飼い カメ，ナマズ等，川魚多数	ウサギ20数羽～60数羽	ウサギ10数羽→6羽

図2.30 家族構成の変化と住宅平面の変化（岡上の家，設計：アーツ＆クラフツ建築研究所）

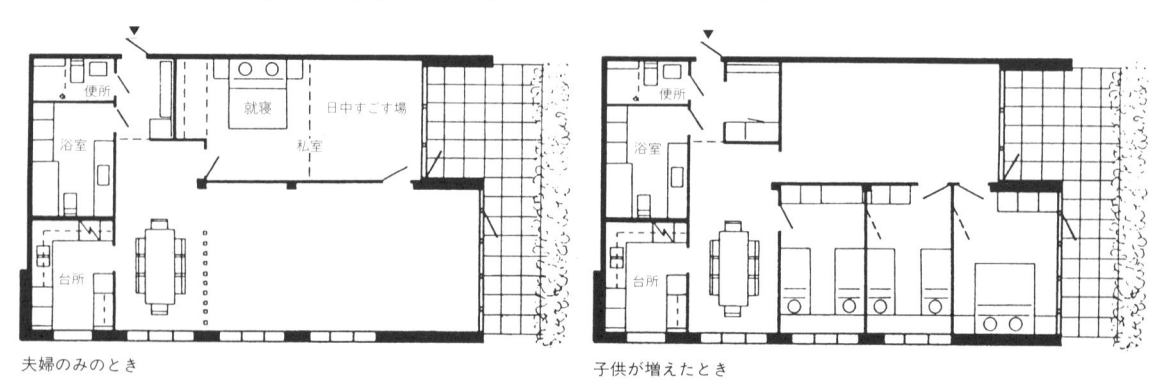

図2.31 家族の変化による住宅の変化を考えるスウェーデンの教科書の例[12]

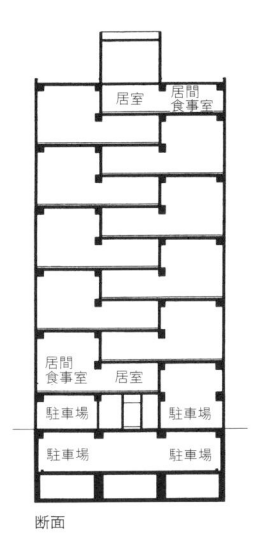

図2.32　2層の高さをもつ居間をつくる（沿岸の集合住宅「ALTO B」，設計：谷内田章夫/ワークショップ，撮影：和木通）

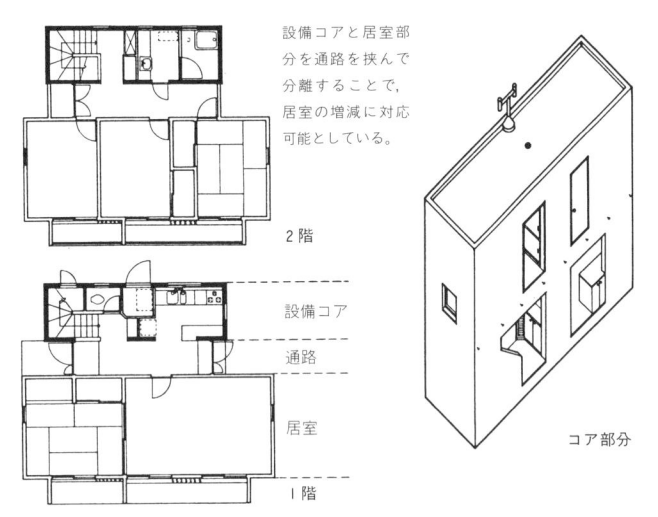

図2.33　居室の増減に対応できる平面（朝日住宅「コアコン」，設計：山下和正建築研究所）

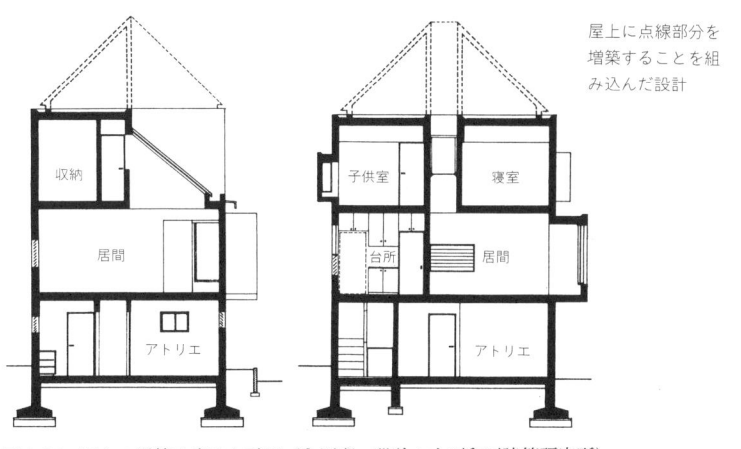

図2.34　屋上の増築を考えた計画（永原邸，設計：山下和正建築研究所）

接合や増築後の外形の処理が困難な場合が発生しやすい。建物の増築を避けるためには，住生活の変化を予想し，余裕をもった規模の住宅を建築し，生活上の変化が発生するたびに居室の構成を変化させたり，改築により対応する。

図2.31は，スウェーデンの中学校の教科書に見られる，家族の成長・変化と住宅平面との対応関係を考えさせる教材である。移動が困難な便所・浴室・台所などの設備部分を住戸内の片側にまとめ，ほかの居室の配置を変化させる計画である。

増築が困難な集合住宅では，変化に対応するのに十分な住宅の外枠を確保しておく必要がある。図2.32では，居間の上部を吹抜けにして，後に必要になる居室を設置する工夫が見られる。2層の高さの居間は広々として気持ちがよい。居室を付け加える場合にもさまざまな可能性があり，各住戸の生活様式に対応した個性的な計画が期待される。

2.7.3　住戸外への増築による対応

平面的に住戸規模を拡大する計画事例もある。図2.33は，住宅平面を構成する要素を，①固定的で変化が少ない設備コア，②居室・設備の間を結ぶ通路，③さまざまな種類の居室，の3つのゾーンに分けた構成である。家族の増加や生活様式の変化により居室数の増加が必要になった場合には，居室ゾーンに必要な居室を追加して並べ，通路を延長して対応可能である。通路が占める比率が高いが，考えやすい方法である。

図2.34は，垂直方向に増築する事例である。屋上に増築する居室に達するためには，階段の設置が必要となる。階段を設置しやすい形の躯体とし，階段が想定される部分にトップライトを設けて2階の居室への採光を確保する巧みな設計を行っている。階段と同様の勾配を持つ屋根の形も魅力的なデザインである。

39

図表出典リスト

1) 中村勝年：家相方位建築宝典，神易館，1930
2) 高田秀三・神谷正信：住みよい間取り，主婦と生活社，1967
3) 住環境の計画編集委員会編：住環境の計画2 住宅を計画する 第二版，彰国社，1998
4) Robert Woods Kennedy: The House and the Art of its Design, Reinhold Publishing Corporation, 1953 より作成。
5) 金子清吉：日本住宅建築図案百種，建築書院，1913
6) Alexander Klein: Beiträge zur Wohnfrage, 1928
7) 池辺陽：すまい（岩波婦人叢書），岩波書店，1954 より作成。
8) Ruth F. Sherwood: Homes, Today and Tomorrow, Glencoe, 1990 より作成。
9) 小川正光：住宅平面計画の評価に関する研究（京都大学学位論文），1980
10) C. Riccabona, M. Wachberger: Wohnqualität, Bewertungsmodell für Wohnungen, Wohnanlagen und Standorte, Österreichisches Institut für Bauforschung, 1977 より作成。
11) 延藤安弘・鮫島和夫・立成良三・杉本昇：計画的小集団開発，学芸出版社，1979
12) Anita Holm, Marta Nilsson, Marianne Ryden: Hemkunskap Sparframjandet, 1979 より作成。

3 平面プランの構成

　住宅平面は，天井から上を取り除いた住宅を上空からのぞき込んだようなもので，住宅を構成している各室の大きさと形，各室の配置や相互関係（連続と分割）を表現している。空間構成の縮図である住宅平面は，各室の使われ方や住生活の流れ，すなわち住空間と住生活の対応関係を最もよく表現することができる。このように平面は優れた特徴を持っているので，動線計画，ゾーニングなどを検討したり，住様式を捉えたり，住宅を評価するのに重要な役割を果たしている。

　住宅平面は家族構成，住宅観，建設費，敷地形状などさまざまな要因を反映しているので，現実には多様な住宅平面が存在している。

　この章ではわが国の多様な現代住宅の平面と平面タイプについて，歴史，種類，平面タイプに影響する要因を学ぶ。まず，第1節ではわが国の現代住宅平面の3つの原型とその後の発展，つまり座敷や茶の間といった伝統的な空間と居間・食事室（LDK）洋室の普及と椅子式生活の導入という西欧化とが相互に影響しあいながら今日に至っていることを学ぶ。第2節では，平面タイプを動線と部屋配置手法から分類している。第3節では，近年わが国の住宅平面の地方差が乏しくなり，いくつかの典型的な平面タイプに集約されてきていることを説明する。第4節以下では，平面を規定しているいろいろな要因について考える。まず第4節では暮らしが豊かになったために，個性的で選択的な生き方が可能になり，ライフスタイルが住宅平面に影響している状況を，第5節では，特に都市の厳しい敷地条件が平面に影響することを述べ，さらに，工夫によっては，面白い住宅平面が生まれることを例を挙げて説明している。第6節では，高齢社会という視点から，二世帯住宅などの住宅平面が生じていることや，一般住宅の平面もユニバーサルデザインの視点から見直される必要があることを述べている。最後に第7節では家族の成長変化と住宅平面の関連を述べている。

3.1 住宅平面の変遷

3.1.1 現代住宅平面タイプの原型

住宅の平面は，気候・風土，住意識，敷地条件，生産システムなど多くの要因に規定される。

わが国の住宅は図3.2のように，歴史的に発展してきた。今日の住宅平面の原型は武家住宅，町家住宅，農家住宅で，それが確立したのは江戸時代である。

(1) 武家住宅

武士階級の住宅で，家長の居間と接客のための書院造りの座敷を重視し，格式を重んじた住宅である。明治時代以降も，都市の中流階層の住宅として継承された。大正時代には，プライバシーを確保するために改良された「中廊下型」が普及した。

(2) 町家住宅

商業を営むため，道路を挟んで軒を連ねた店舗付き住宅。住宅と職業が分かちがたく結びついている。道路沿いに多くの住宅を建てようとするため，間口が狭く，奥行きが長い平面が形成された。表通りから裏に抜ける通り土間を設け，これに沿って部屋を1列3段に，間口が広めの時は2列に並べるのが基本的な平面タイプである。京都で完成し，各地の門前町，宿場町などに伝搬した。

(3) 農家住宅

農家住宅として一つの平面タイプがあるわけではなく，気候・風土，営農形態，伝統的な住様式を反映した地方独自の平面タイプが育まれてきた。主なものは「田の字型」と「広間型」である。武家，町家住宅は明治以降も都市住宅として受け継がれた。戦後，特にアメリカの住宅の影響を強く受け，今日に至っている。農家住宅の建具だけで間仕切った平面は，あまりにプライバシーの確保が困難であるため，部屋の間に

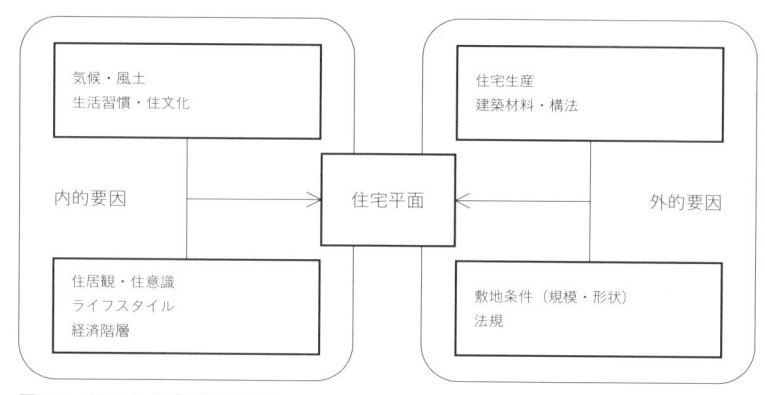

図3.1 平面タイプの規定要因

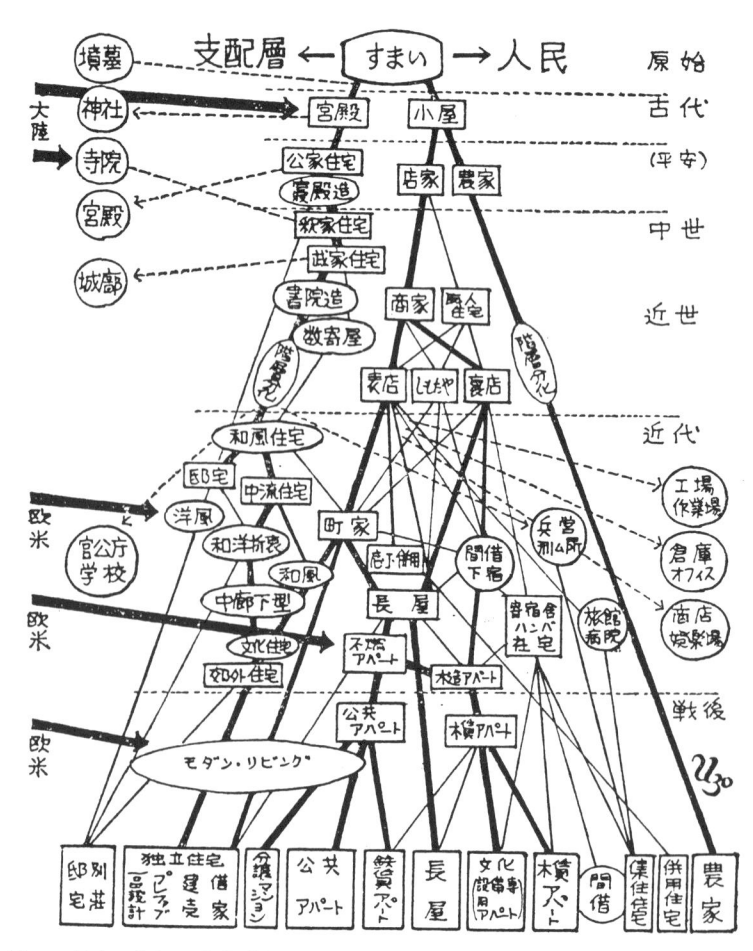

図3.2 日本のすまいの発展系譜（西山夘三による）[1]

廊下を設けた中廊下型に変化してきている。また，兼業化の進行など営農形態も変化し，都市住宅の要素が取り入れられてきている。

3.1.2 モダンリビングの平面

戦後，都市住宅の平面を大きく変えたのはモダンリビングである。接客と格式を重視した床の間，座敷を中心とした伝統的住宅平面が批判され，その代わりに家族の生活を重視し，居間と個室が確立した平面タイプが全国的に広く普及した。家族の集まる部屋である居間（L）と台所・食事室（DK），および家族人数に合わせた私室から構成されているので，**公私室型**とも呼ばれる。同時に，台所などの家事スペースの居住性の重視，椅子式生活の普及による洋室化が進行した。これによりわが国の住宅の洋風化が著しく進んだ。

このように，わが国の平面タイプの歴史は，座敷や茶の間といった伝統的な空間と，居間・食事室（LDK），洋室の普及と椅子式生活の導入という西欧化とが相互に影響しあいながら今日に至っている。

近年，細かく間仕切りをした過度の個室化の問題が指摘されている。**ライフサイクル**の特定のライフステージに対応した固定的な平面でなく，家族数や生活条件の変化に対応して変更可能な平面が求められる。すでに集合住宅では実例が多い。

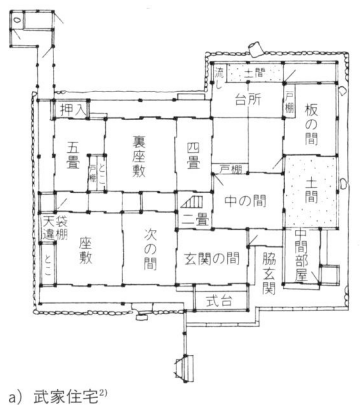

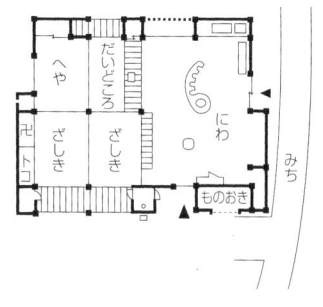

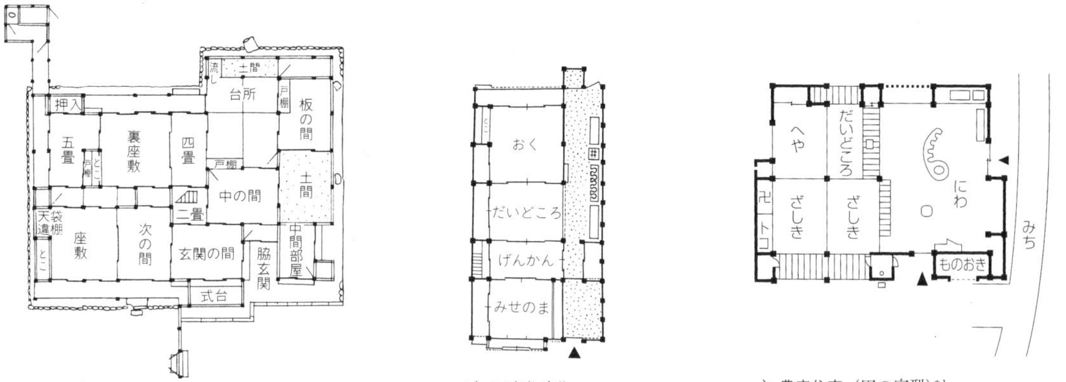

a）武家住宅[2]　　b）町家住宅[1]　　c）農家住宅（田の字型）*1

図 3.3　わが国の現代住宅の原型

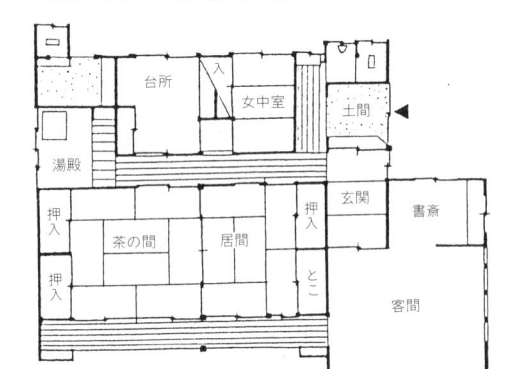

図 3.4　中廊下型住宅（「住宅」誌競技設計1等当選案，設計：剣持初次郎，1917年）

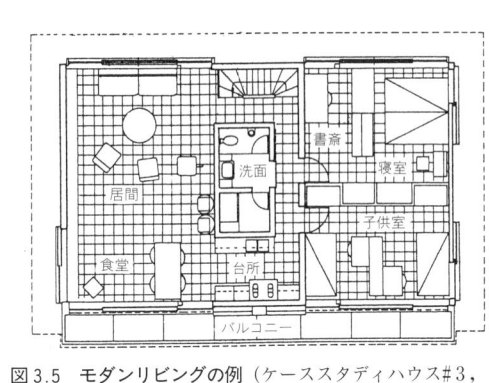

図 3.5　モダンリビングの例（ケーススタディハウス#3，設計：増沢洵，1959年）

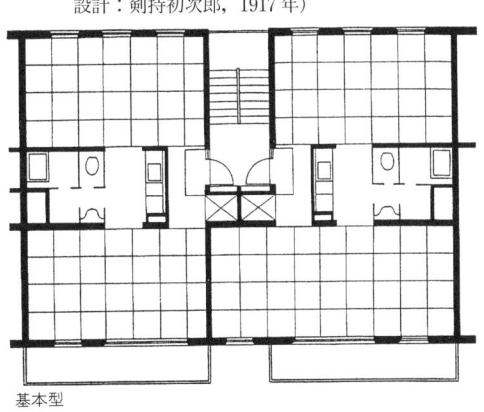

図 3.6　順応型住宅のモデルプラン[3]

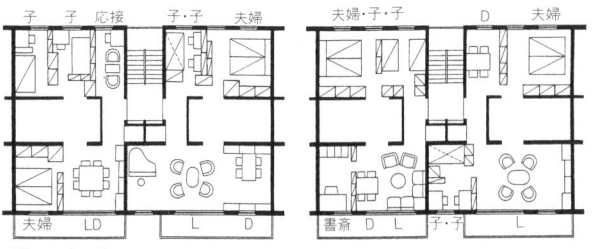

バリエーション

鈴木成文による，可変型住宅の提案例。家具の配置を変えることにより，家族構成や住要求の変化などライフサイクルに柔軟に対応できる工夫をしている。

3.2 住宅平面の種類

3.2.1 現代一般住宅の平面タイプ

わが国の戸建て住宅の平面タイプにはどのような種類があるのだろうか。近年の新築住宅は，ほとんど2階建てで，2階に夫婦寝室や子供室などの個室群が配置される類似の平面であるため，平面構成のバリエーションは1階において生じている。したがって，1階の平面タイプを，玄関から各室へ至る動線で分類すると次のようになる（図3.7）。

(1) 縦通路型

縦の廊下に並列に居室が配置された細長い平面タイプ。敷地の間口が狭い場合に生じる。

(2) 居間通路型

玄関から直接居間に入り，そこから各室に至る平面タイプ。居間が通路をかねている。

(3) 玄関ホール型

玄関ホールと廊下を挟み，LDKと和室（座敷）を配置したタイプ。水回りは玄関のつきあたりに置かれることが多い。総2階建てのプレハブ住宅によく見られるタイプ。

(4) 中廊下型

廊下を挟み，一方に居室，他方に便所・風呂・階段などを配置した平面タイプ。大正期に流行し，現在も広く普及している。各室を廊下で隔て，プライバシーを確保する。

(5) 農家型（続き間型）

座敷と次の間からなる続き間座敷がある平面タイプの総称で，伝統的な農家住宅の平面が継承されたもの。続き間座敷以外の部屋の配列に関しては地方差がある。

3.2.2 居室配置による平面タイプ

このような一般的な平面タイプとは別に，数は少ないが建築家の提案や居住者の独特な住要求を反映し，各室のつながり方に工夫をこらした

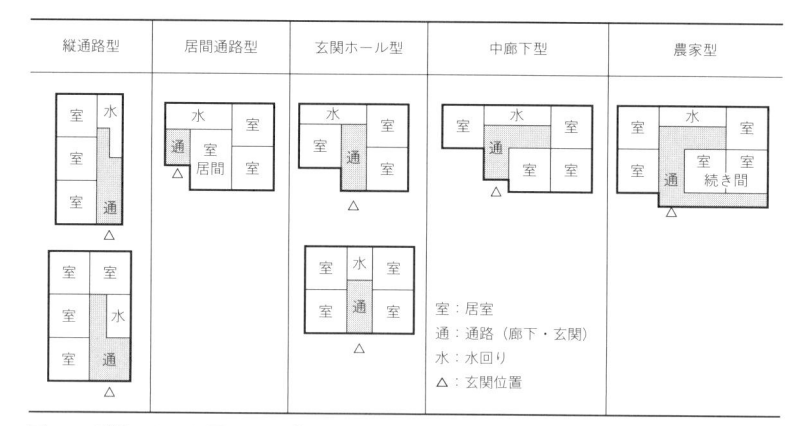

図3.7 動線からみた平面タイプの分類[*3]

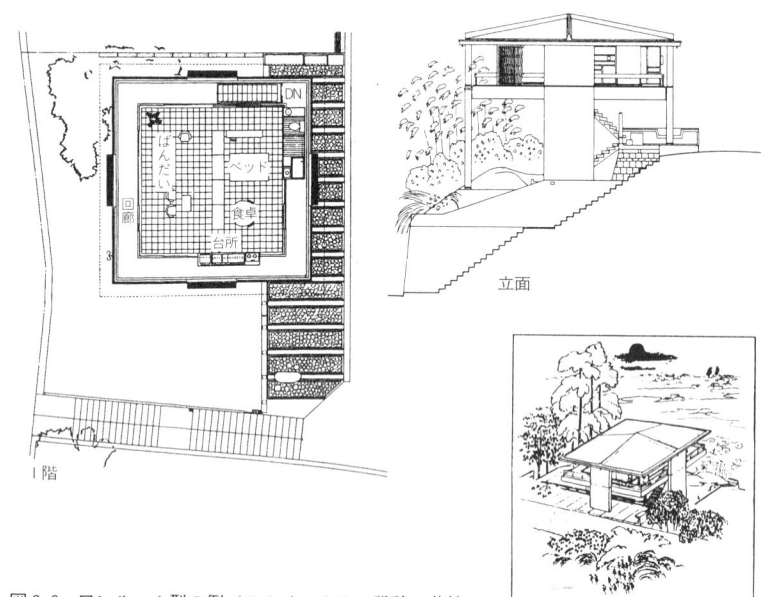

図3.8 ワンルーム型の例（スカイハウス，設計：菊竹清訓）

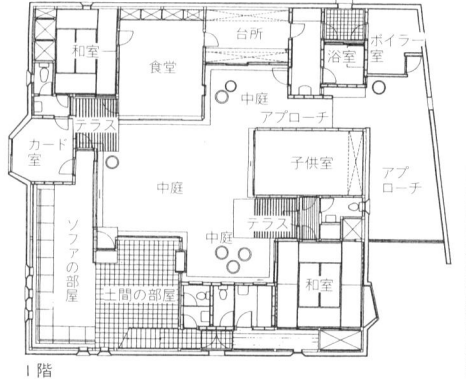

図3.9 中庭型の例① （Is邸，設計：RIA建築綜合研究所）

ユニークな住宅平面タイプが見られる。代表的なタイプを見ていこう。

(1) ワンルーム（オープンプラン）型

便所や浴室など必要最少限のスペース以外が一部屋のタイプ。必要に応じ、家具などで軽く遮蔽する。さほどプライバシーが必要でない子供が小さい核家族や高齢者世帯など向けの平面タイプ（図3.8）。

(2) 中庭（コートハウス）型

外壁で閉じて、主な開口部を中庭（コート）側に設けた防御的、内向的な平面タイプ。わが国でも宅地が狭く住宅が建て込んだ地域において、中途半端な外庭を確保するより、外側を閉じて中庭から採光や通風を取り込むこのタイプが見られるようになった（図3.9, 3.10）。

(3) 吹抜け型

主に居間などの公室の上部を吹抜けにし、上下階の視線を確保して、全体の一体感を出すことをねらったタイプ。天井を高くして開放感を出す優れた手法（図3.11）。

(4) 塔状型

部屋を上下に重ね、階段で結んだ平面タイプ。狭い敷地における苦肉の策である。図3.12は都市に住みたいという強い意志を極小の敷地で実現した建築家の自邸で、戦後の住宅設計に大きな影響を与えた。外からの視線をうまく避けている。

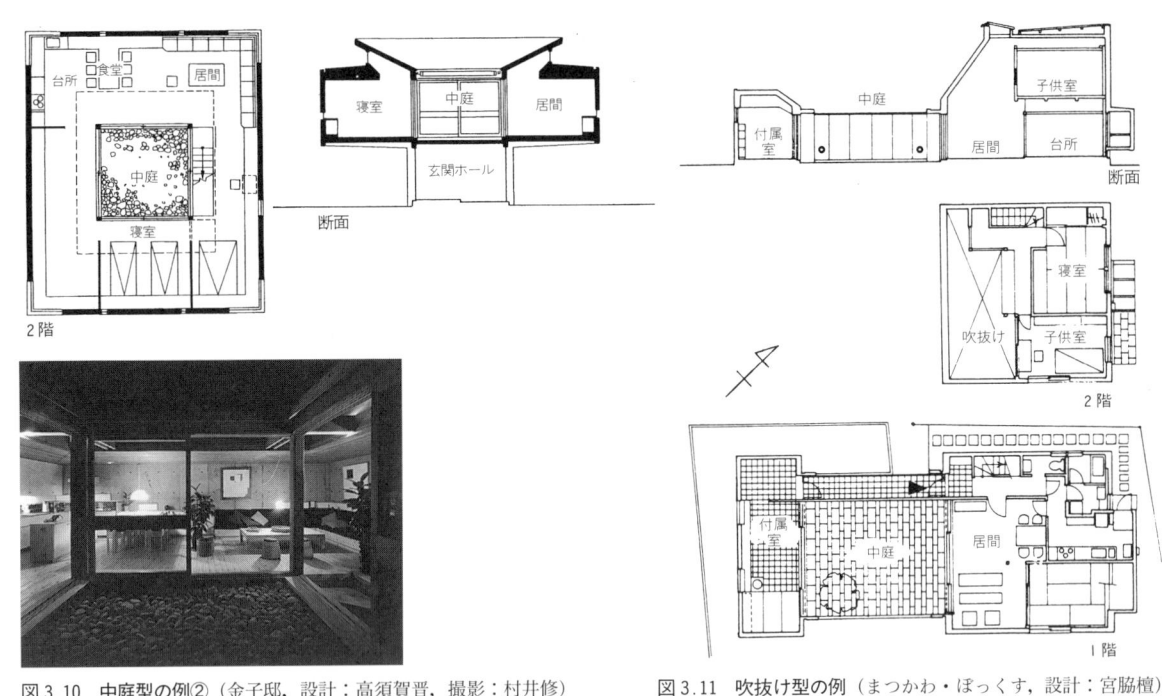

図3.10　中庭型の例②（金子邸，設計：高須賀晋，撮影：村井修）

図3.11　吹抜け型の例（まつかわ・ぼっくす，設計：宮脇檀）

図3.12　塔状型の例（塔の家，設計：東孝光）

3.3 住宅平面の地方性

3.3.1 地方性の要因

　日本の国土は南北に細長く，地方ごとに独特な気候・風土が形成されている。夏と冬の厳しさをしのぐためにさまざまな住まいの環境調節の工夫が必要である。また現代住宅の原形が確立した江戸時代には，各藩ごとに身分秩序に基づいた住宅の規範（家作規制）が定められていた。かつてはこのような気候風土や住文化を反映した地方独特の住宅の形状や平面が存在していたのである。

　しかし，戦後このような住宅の地方性は希薄になり消失しつつある。暖冷房設備の普及，住宅生産供給方式の変化（特に住宅メーカーによる同じ規格の住宅の全国規模の販売），マスメディア，特にテレビの影響による住文化や住様式の画一化などの要因が重なり合ったためである。

　ただし，現在でも住宅規模・住宅事情の地方差は存在している。都道府県別に持ち家住宅の平均規模を見ると，地方間の格差の存在が明らかである（図3.14）。最も水準が高いのは北陸地方である。ここは積雪地域であり，長い冬を住宅内で過ごすために，作業や食料貯蔵のスペースを備える必要があるし，茶の間などの団らん空間も大きくなった。台風の通路である南九州ではむやみに大きな住宅はつくれず，温暖なためその必要もなかった。また，土地問題が厳しい大都市では最も規模水準が低い。その他の地方はこれらの中間に位置している。

3.3.2 現代の住宅平面の地方性の意味

　従来，現代の住宅においても民家に見られたような地方色豊かな平面が形成していると考えられてきた。しかし，近年，住宅平面に関する全

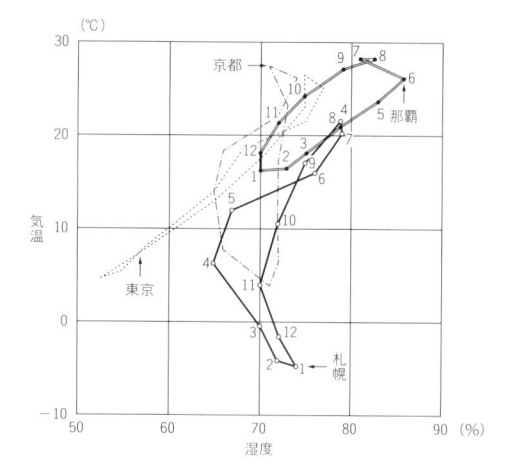

図3.13 日本の都市別気候（提供：阿部成治）[4]

都市別気候（温湿度）比較グラフ
那覇と札幌では，一年を通じてほとんど同じ気候を経験することがないことがわかる。

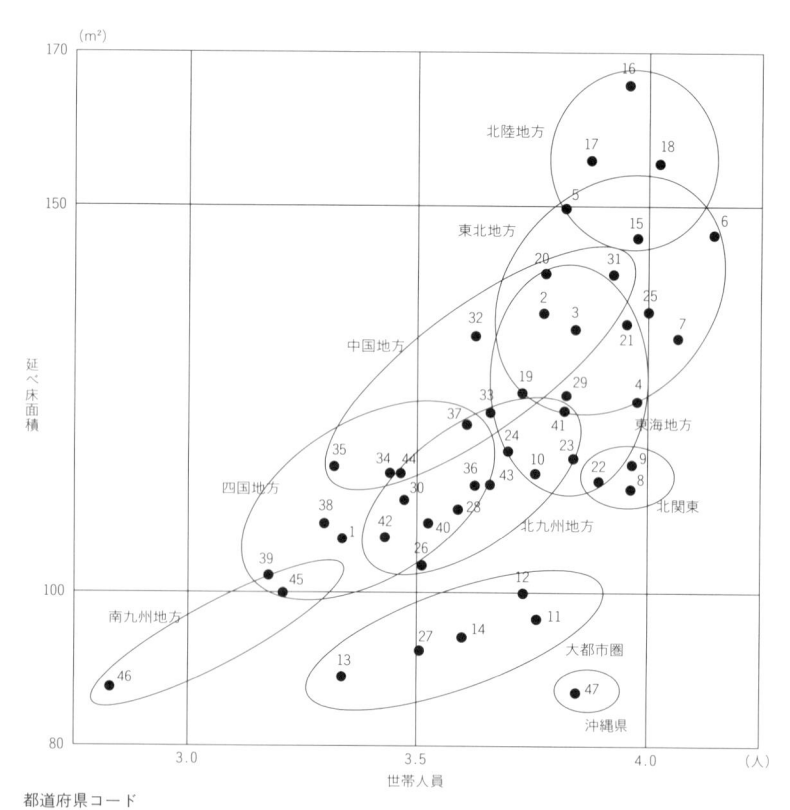

都道府県コード
北海道： 1 北海道
東　北： 2 青森　3 岩手　4 宮城　5 秋田　6 山形　7 福島
関　東： 8 茨城　9 栃木　10 群馬　11 埼玉　12 千葉　13 東京都　14 神奈川
北　陸： 15 新潟　16 富山　17 石川　18 福井
東　海： 19 山梨　20 長野　21 岐阜　22 静岡　23 愛知　24 三重
近　畿： 25 滋賀　26 京都府　27 大阪府　28 兵庫　29 奈良　30 和歌山
中　国： 31 鳥取　32 島根　33 岡山　34 広島　35 山口
四　国： 36 徳島　37 香川　38 愛媛　39 高知
九　州： 40 福岡　41 佐賀　42 長崎　43 熊本　44 大分　45 宮崎　46 鹿児島　47 沖縄

図3.14 住宅規模水準の地方性[*3]

国規模の研究が進み，住宅平面の地方差は小さく，少数の平面タイプに集約されることが分かってきた。しかもこれらの平面タイプは全国に見られ，地方性ではなく住宅の面積，つまり都市度の差であると解釈される。

このことを接客と団らんスペースの取られ方という視点から模式的に示したものが図3.15である。

わが国では，接客空間はたとえ利用頻度が低くても重視される。社会が豊かになり，住宅の規模が拡大するにつれて，続き間座敷を日常生活の場とは独立して確保する傾向が強い（「続き間座敷型」）。この続き間座敷が確保できない規模では，座敷だけを独立して設ける「1室座敷型」か，次の間（洋室，または和室）を団らんに利用できるようにしておき，必要に応じて続き間座敷にできる平面（「次の間団らん型」）が選択される。つまり，規模が大きくなるほど続き間座敷は居間から独立し，小さくなるにしたがって接客と団らんスペースが重なると考えられる。

このことは，宅地が広い農村的色彩が強い地方では続き間座敷型が，敷地条件が厳しい都市部では次の間団らん型や一室座敷型が多くなるというように，地方性というより「都市性」を反映していると解釈することができる。

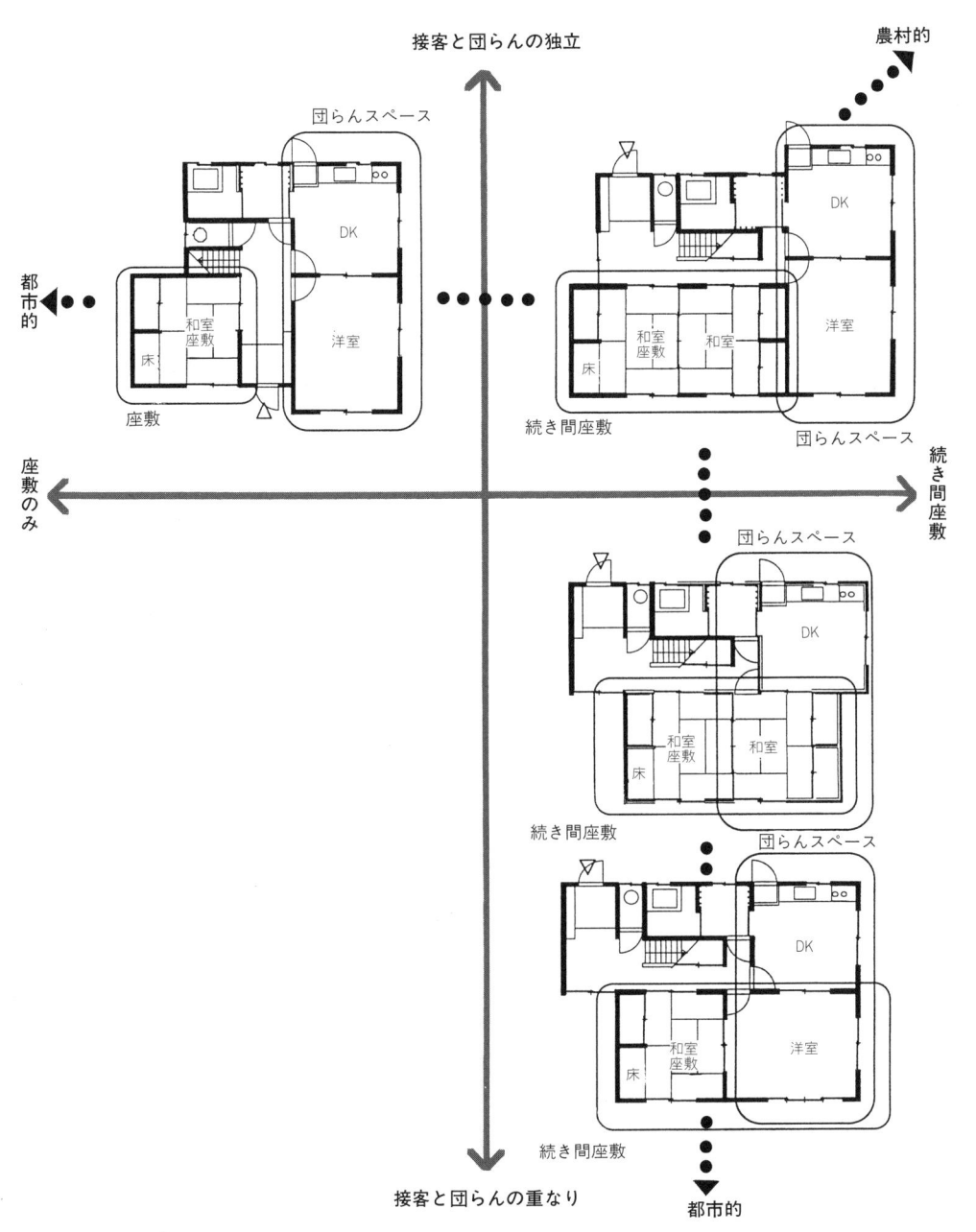

図3.15 現代住宅の主な平面モデルと地域性[*9]

3.4 ライフスタイルと住宅平面

3.4.1 ライフスタイルと住宅平面の多様化

近年，ライフスタイルが住宅平面を左右する重要な要因になってきた。

ライフスタイルとは，生活様式や共通の好みの集団をとらえる概念で，大量生産・大量消費型の商品開発がゆきづまり，細かなターゲットを設定するマーケティングの分野の概念である。住宅供給の分野でも，より細かく対象と住要求をとらえる概念として援用される。

社会が豊かになり，資力や生活時間にゆとりが生じ，選択的な生き方が可能になると，各自の個性的な価値観に基づいたライフスタイルが多様化するようになった。

住意識や住宅の型は経済階層にある程度規定される（図3.16）。確かにこのような関係は一部に残っているが，階層性だけで住様式を説明することは難しくなりつつある。むしろ，居住者の個性的な住要求に対応したデザインが求められるようになった。ただし，ライフスタイルの種類や内容は，地域・文化とともに変容する。たとえば，趣味室や家族で調理を楽しむ台所など，住宅機能のなかで何を重視するかの判断が重要となる。

3.4.2 コーポラティブハウジング

コーポラティブハウジングは，居住者自身が企画・設計プロセスに参加し，いろいろな問題に合意を得ながら共同で建設する，いわばオーダーメイドの集合住宅である。それだけに集合住宅の限られたスペースで，居住者の個性的なライフスタイルが端的に表出しやすい。ここでは，「Mポート」の4住戸をライフスタイルという視点から見てみよう。

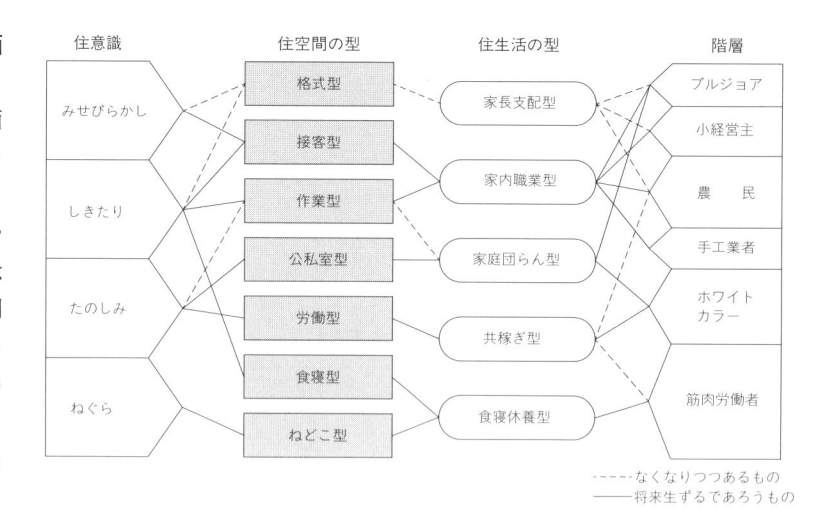

図3.16 住意識と階層の関係図（西山夘三の図より）[5]

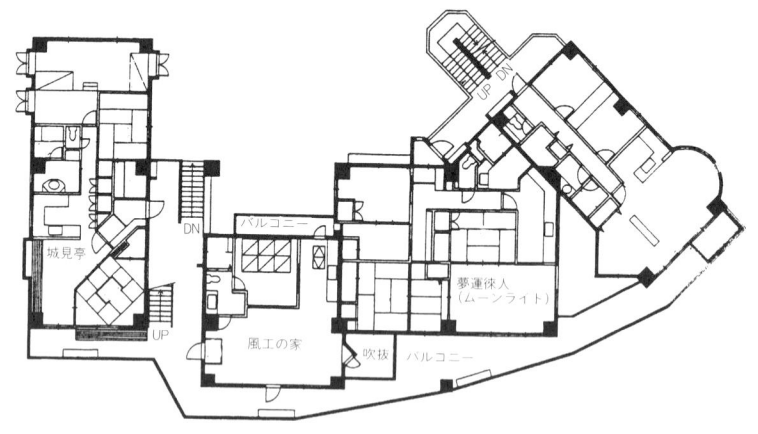

------ なくなりつつあるもの
―― 将来生ずるであろうもの

a) 2階平面

b) 全景写真

図3.17 コーポラティブハウス「Mポート」（設計：もやい住宅設計集団）

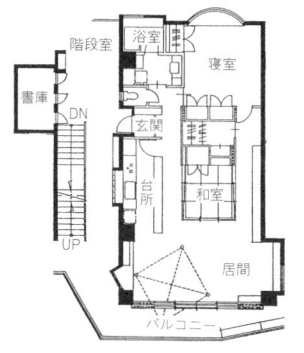

c) House in House

延べ床面積：103.65 m²
住戸設計：延藤安弘
入居世帯：夫婦

　集合住宅の定形的平面からの脱却を意図し，LDの中に4.5畳大の木の庵（いおり）と金属製フレームの四阿（あずまや）が2つの憩いの場を形成し，空間の流れをつくり出している。階段室・通路を挟んだとなりの余分の面積をゆずり受け書庫とし，階段室を含め地域の子供たちの図書室となっている

d) ドラえもんのポケット

延べ床面積：68.76 m²
住戸設計：梅田彰
入居世帯：夫婦＋子供2人

　将来の生活の変化に対応するために，最小限の間仕切り。子供室を納戸の上にロフトのように設けたり，屋上広場（星の広場）に合わせるため台所の床をあげ（床下は収納），空間の変化が面白い。しかけが多く，なんでもありの「ドラえもんのポケット」である。

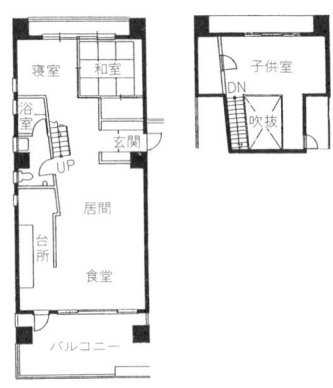

e) シンプルハウス

延べ床面積：112.82 m²
住戸設計：磯田節子
入居世帯：夫婦＋子供2人

　最小限の間仕切りを施したシンプルな住まいという意味だけでなく，素朴な生活（最小限のモノと豊かな住空間）という明快で力強いライフスタイルをめざした住まいである。さらに，このシンプルなプランを住みながら成熟させていくことも意図されている。

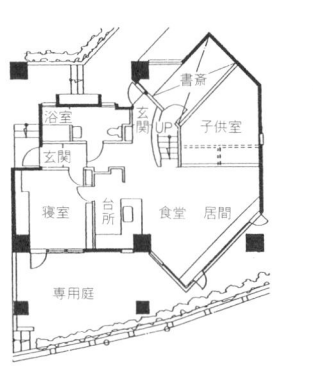

f) カリブ海のトトロ

g) 屋上の「星の広場」

延べ床面積：97.8 m²
住戸設計：山崎由美子
入居世帯：夫婦＋子供2人

　研究者と文筆家のカップルは，それぞれ玄関と個室を持ち，2つの個室の中間に「食」を中心とするコモンスペースを持つ。子供を子供室に閉じこめるのではなく，大人が引きこもる考え方である。妻の好きなトトロと，夫の好きなカリブ海がデザインのモチーフになっている。

3.5 敷地条件と住宅平面

3.5.1 敷地条件と住まい

　敷地が狭くなるにしたがい，住宅の平面は敷地の規模や形状など敷地条件に規定される。近年，都市部で土地問題の深刻化による敷地の狭小化が著しく進行しており，住宅平面が敷地から強く制約されることが多くなった。

　近年の全国規模の調査研究によると，戸建て住宅の平面は，敷地の間口寸法に大きく影響されていることが分かってきた。つまり宅地内に車庫を設け，南庭をできるかぎり広く確保し，主な居室を南面させて居住性を高めるなどの基本的な住要求を満たした住宅平面にしようとすれば，自ずと限られた平面パターンになりやすい。図3.18は間口寸法と道路の位置関係ごとに生じやすい典型的な住宅平面を，模式的に示したものである。

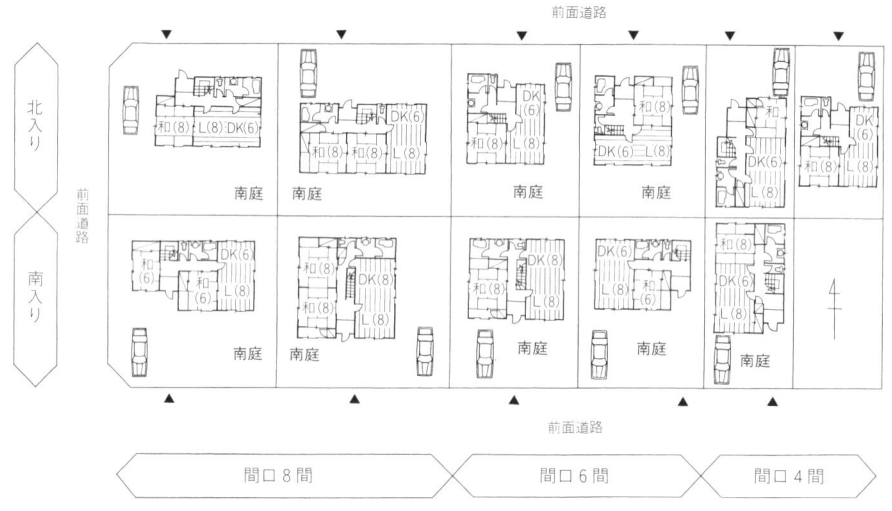

図3.18　敷地の間口寸法と典型平面タイプ[*5]

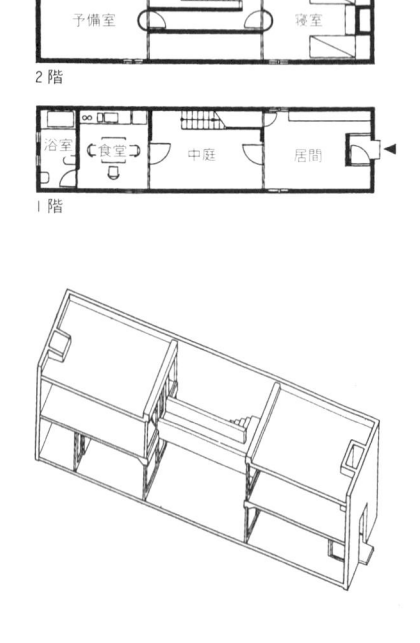

図3.19　住吉の長屋（設計：安藤忠雄）

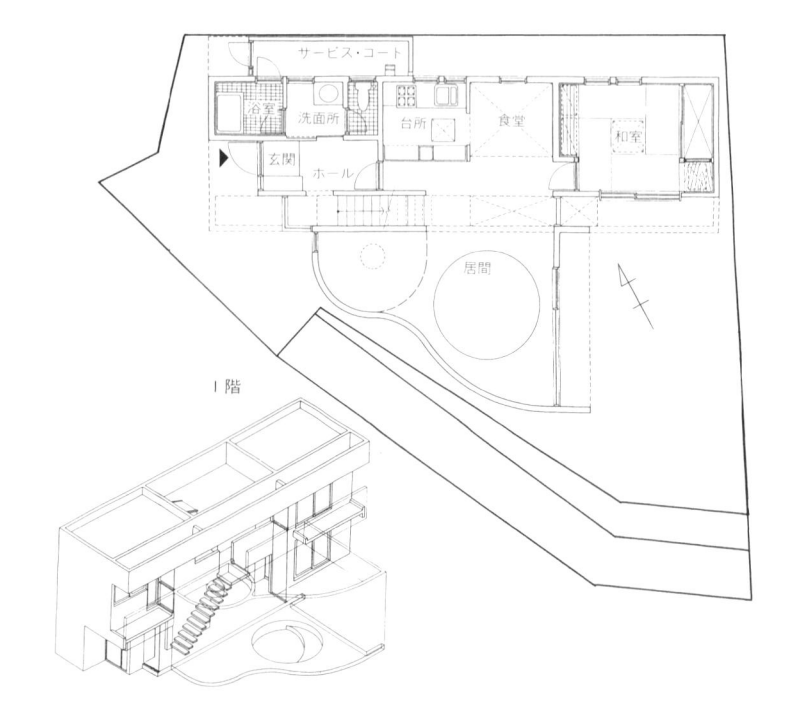

図3.20　ピアノの家（設計：東孝光）

3.5.2 厳しい敷地条件と住宅平面

狭小敷地や変形敷地，傾斜地など厳しい敷地条件にもかかわらず，その不利な条件をさまざまな技法でカバーし，逆に魅力的な面白い住宅平面となった例も多い。

（1）狭小敷地

図3.19は，町家住宅の建て替えで，間口が約3.5 mしかない。敷地の狭さや居住性の悪さを，中庭形式にすることにより，採光，通風を補っている。

（2）変形敷地

図3.20は西側の裏山に面した不整形敷地で，グランドピアノをイメージした曲線のある居間と，台所・食堂・私室などをまとめた2階建ての矩形を，採光に有効なスリットを挟んで構成した面白い平面である。

（3）斜面の敷地

厳しい敷地条件のひとつに傾斜地がある。図3.21は住宅全体を上下交通スペースを含むコアで支えて住宅全体を斜面から浮かしている。道路レベルの2階に公室を設け，1階に個室を配置している。図3.22は，崖地に立つコンパクトな住宅である。道路面にある駐車スペースは，崖の崩落を防ぐ構造物の役割を果たしている。

これらは，本来なら住宅地としては適さない敷地を，技術とアイディアでカバーした好例である。

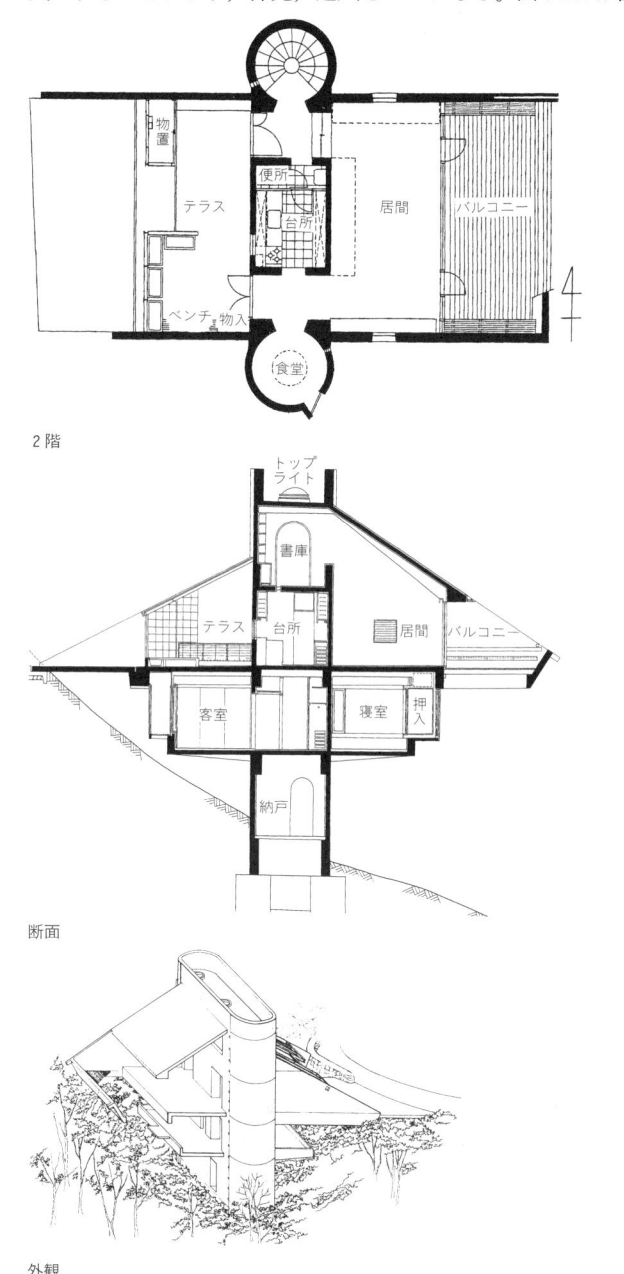

図3.21　崖の家（設計：林雅子）

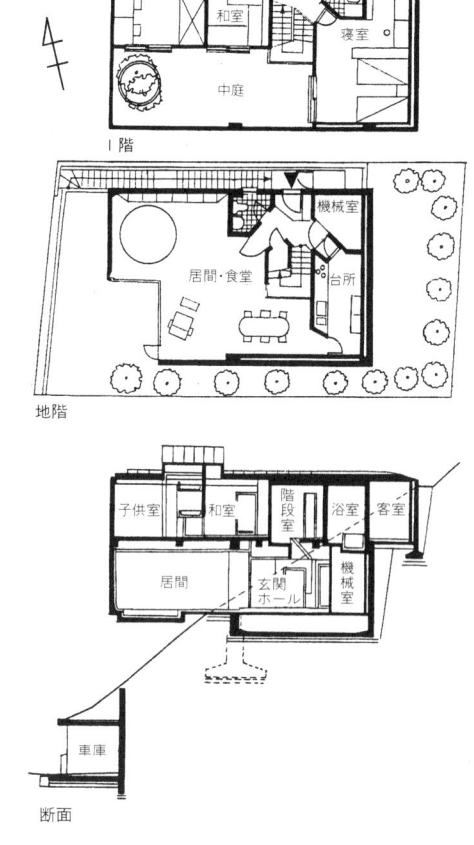

図3.22　ぶるーぼっくす（設計：宮脇檀）

3.6 高齢社会と住宅平面

3.6.1 ユニバーサルデザインとしての生涯住宅の平面

　高齢者が住み馴れた自宅に住み続けるために，すべての住宅は新築の時点から，高齢期の身体機能の低下に対応できる配慮を，あらかじめ組み込む必要がある。高齢期に大きな改造をせずに，生涯住み続けられる工夫をした住宅を**生涯住宅**と呼ぶ。

　従来わが国の住宅は，高齢者への配慮が乏しく，住宅が原因の家庭内事故が多発している。また，身体機能が少し低下しただけで入浴や排泄，外出など基本的な住行為が困難になりやすかった（図3.24は，高齢期の住宅改造が水回りや玄関などに集中していることを示している）。そのために自立が妨げられたり，介護負担が大きくなった。

　生涯住宅は，段差の除去や手すりの設置などのバリアフリーだけでなく，住宅平面の工夫も必要である（図3.26）。生涯住宅は，住環境は高齢者だけでなく，すべての人に使いやすく計画する**ユニバーサルデザイン**の考え方に沿ったものである。これは，高齢社会の住環境のあり方を考える際の重要な視点である。

3.6.2 二世帯住宅の平面タイプ

　わが国では，子世帯と同居している高齢者の比率は徐々に減少しているが，依然別居より多い。ただ，同居の内容は，経済も介護も子世帯に依存する「一体型同居」から，お互いが空間と生活を分離した同居へ変化してきている。

　このようにひとつの住宅でありながら，老若の二世帯が住空間と生活を分けたものを**二世帯住宅**という。親世帯は子どもと同居できる安心感を求め，若夫婦は住宅難の中で住宅が確保できるという両者の意向が背

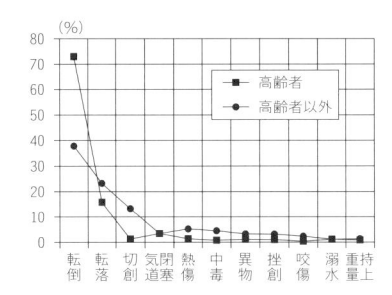

図3.23　高齢者の家庭内事故の種類
（K市の救急車出動回数）

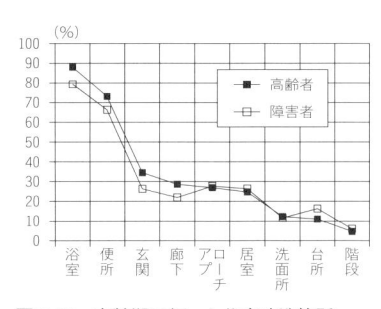

図3.24　高齢期に行った住宅改造箇所
（福岡市住宅改造助成制度）

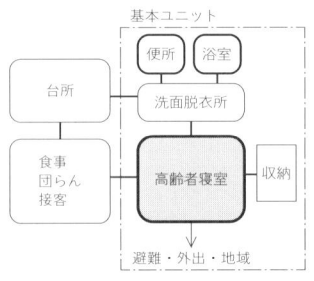

高齢者の視点から生涯住宅の平面に必要な条件を模式的に示したもの。1階に配置した高齢者の寝室を中心に，①水回りを近接化し，②外出のため屋外への動線の確保，③家族とのふれあいの配慮，④要介護に備え，廊下，出入口の幅，浴室や便所面積の拡大などに配慮した平面構成が必要であることを示している。

図3.25　高齢者の視点からみた生涯住宅のあり方

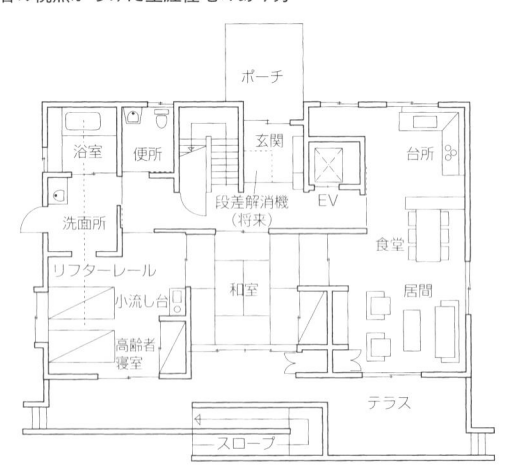

a) 平面

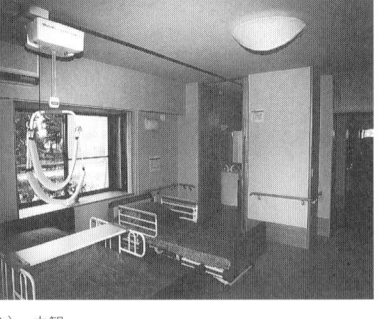

b) 内観　　　c) 外観

図3.26　生涯住宅の例（福岡県モデル住宅，「生涯あんしん住宅」）

景にある。

両世帯が，どんな部屋や設備を共同利用するかによって多様な住宅平面が生じる。さらに分離度が高くなったものを隣居という。公共住宅でも，親子の二世帯用の隣居型の「ペア住宅」が供給されている（図3.27）。

3.6.3 高齢者向け住宅の平面

高齢者のひとり暮らしや夫婦のみ世帯の比率は増加している。社会から孤立しやすいこれらの別居世帯の住宅のあり方が，これからの重要な課題である。

健康に不安がある高齢世帯を対象に，**シルバーハウジング**，ケアハウスなど福祉サービスと組み合わされた「ケア付き住宅」が供給されている。これらの住戸は小規模であり，さほど家族間のプライバシーが必要でなく，ワンルーム型の平面が好ましい。必要に応じて，建て具で軽く間仕切りができる配慮が必要である。

高齢社会で，これまでにない新しい生活形態と，それに対応した住宅が生まれている。たとえばひとり暮らしの高齢の女性が数人でグループをつくり，各自のプライバシーを確保しながら，「新しい家族」として支えあって生活するなどの例である。このような新しい住宅の平面は今後の課題である。

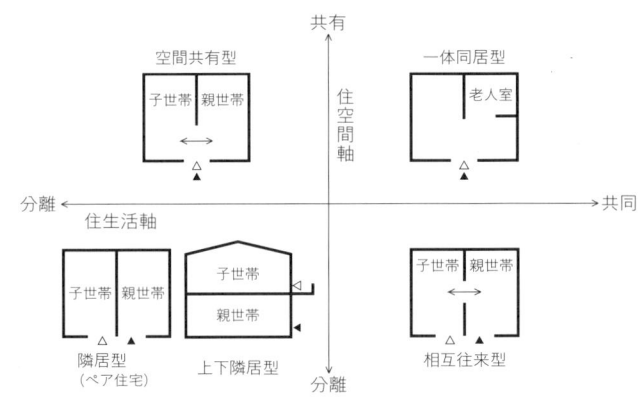

図3.27 二世帯住宅の多様性[*2]

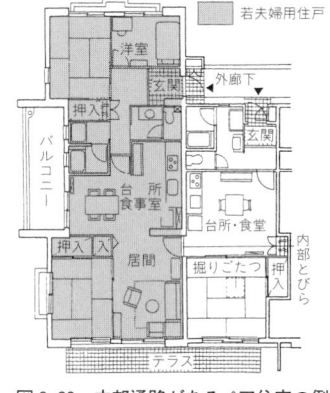

図3.29 内部通路があるペア住宅の例[6)]

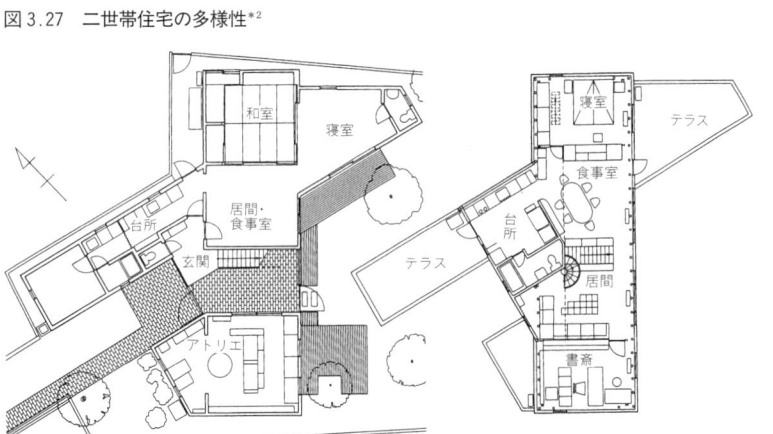

図3.28 二世帯住宅の例（管の家，設計：高橋公子）

内観（撮影：大橋富夫）

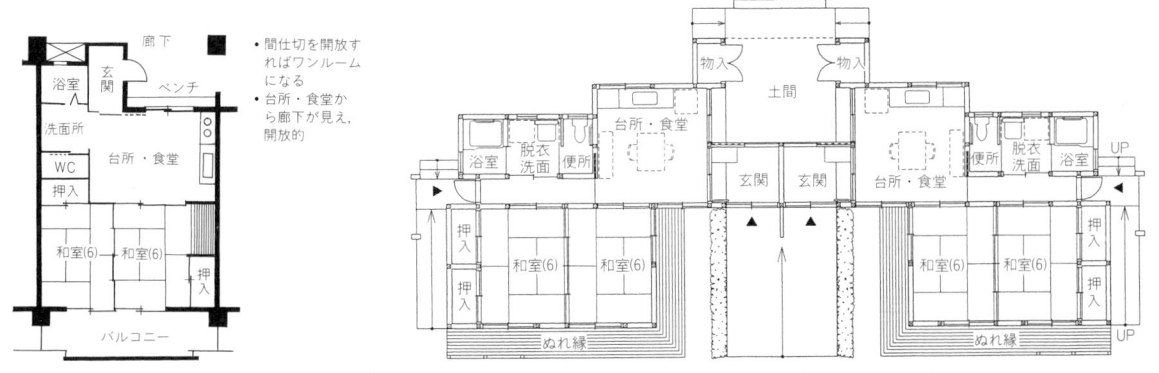

図3.30 シルバーハウジングの例（豊川市宮諏訪西住宅（左）と木造接地型シルバーハウジング（右）福岡県矢部村）

図表出典リスト

1) 西山夘三：日本のすまい，勁草書房，1975
2) 小原二郎ほか編：インテリアの計画と設計，彰国社，1986
3) 鈴木成文：生活像と住宅計画（京都大学西山研究室編：現代の生活空間論（上）），勁草書房，1974
4) 三村浩史：すまい学のすすめ，彰国社，1989
5) 西山夘三：住居論（西山夘三著作集2），勁草書房，1968
6) 網野正観：公団における高齢者住宅（住宅，1986年8月号，日本住宅協会）

参考・引用文献リスト

*1 西山夘三：日本のすまい，勁草書房，1975
*2 巽和夫編：現代ハウジング用語事典，彰国社，1993
*3 長谷川洋・玉置伸悟：敷地条件からみた新築，戸建て住宅平面の典型像とその構成原理，（日本建築学会計画系論文報告集 483号，1996年5月）
*4 彰国社編：現代住宅の設計手法，彰国社，1975
*5 長谷川洋・玉置伸悟：住要求及び敷地条件からみた新築，戸建て住宅の空間構成型（日本建築学会計画系論文報告集 496号，1997年6月）
*6 三村浩史：すまい学のすすめ，彰国社，1989
*7 住田昌二編著：現代住まい論のフロンティア：新しい住居学の視角，ミネルヴァ書房，1996
*8 住田昌二編著：現代住宅の地方性，勁草書房，1983
*9 青木正夫・竹下輝和ほか：中流住宅の平面構成に関する研究，住宅建築研究所報10号・11号
*10 西山夘三：住居論（西山夘三著作集2），勁草書房，1968
*11 延藤安弘ほか：もやい住宅・Mポートの生活と空間デザイン（at，1993年10月号，デルファイ研究所）
*12 もやい住宅設計集団：集住生活空間系の存在アートへ（建築文化，1993年6月号，彰国社）

4 インテリアとエクステリア

　住居の外観や住まい方は，その地域の風土や文化と密接に関わっているものである。日本のインテリアの歴史を振り返るとき，わが国の床座の生活習慣というものは和家具の流れに大きな影響を与えた。そこにはいわゆる据え置型の家具の発達はあまり見られず，便宜的に使用できる室礼具（しつらい）の歴史があった。

　やがて，近代に入り，交易開港とともに西洋文化が各地に広がり，家具も住まい方も大きく変化していく。現代においても和洋折衷の定住様式はいまだ変わらない。

　そして，21世紀を目前に，まもなく訪れる高齢社会は住む人に優しい家づくりを求めているといえよう。手すりを配し，段差のないバリアフリー仕様をはじめ，福祉的な見地から住宅のありようがさまざまに検討されている。

　また，近年は，インテリアだけでなくエクステリアについても人々の関心が高まり，住居の内外両面からより快適な住まい空間の創出が望まれているところである。

　第1節「日本のインテリアの歴史」では，和家具の流れを振り返りながら日本の室礼具について，第2節「インテリアデザインに見る西洋の影響」では，近代日本における西洋家具の発達について，第3節「諸室の平面計画」では3階建て住宅を例にL，D，K，和室およびサニタリースペースの平面計画について，老人室・個室の配置計画について，第4節「リフォーム計画」では最近のリフォームの傾向について，第5節「防犯設計」では防犯装置について具体例を示して解説，第6節「エクステリアのデザイン」では流行のプランの例をあげるとともに，エクステリアデザインの重要性について述べている。

4.1 日本のインテリアの歴史

　日本の縄文時代の巨大集落として青森県**三内丸山遺跡**は江戸時代から知られている有名な遺跡である。これまでの発掘調査で，竪穴住居跡，大型竪穴住居跡，掘立柱建物跡などが発見されている。縄文時代の人々の生活を具体的に知る遺跡として平成9年3月，国の史跡に指定された。

　静岡県**登呂遺跡**と山木遺跡，佐賀県**吉野ヶ里遺跡**はともに弥生時代であり，それぞれ学術的価値の高い文化遺産である。吉野ケ里遺跡の墳丘墓からは有柄銅剣やガラス管玉などの副葬品が発掘されている。これらの住居跡の歴史に見られるように人体に装飾品を身に着け，飾るという行為が死者にも与えられ，それが次第にインテリアの装飾工芸に移行したことがうかがえる。装飾を通して人々は生活に快適美を求めた。

　日本のインテリア史に関する文献で，家具を含めた室礼具（しつらい，しつらえ）をインテリア（室内）と併せて記述しているものは少ない。それは日本の室礼具に関する史資料が少ないためである。

　中国の影響を大きく受けている住居の様式は，椅子，机，寝具（ベッド）を置かない畳文化が発達して家具を置く歴史がなかった。また，日本は床座の生活習慣のため，古代・中世に家具があまり発達しなかっ

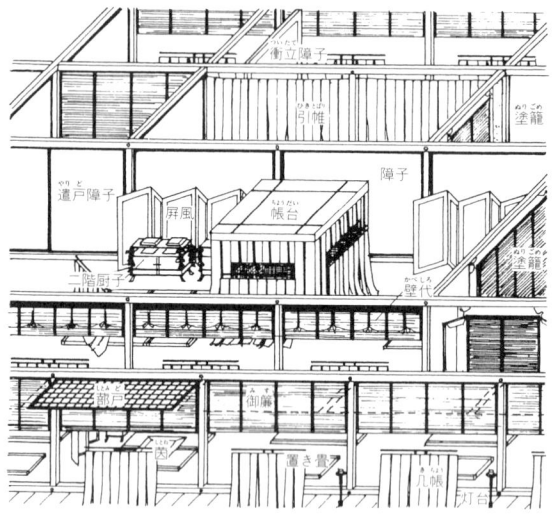

図4.1　寝殿造りの住居の内部[1]

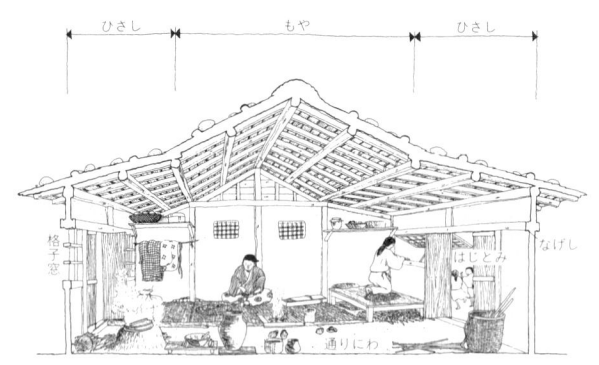

図4.2　町家の内部[2]

図4.3　和家具の変化と流れ[5]

た。布団は毎日上げ下ろしをして押入収納となり，卓袱台は食事が終わればたたんで片付ける住み方であった。箪笥も2つ，3つと重ねられ，箱階段においては引き出し式の小物収納家具を階段の下に1段，2段，3段ごとに配置し工夫している。移動，組合せ，分解，折りたたみ，重ねるというような家具が徐々に発展を遂げ，その経緯が欧米や他の国と異なる一番の違いで，今日にまで至っている。

絵や美術工芸品を飾る台も，床の間に仏画，床板に**三具足**を飾り，**違棚**に工芸品を置くという習慣は今も生活の中に採り込まれている。襖は襖絵を施し，二間続きの部屋のときは人の出入口となり，そのもの自体が実用性と装飾性を兼ね備えた室礼具と考えられる。実用的でかつ装飾性の高いものとして正倉院の「赤漆文欟木厨子」が残されている。

家具においてその源となるものは籠だといわれている。蔓や草，その後竹などの材料を使い，経緯（たてよこ）に編んだ工芸品は今も生き続けている。これがやがて衣類を入れる柳行李となり，葛籠となっていった。行李の長方形のその箱は通気のよいものとして編む実用性から，大いに生活の中に定着した時代があった。その小さな物は竹編みの手弁当，高級な物は籠の表面に漆で固め塗った物がある。

少しベッドについて触れてみたい。参考文献を紐解くと，弥生中期に遺跡資料からその姿に似たものを見ることができる。竪穴住居の遺跡で床面より土壇状に一段土間床面より高くなったところに1～2人が寝られるベッドのような遺構があり，土を盛って固めてある。地震時に支え移動しないために二方は隅の壁側に固定されたものが多い。円形平面の場合は扇状のものも見られる。

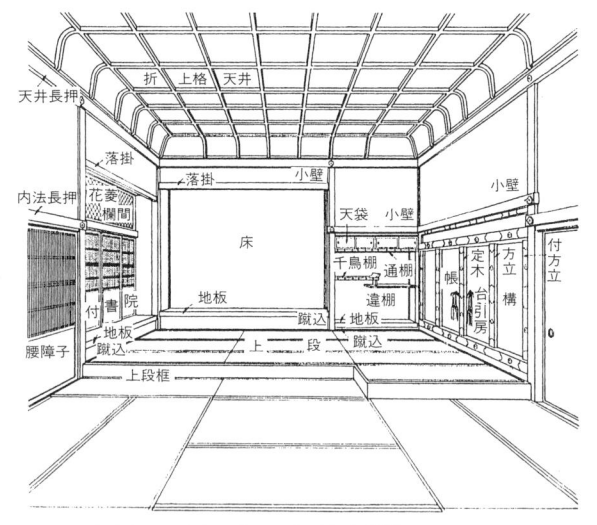

図4.4 書院造りの室内構成（西本願寺白書院）[3]

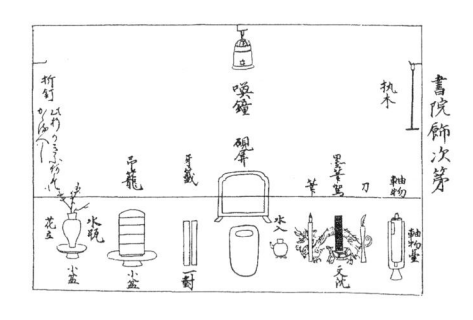

図4.5 書院飾り（お飾り書）[4]

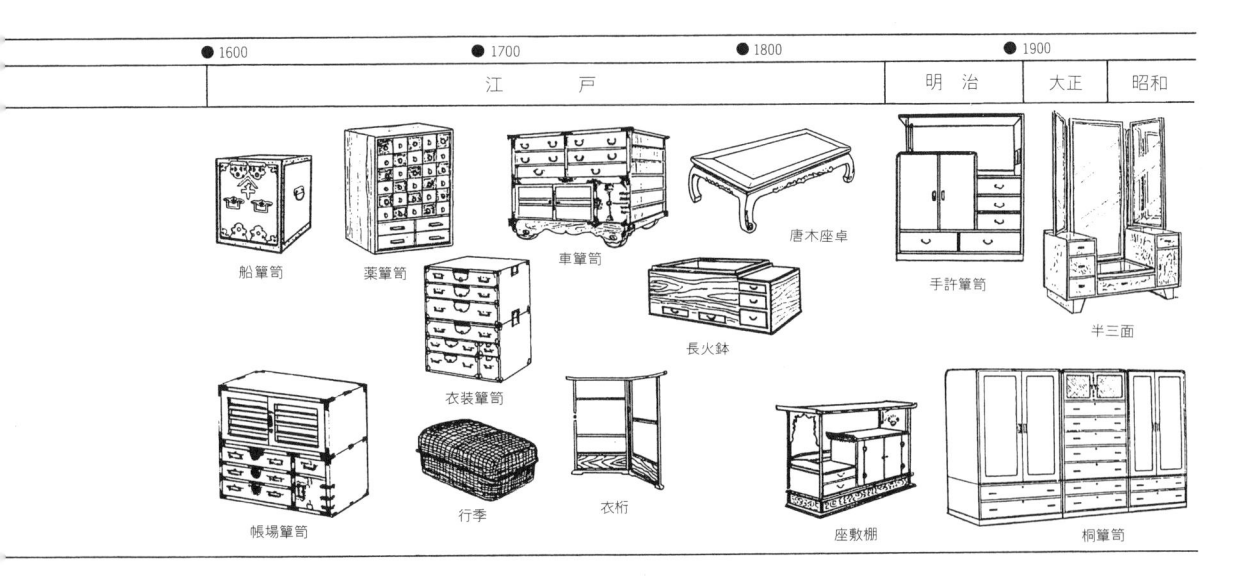

4.2　インテリアデザインに見る西洋の影響

　近代日本における西洋家具の発達は，1853年ペリー来日以降の交易開港となった時代に始まり，少しずつ椅子座の生活様式が現れはじめた。そして，港に近い場所に家具を製作する家具屋が発展し，擬洋風とも思われる椅子，机，暖炉（ストーブ）などの家具が製作されるようになる。そして，家具とともに室内のインテリア装備も洋風化していくのである。

　洋風家具製造は居留地の開かれた横浜，長崎，函館，神戸に多く，幕末建築においては居留地につくられた外国人の住居が，日本における洋風住宅のはしりである。徐々に家具がデザイン性を要求される明治のインテリアの近代化は，ルネッサンス，**バロック**，ロココ様式といったいわゆるクラシック家具と呼ばれるもので，そのさまざまなデザインの様式，機能，意匠は**ネオクラシシズム**から**ヴィクトリアン**に至る雑多な様式を次々と生み，日本に導入されるに至っている。

　洋館づくりと室内装飾について，明治17～40年代はアメリカ，フランス，イタリアの影響が見られる。暖炉，タイル，タペストリー，ステンドグラスなどとともに立座・椅子座が普及しはじめた。土足・上足の和洋折衷の定住様式は応接間だけが洋風的になり，従来の和風住宅にある座敷は残ったままであった。そして，洋風の生活様式は玄関の造りにも次第に影響を与えるようになる。

　デザイン史を振り返るとき，椅子の歴史はさまざまな意味を持っている。権威を象徴した様式に端を発し，12世紀末の**ゴシック**，ポストモダン，スカンディナビアン，アメリカ，イタリアンモダンに至る。代表的な様式は次のように区分される。

① ジョージアン：イギリスのジョージ王朝時代（1714～1810年）までの様式。フランスのルイ15世のロココ様式の影響が大きい。全体的に曲線でシンプルで軽快なデザインが多い。1720～1750年ごろの様式をアーリー・ジョージアン様式といい，マホガニー材を多く使った。

② シェーカー：アメリカのシェーカー教徒が作り出した様式で，手作り工芸が多く，できる限り装飾を排除することに努めた。単純で人間性を重視した身体にフィットするそのフォルムは多くの人が愛用した。

③ クィーン・アン：クィーン・アン時代（1702～1714年）のイギリスのロココ様式で，**カブリオール脚**（Cabriole leg）が多く使われた。

④ ルネッサンス：ルネッサンスとは再生の意味で，ギリシア・ローマの古典を復興することを意味する。イタリアのフィレンツェを発祥の地とし，14～16世紀にかけてヨーロッパ各地にひろまった。端正で**シンメトリー**な構成が主となっている。

⑤ ロココ：ロカイユ（貝殻装飾）がその語源。優雅なデザインは左右非均整，曲線多用で，繊細なフランスの装飾の様式。

図4.6　横浜家具[6]

図4.7　椅子職人[6]

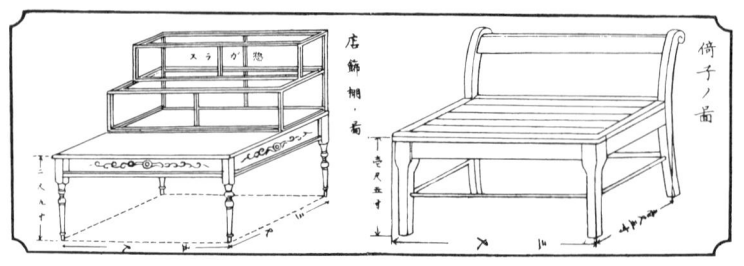

図4.8　簡易洋風家具の図[6]

古代	折り畳み式腰掛 ツタンカーメン王墳墓より出土 （エジプト）	クリスモス （ギリシア）	セウクルリス （執政官の椅子） ブロンズポンペイ出土 （ローマ）	ダゴベールの椅子 7世紀・背は12世紀 （ビザンチン）	ロマネスク （スウェーデン）
中世	ゴシック末期 15世紀（イギリス）	ルネッサンス サヴォナローラ 16世紀（イタリア）	ルネッサンス カクトワール　婦人専用椅子 16世紀（フランス）	バロック ルイ14世スタイル 17世紀（フランス）	ロココ フォトゥーユ 18世紀（フランス）
	クィーン・アン ウィンザーチェア 18世紀（イギリス）	ジョージアン チッペンデール 18世紀（イギリス）	ジョージアン ヘップルホワイト 18世紀（イギリス）	シェーカー教徒の椅子 19世紀（アメリカ）	ミヒャエル・トーネット 曲り木による椅子 1859（オーストリア）
近代・現代	ウィロー，1 チャールズ・レニー・マッキントッシュ 1904（イギリス）	レッド＆ブルー ヘーリット・T・リートフェルト 1918（オランダ）	ブルーノチェア ミース・ファン・デル・ローエ 1930（ドイツ）	Yチェア ハンス・J・ウェグナー 1951（デンマーク）	トリップトラップ ピーター・オプスヴィック 1972（ノルウェー）
	EC-110 チャールズ・イームズ 1946（アメリカ）	コノイトラウンジチェア ジョージ・ナカシマ 1980（アメリカ）	サッコ ピエロ・ガッティ・チェーザレ・パオリーニ フランコ・テオドロ, 1968（イタリア）	アサヒー フィリップ・スタルク 1989（フランス）	デュプレックス シングルスツール ハビエル・マリスカル 1981（スペイン）

図4.9　さまざまなスタイルの椅子

4.3 諸室の平面計画

4.3.1 LDK・和室

日本の食事は作りながら食べるというスタイルであったが、ここ数年、家事労働の民主化など男女同権の思潮が女性の地位を急速に高め、明るく清潔に動きやすいキッチンが求められるようになった。その流れは、ドイツから導入したシステムキッチンの普及へと広まっている。

また、昭和62年の建築基準法の改正で木造3階建ての建設が可能となり、ライフスタイルの変化とともに過去のスタイルとは異なる平面計画が現れはじめた。

敷地の狭小、高齢化の到来、それに伴う二世帯同居、収入水準と建設資金の問題、育児問題と、さまざまな要因から、今後3階建ては、ますます普及すると思われる。LDK、和室の平面計画を考える場合、前述より徐々に変化する3階建ての例をとると（図4.10）、高層から得られる眺望や開放性から、今までに1階に作られたLDKを中間の層となる2階に設けることが多くなってきている。三層の中間となる2階に配することにより、LDKが家族生活の中心となるのである。そして、その隣接した位置にサニタリースペースが集まれば、設備面においても建設費の縮小にもつながる。

昇降の問題は残るものの、2階に老人室を設けることも考えたい。和洋折衷のデザインを楽しみ、洋風の意匠の導入で仏間から来る暗さを解消することもできる。また、常に家族の気配を感じられるという利点もある。

親子といえども、現代生活におけ

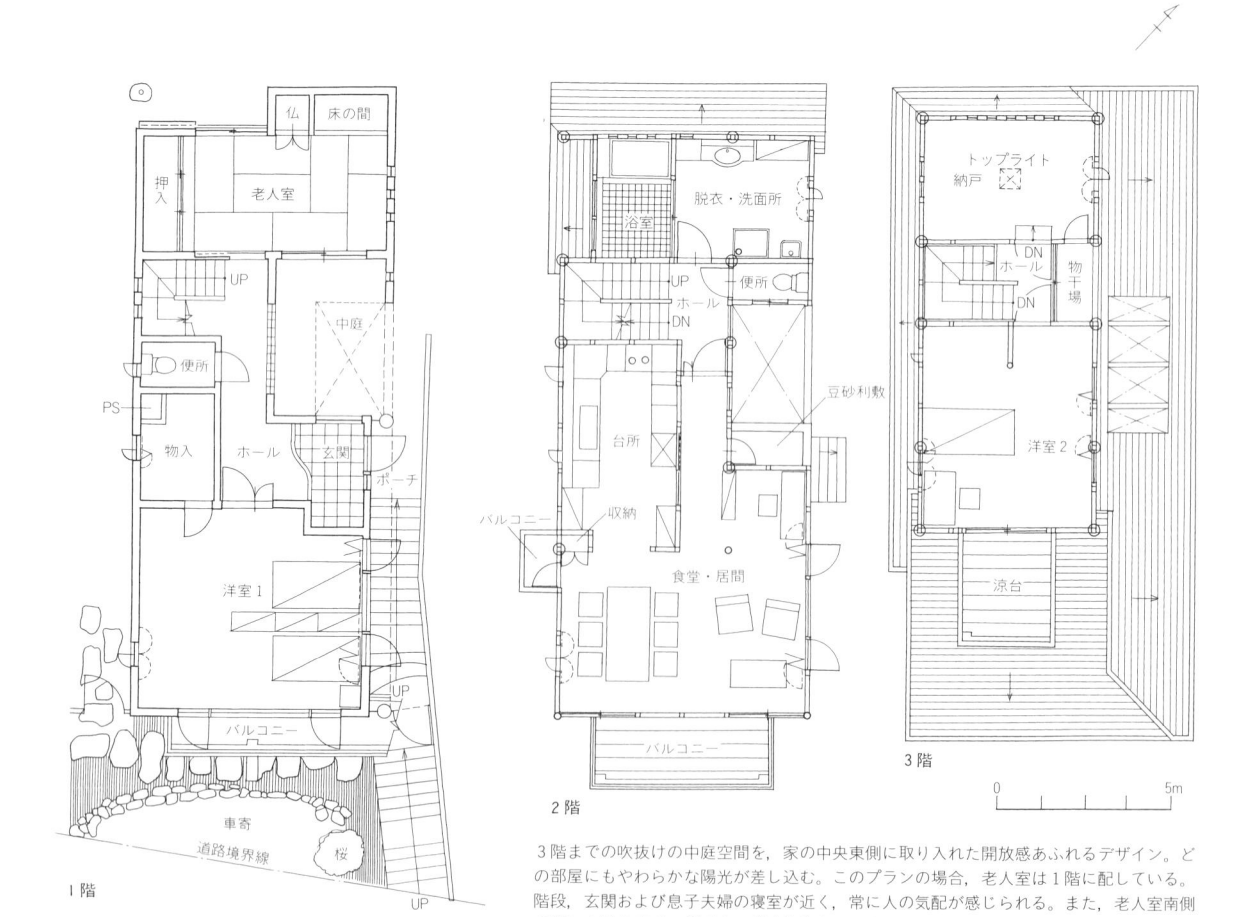

3階までの吹抜けの中庭空間を、家の中央東側に取り入れた開放感あふれるデザイン。どの部屋にもやわらかな陽光が差し込む。このプランの場合、老人室は1階に配している。階段、玄関および息子夫婦の寝室が近く、常に人の気配が感じられる。また、老人室南側の窓からは中庭が一望でき、快適な住まいづくりとなっている。

図4.10 木造3階建ての家の例（山手の家、設計：小林敬一郎建築総合研究所）

る生活時間のずれは，上下階の配置からも平面計画の工夫が必要である。住まいの快適性を高める平面計画は建築空間全体を表現すると同時に，空間の高さ，材質感，色，光，内外部の複数の広範な地域性と家族構成，居室のデザインから決定されなければならない。

4.3.2 個室・サニタリースペース

欧米住宅を模倣した，壁に覆われた個室が増えたことで，一戸の家が家族空間と個人空間とに分離されるようになった。そのことは日本の住宅において必ずしも良いとは考えられない。情報社会において，特に子供室でのパソコン設置，携帯電話などの通信情報の急速な発達は，家族のコミュニケーションを欠落させ，互いを遠ざけるといった問題を生じさせ，家族のあり方についての重要な社会問題にまで発展している。

かつては，床は畳敷きで壁は襖で仕切られただけのつづきの間であり，家族構成の変化にあわせて，仕切りを変えて便宜的に使用することができた。適宜成長とともに暮らした時代と違って，現代の小さくてプライベートを重視する欧米風の個室は，秘密基地のようでもある。家族といえども誰にも干渉されることのないその基地は，時には知らない間に不和をつくり上げてしまう危険を秘めている。また老人諸室にもその現象は見られる。サニタリースペースを利便性から個室の近くに設けることで，家族の諸室から遠ざかり，独房のようになる場合もある。

ライフスタイルに応じ，さまざまな暮らし方があるが，個人空間のゾーンと称する個室は家族と家族を切り離す場合が多いということも忘れてはならない。家族が共用空間（階段，廊下，居間，サニタリースペース）と個室を通して適度に交差するような平面計画が望ましい。つまり，共有部分が軸となり常に身近にそれぞれの部屋がある計画をし，部屋の完結性がなく，個室は隔離性を持ってはいけない。

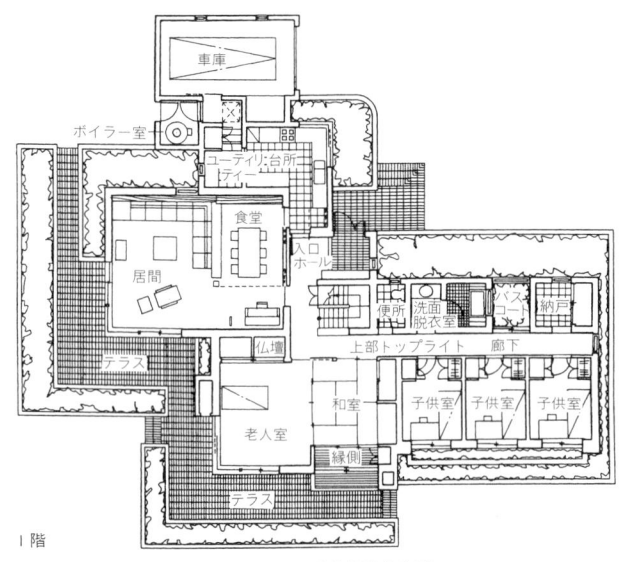

a) 羽田邸（設計：連合設計社みねぎしやすお建築設計事務所）

三世代が一緒に暮らす一体型同居プラン。1階南側の老人室は，襖を隔てて和室・縁側と隣接する。居室が孤立しないように，和風家屋のよさを残したゆったりとした空間構成である。縁側は近隣の人たちとのコミュニティーの場であり，ここから外部へと出入りの可能な住宅の動線上の交通空間となっている。

b) 船橋ボックス（設計：宮脇檀）

図4.11　老人室の場所に配慮した住宅の例

すでに孫が住み慣れた現在の住宅より独立し，高齢者が残された世帯。老人室を1階に設け，その近くに浴室，トイレなどのサニタリースペースを集めた，老人の生活動線に配慮したプランである。敷地北側にはサービス階段を設け，郵便宅配，クリーニング，出前などのサービス機能を考慮した計画となっている。

4.4 リフォーム計画

リフォームとは,リペアー(修理・修繕),リモデリング(改造),ボリュームアップ(増築),リニューアル(更新)を一くくりとしてリフォームであると理解されている。

ここ数年のリフォーム産業の発達は,めまぐるしいものがある。阪神・淡路大震災(1995年)の被災改修,改築に始まり,老朽化した建物の倒壊の不安がさらに拍車をかけた感がある。また,加齢とともに生活環境が変化し,その世代に応じた暮らし方や,快適性への要求が高まるなか,リフォームが必要とされるようになった。住宅会社(ハウスメーカー)のリフォーム営業部門は,ここ数年,不況といいながらも衰えを知らない。しかし,その分工事のトラブルも多いようである。

主にリフォームは,狭さの検討,機能性,デザインの美しさの3点がポイントだといわれる。そのため,間仕切移動が主である。また洋室を和室に,和室を洋室に変えたり,部屋は常にその時代に応じた機能を求められている。

戸建て住宅,集合住宅のリフォームにおいて多いのは,クッションフロアーから木質のフローリングへの張り替えである。もちろんカーペット敷込みの場合も含め,さまざまな樹種のフローリング材がある(桜,檜,**アピトン**,ナラ,ブナほか)。

そのほかは,壁面のクロス替え,水回り,浴室,洗面,脱衣,洗濯,台所の部位的改造から設備改造(便座,ユニットバス,スイッチ,コンセントなど),間仕切の撤去に至るまで多岐に及ぶ。近年,**シックハウ**

a) 平面図   b) クロスを張り替えた室内   c) 全体図

図 4.12 リフォームの実例①(内部間仕切りを移動し床をフローリングに,壁をクロスにした例)

スなどへの関心の高まりから健康住宅も見直されている。衛生空間には、床材・壁材や手すりや把手に至るまで、最近は抗菌仕様までやかましくいわれるようになっている。

水道水の消臭機能や、**イオン水装置**の開発により、水栓類の取替え工事も多くなっている。設備の利便性も見直され、自動調節風呂による一定温度の確保、シャワー水栓での打たせ湯、適温設定など、住設機器は次々と新しい開発製品が目白押しとなっており、技術革新には目を見張るものがある。

また、最近の台所のリフォームは、ほとんどがシステムキッチンへの変更であるといっても過言ではない。その特徴は、まずトップ（天板）に継目がないことがあげられる。材質はステンレスから人工石、天然石と豊富で、素材感の美しいものがある。一枚板で目地がないため、清掃が容易である。また、ワークトップの下に食器洗浄機やオーブンレンジが組み込まれ、床に設置されるベースキャビネット（フロアーキャビネット）の下には、足元暖房までが組み込まれる仕様もあり、快適性と家事労働を省略化する方向の検討がなされている。ウォールキャビネットといわれる吊戸も、上下移動する高さ調整による棚造が開発されている。また耐震キャッチなど、地震時に扉が開かない工夫もされている。左右の隅には食器、炊飯器、ポラト（給湯）がコンパクトに整理できるトールキャビネットがある。これはますます大型化する電化製品収納にとても便利であり、生活収納整理という視点からもリフォームの評価をより大きなものとした。

常にいわれるリフォームの概念は、住宅の機能、性能の水準でみる側面と、業態でみる側面がある。経年変化とともに、低下した機能や業態の水準をより元に近い状態に回復させ、修繕することである。補修は、この修繕に該当せず、増築、改築、模様替え、修繕を一般的にリフォームという。

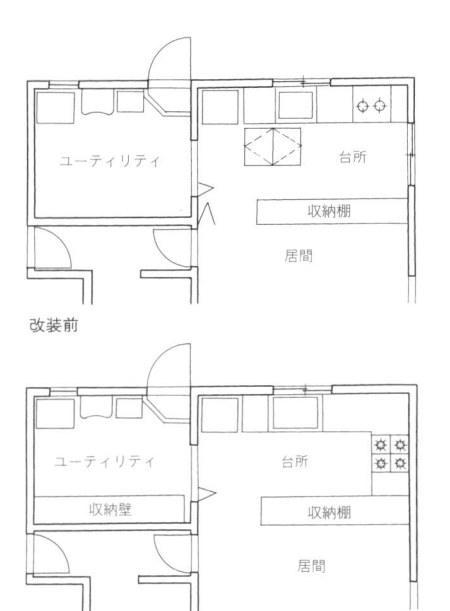

改装前

改装後
a）平面図

b）食器棚が可動の収納棚（左が食器棚を収納した状態）

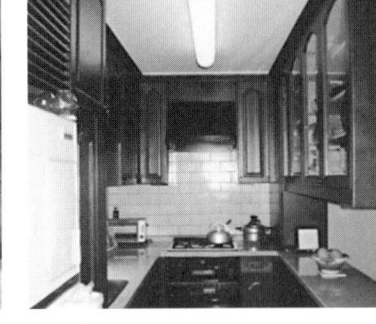

c）窓をつぶしてコンロを設置（左が改装前）

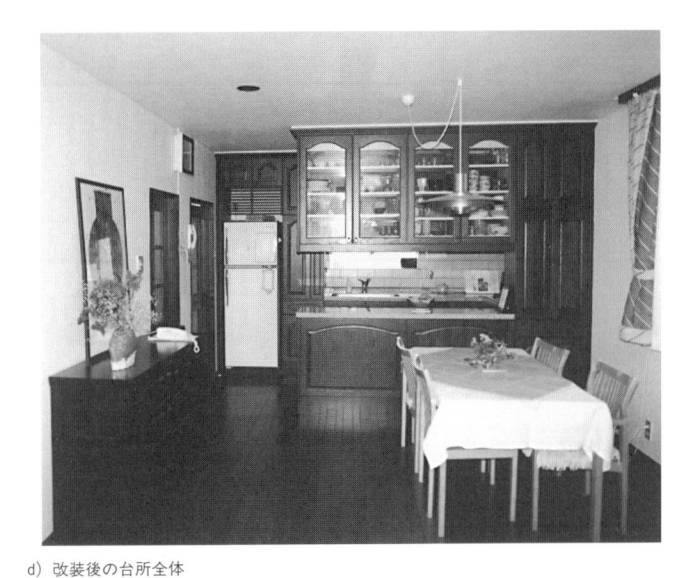

d）改装後の台所全体

図4.13　リフォームの実例②（キッチンをシステムキッチンにリフォームした例）

4.5　防犯設計

　わが国の防犯警備警報装置は建築スタイルから欧米に比較して，普及が遅れているといわれていた。戦後まもなく徐々に金融機関にセキュリティらしきものが導入され，その後，少しずつ一般家庭にも導入されるようになる。防犯における非常用押しボタン程度の簡単なものである。

　侵入者をセンサーによって赤外線でキャッチするようなものが，一時期普及したものの，犯罪のプロにかかれば，簡単に侵入できることから，鍵・錠・カードキー・暗証ボタン式装置・電気錠・ビデオカメラなど，さまざまなものが科学的に開発されてきている。

　しかし，外出時にカードキーを部屋に忘れたり，センサーの故障で開けることが困難であったり，オートメーションの進歩とともにその改良と普及が今後も研究課題となっている。

　昨今の犯罪はコンピューターの発達により，手口が高度化し，凶暴化し，複雑になってきている。それに加え，コミュニケーションの欠落する社会構造，情報化・国際化・高齢社会，レジャー（海外長期滞在の浸透），また女性の社会進出，家族・ライフスタイルの変化，少子化，シングルの増加，単身赴任などの社会の現状により，今後のセキュリティのあり方は，非常に難しい状況におかれている。企業においても個人においても，警備会社に委ねることが増加している。

　ホームオートメーション時代の到来で，防犯に加え生活装置の管理ま

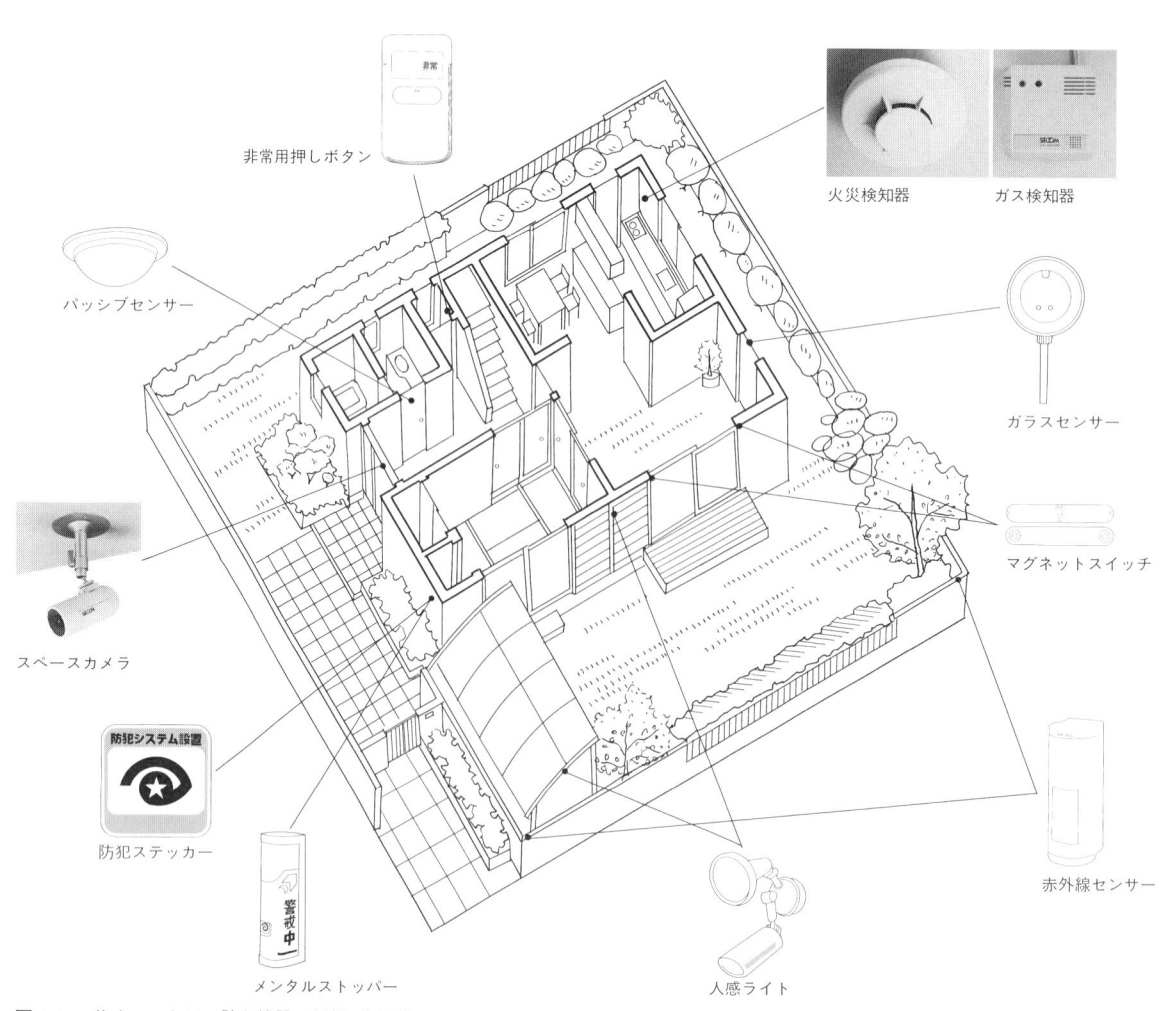

図4.14　住まいにおける防犯機器の種類（写真提供：セコム）

でが犯罪や災害事故防止と連携していることも忘れてはならない。

ここで企業が開発したホームセキュリティの基礎的機器を述べ、いかに外敵に備えるかを考えたい。さらには、わが国の何かある前に守り防ぐ専守特有の生活環境、安全で快適に暮らす住空間の実現を願い、また機器・システムの十分な理解の上に防犯領域を今一度考察しなおす必要がある。安全、安心を「ひと任せにしない」時代の自主機械警備システムが重要である。

具体例を見ると防犯ステッカーを張るのも一つの簡単な方法であるが、人や車が近づくとライトが点灯する威嚇効果の人感ライトがある。最近ではメンタル・ストッパーといぅ、侵入者に対し、24時間精神的抑圧を与えたり、侵入防止のために警戒中の文字が点灯するものもある。屋外用赤外線センサーは、音やライトで侵入者を検知し、昼間は来客をチャイムで知らせる。玄関や駐車場においては、一般に普及している監視カメラなどが抑制効果を発揮している。

防犯対応としての窓、扉の開閉検知のマグネットスイッチ、ガラスの破壊検知のガラスセンサー、シャッターのこじ開け検知のシャッターセンサーなどさまざまな機器があるが自主機械設備は普及率が低い。

高齢社会の到来により、独居老人の増える社会構造においては、電話通報プランでの対応があげられ、火災、非常時、急病と防犯以外での配慮も必要となりつつある。

火災対応として、72℃（62℃）になれば、瞬間自動消火（初期消火）を行い、消防署への速やかな通報ができ、全自動消防システム（吊下型、埋込式）で被害拡大を防ぐことができる。

前述したとおり、侵入者の犯罪を未然に防ぐセキュリティハウスは、不審者に隙を与えず、その気にさせないものが望ましい。今後、そのような防犯・警備のあり方が社会機能の中に組み込まれることが必要であろう。

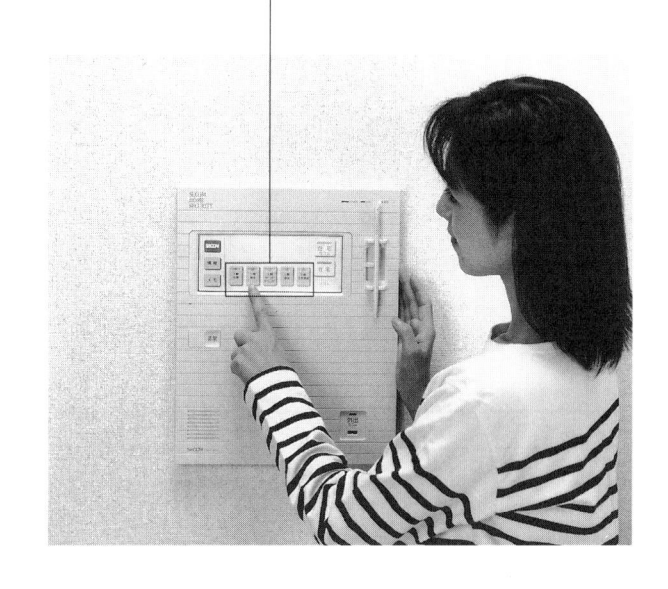

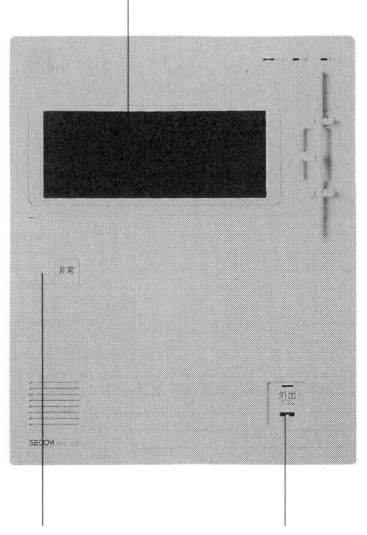

異常ランプ表示部
各種異常が発生した場合、ランプが点滅し異常を知らせる。

ブロック表示部
各ブロックが、どの場所の異常を監視しているか表示する。

非常ボタン
身の危険を感じた時にボタンを押すことにより非常信号をセキュリティ会社に送信する。

ライフカード挿入口
外出時にセットする際あるいは外出用のセット状態を解除する際にライフカードを挿入し、引き抜く。

図4.15　コントロールパネル（写真提供：セコム）

4.6 エクステリアのデザイン

　エクステリアデザインの範囲は単なる住宅の外構にとどまらない。エクステリアはライフスタイルの室内から外部への延長、広がりをつくり出し、生活に変化と潤いをつくり出す空間である。また社会から個人の生活を保護し、プライバシーを守るとともに社会へ向けられた顔としての機能も持っている。

　現在では一戸建ての住宅が少なくなり、庭をつくるだけのスペースもなかなか確保できないということが現状であるが、人々の花や緑に対するニーズは高まるばかりであり、生活の多様性、豊かさの表現としてガーデニングが急速にブームになってきている。

　エクステリアデザインで重要なことは室内との連続性である。一般に建築計画の後で付属的にエクステリアが計画されがちであるが、建築計画と一体的に計画されることで住居の快適性、活動性、ゆとり、空間の変化を創出できる。

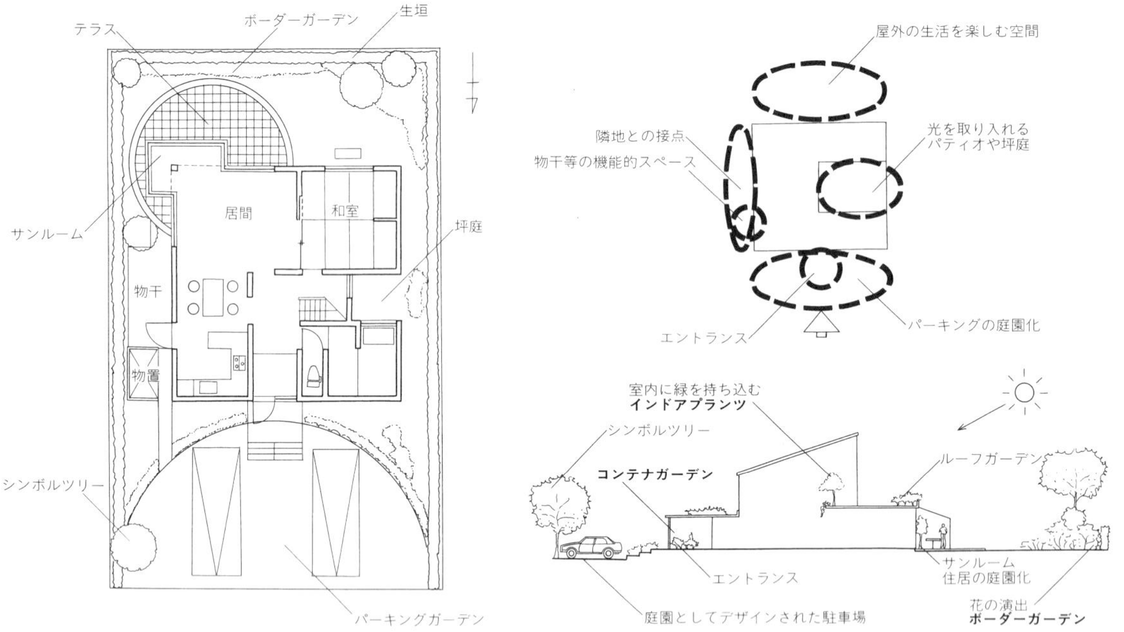

図4.16　住宅とエクステリアの関わり

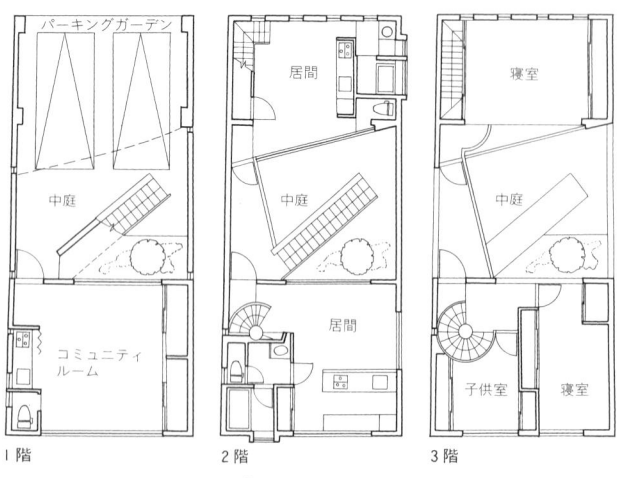

限られた敷地の中で、二世帯のプライバシーと快適性を、中央に中庭を配することで実現した。

図4.17　中庭を囲んで配置された二世帯住宅（設計：白砂伸夫＋ART FUSION）

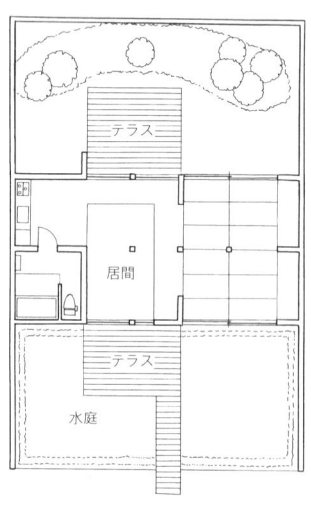

前に水庭を配することで、小さな住宅の独立性と環境の調和を図っている。

図4.18　広い水庭を持つ小住宅（設計：同左）

a) シンボルツリー
住宅のシンボルとして高木を配することで住宅のアイデンティティーをつくる。

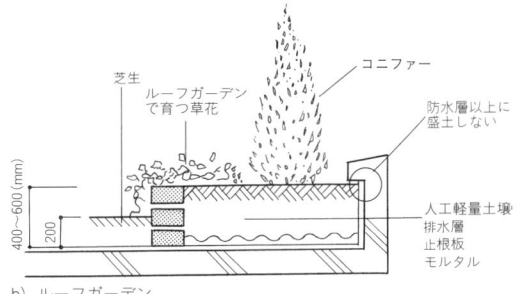

b) ルーフガーデン
ルーフガーデンは防水や荷重を十分検討し，配置，構造を決定する。

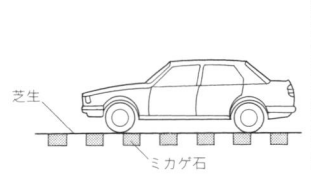

c) パーキングガーデン
狭い宅地では駐車場を庭園化することで住宅の環境を高めることができる。

d) 住居と庭の融合
大きなフィックスガラスの窓により庭園との一体化を演出する。

e) 坪庭・パティオ
建築に窪みをつけることで屋内に光と風を取り込み，住居の快適性を高めることができる。

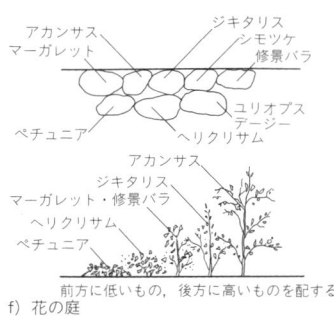

f) 花の庭
イングリッシュガーデンに学ぶボーダーガーデンの手法。ローメンテナンスでできる花の庭。1年を通していろいろな花を楽しむことができる。

図 4.19　ガーデン演出の手法

a) ペチュニア 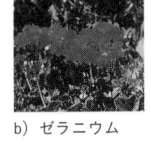　b) ゼラニウム 　c) アベリア 　d) マーガレット

図 4.20　ルーフガーデンでも育つ植物

a) ゴールドクレスト 　b) スカイロケット 　c) クリプシー 　d) フィリフェラオーレア

図 4.21　コニファー（葉色の美しい針葉樹）

a) 御影石 　b) レンガ 　c) 古色大理石 　d) インターロッキング

図 4.22　舗装素材

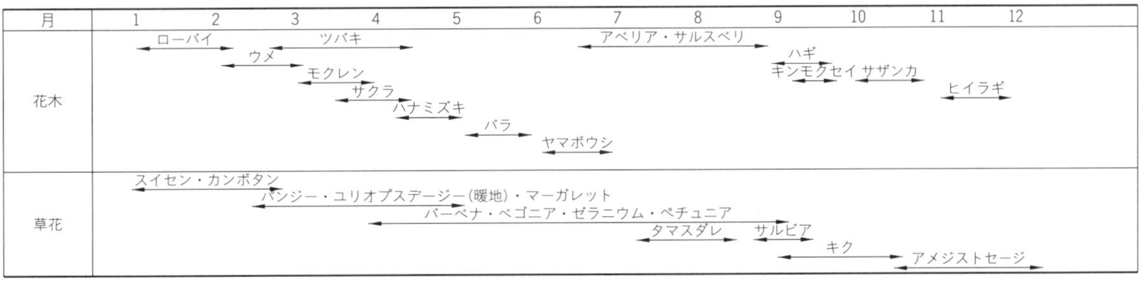

図 4.23　花のダイアリー

図表出典リスト

1) 小原二郎・加藤力・安藤正雄編：インテリアの計画と設計，彰国社，1986
2) 稲葉和也・中山繁信：建築の絵本　日本人の住まい　住居と生活の歴史，彰国社，1983
3) 住宅史研究会編：日本住宅史図集，理工図書，1989
4) 日本建築学会編：日本建築史図集　新訂版，彰国社，1980
5) インテリアコーディネーターハンドブック　販売編（平成7年版），インテリア産業協会，1995
6) 鍵和田務・君島昌之・田中正明・羽生正気・日野栄一：デザイン史，実教出版，1984

5 色彩の計画

　街に一歩踏み出せば，奇抜に彩られたファッションビル群が立ち並んでいる。今や氾濫する街の色は「色公害」ともいうべき現象に至っている。
　これまで日本の街の色は，白・黒・グレーのイメージであった。それは西欧諸国の，例えば地中海に映える白い壁やカラフルに彩られたヴェネツィアのブラーノ島といった美しい景観に比べると，遅れていたといわざるを得ない。
　日本の色文化を振り返るとき，かつては食文化や伝統行事の中に独自の色風景や生活の色を見ることができたが，文化・伝統が次第に軽視されつつある現代ではそれも難しくなったといえる。
　にもかかわらず，人々の色への関心がより一層高まる中で，快適に感じる色彩計画を立てることは重要だと考えられる。私たちは色からさまざまな感情を覚え，それは心理に少なからず影響を与える。この章では，色彩の計画をする上での基礎的な知識についてふれている。
　第1節「色彩の心理」では調査データを提示しながら，色彩から生まれる感情や感覚について解説したほか，色彩調和，カラーコーディネーションの方法について触れ，第2節「暮らしの色彩」では，自然界に見られるナチュラルカラーについて，色のもつ象徴的意味について，生活や暮らしに息づく色彩について述べている。

5.1 色彩の心理

5.1.1 色彩と感情

色彩に対する感情や感覚は年齢や性別，地域差，国によっても変わるが，日本色彩研究所の年齢別集計データによると，若年層は原色を好むが，加齢とともに原色を離れ，やがて中間色相を好むようになり，さらに高年齢になると好みが低彩度トーンに移行する傾向があるという結果が出ている。

幼児期は赤とか橙など鮮やかな色を好み，12〜13歳の児童期は純色を好み，パールやライトなど明るい淡いトーンへと目覚め，黄色に興味を持ち始める。やがて50歳以上からはダークトーンへ移向し，グレー，グレイッシュトーンを好むようになる。しかし，個人差はある。必ずしも誰もが上述のような色を好むとは限らない。また，昨今の変化の激しい社会において，経済性から来る心の状態が少なからず色彩心理に影響を与えることは，現象として見逃すことはできない。

私たちは誰しも色によって暖かいとか寒いとか，硬いとか柔らかであるといった印象を持ったことがある。室内を例に取り上げてみると，橙や黄といった暖色で統一された室内は暖かく感じ，膨張して見える（図5.2）。つまり，膨張色である。逆に小さく見える色は，収縮色という。また，距離感において一般的には赤・橙・黄が進出色で，青・青紫系の色が後退色である。

また，明るい色が軽く感じ，暗い色は当然重い。このようなことは材質感からもいえることであり，これは先入観が伴うが，硬く低彩度なア

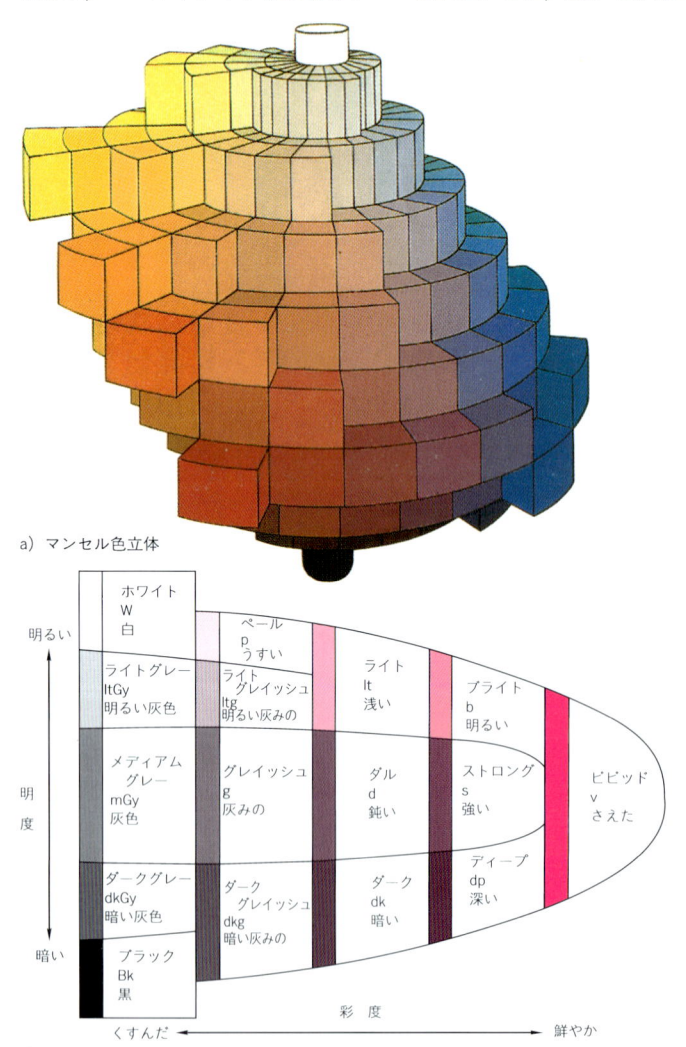

a）マンセル色立体

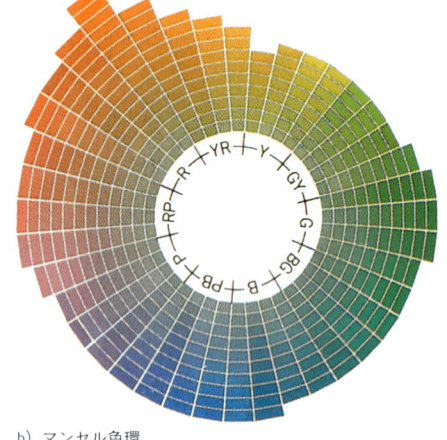

b）マンセル色環

c）トーンの分類

図5.1　マンセル色立体とトーンの系統図

a)，b)　アメリカのA.H.マンセルは，1905年色彩の3属性（色相，明度，彩度）を基本にした色彩表示用の立体尺度を発表した。明度V（Value）スケールについては黒を0，白を10，灰を5として11段階に分類し，色相H（Hue）は赤R，黄Y，緑G，青B，紫Pの5色相とそれぞれの中間の黄赤YR，黄緑GY，青緑BG，青紫PB，赤紫RPの10色相からなる。彩度C（Chroma）は無彩色を0として，数値が高くなるほど鮮やかさが増す。それぞれ色相によって純色の彩度は異なる。これらを三次元に構成したものがa)の色立体であり，垂直軸には明度，水平軸には彩度，円周角に色相をそれぞれ目盛り，すべての純色と中間色，無彩色を立体空間に充填させている。b)は色立体の水辺断面の色票配列であり，色相の変化が環状に並んでいる。

c)　日本色彩研究所は1964年に，24色相を基本とする日本色研配色体系（Practical Color Coordinate System）を発表した。この体系では，明度と彩度を組み合わせたトーン（色の調子）の分類がなされ，有彩色で11種，無彩色で5種のトーンを定めている。

ルミやスチールの色は，クリーム色や黄色から生じる柔らかく優しい感じがない。このことは，色彩連想と似たもので，湖の水の深い色と，浅瀬の水の音が聞こえる青白い渓流とでは，視覚・聴覚によって，いうまでもなく渓流の方が涼しく感じられる。このように色から連想されるものには具体的なものと，感覚などからくる抽象的なものの2つがある。

色から来る心理感情は国によって宗教性や風土性があるものの，一例をあげると次のようになる。赤い色は怒り，嫉妬，情愛，黒い色は恐怖，罪，死，ピンク色は愛，夢，欲情，灰色は不安，黄色は幸福，家族，青色は平静，永遠などがある。汚い色として連想されるのはカーキ色・暗い茶色，下品なのは赤・紫・橙，穏やかなのは，水色・クリーム色・薄い青色などがそのようなイメージとして人間に伝達される（表5.1）。

5.1.2 色彩調和

2色以上の色を組み合わせる具合を配色というが，色彩調和（Color Harmony）の中で，トーン・オン・トーンと呼ばれる配色がある。ファッションのカラーコーディネートで単調な配色になりがちな場合に，トーンのコントラストを大きくとって用いる場合のことをいう。

トーンによる配色形式は同一トーン配色，類似トーン配色，対照トーン配色がある。同一トーン配色は，色相が異なっても同じ印象の色をまとめたもの。類似トーン配色は，隣同士のトーンを使った配色，対照トーン配色は，図に示したトーン関係の中で対極的な位置関係にある色の組合せである。

イメージだけでカラーコーディネートができるものではない。明度・彩度を少しずつ調整したりする場合も，長い間色彩について研究された論述や試みが展開されている。それは多くの科学者，美術教育者，画家，心理学者によって今日に至っている。

表5.1 色彩心理を表す言葉

	具体的連想	抽象的連想
白	雪，雲，白衣，病院，シーツ，歯，ウェディングドレス，紙，手袋	清浄，潔白，清潔，神聖，明るい，清潔
グレー	曇空，灰，コンクリート，ねずみ	地味，陰気，憂うつ，沈黙，おとなしい，消極的，ニュートラル
黒	闇，夜，炭，墨，すす，髪，喪服，留袖，傘，カラス，マント	厳粛，死，剛健，強い，暗い，重々しい，かたい，威厳
赤	血，炎，太陽，祝い事，共産主義，バラ，闘牛，消防車，口紅	興奮，情熱，革命，危険，高揚，積極的，意欲，活動的
橙	太陽，朝日，夕日，みかん，柿	冒険心，向上，外向的，期待，食欲，明朗，行動力
黄	太陽，月，光，レモン，菊，ひまわり，タンポポ，ひよこ，安全地帯，電球	活力，明朗，希望，前向き，快活，光明
緑	樹木，山，草，野菜，自然，宝石，黒板，芝生，カエル	平静，安定，バランス，リフレッシュ，生命力，再生力，新鮮，平和
青	海，空，宇宙，湖水，ガラス，ガスの炎，事務服，欧米人の眼	集中力，鎮静，涼感，求心的，緊張，無限，清澄，理知
紫	ぶどう，すみれ，キキョウ，あやめ，ナス，宝石，和服，僧，風呂敷，ふくさ	悲しみ，不安，自己回復，治癒，安らぎ，高貴，優雅，古風

図5.2 暖色で統一された部屋

図5.3 寒色で統一された部屋

5.2 暮らしの色彩

5.2.1 自然界の色彩

色への興味は子供心に自然界から学び，関心を持つことが多い。なぜ虹は七色で，赤，橙，黄，緑，青，藍，紫と順序よく美しいアーチを作っているのか考えてみると，太陽の光が空に浮かぶ水の粒に当たって生じるのである。自然界の最も美しい色の一つといえるだろう。

動物・昆虫たちに見られる体色は，さまざまな意味からその色が生まれている。周囲の環境色に溶け込むショウリョウバッタやカマキリなどは季節に応じ，時には葉と同色の緑体色を持ち，時には枯れ枝のような茶体色に変わる。つまり，隠蔽色や擬態色で体色を変化させることは外敵から身を守ったり，獲物を捕獲するための生きる知恵を生まれながらに授かった命の色である。

5.2.2 色の象徴

自然界に見られる多くの色はデザインのコンセプトに活用され，人々が多くの色彩表現の手段としている場合が多い。その一つに世界の国旗があげられるが一番多い色は赤，白，緑，茶，青などがあり，青は海，空，湖の爽やかなイメージ，緑は森や草原のエコロジーカラーである。赤は，人間の生命（血）の色であるように，情熱とか闘志に見られる生きる証を求めた色である。

私達の日常では，「晴(はれ)」と「褻(け)」によく喩えられる。「晴」の色は朱とされ，「褻」の色は黒または，灰とされる場合が多い。祝いの色に赤系が多いのもそこから考えられ，また色相にある，朱（橙）は，中国の陰陽五行(おんようごぎょう)説でいう宇宙の最も高い位を朱門と表現していることも一因となっている。悲しみを表す黒い色は，喪服に象徴される「褻」の色である。

5.2.3 暮らしの色彩

暮らしに彩りを添えたものとして

図 5.4　ダークな色調の街並み（ポズナン，ポーランド，撮影：原広司）

図 5.5　白い家の街並み（アルベロベッロ，イタリア，撮影：竹内裕二）

図 5.6　カラフルな街並み（ブラーノ，イタリア）

古くはお正月飾りがあげられる。緑濃く青々とした松と斜めに切った青竹の白い切り口の新鮮な色は新しい年をより新鮮に迎えた気分になる。

端午の節句には田園風景の中を鯉の滝登りが悠々と青空を泳ぐ。色彩やかに黄，青，白，赤と上から下に陰陽五行，**キトラ古墳**の色使いとなっている。ほかにも，四季を通してさまざまな彩り豊かな祭りや行事が日本では行われていた。そのような暮らしの中から伝統色が定着し，四季を盛る日本料理や和菓子の食文化に至っているのである。しかし，暮らしの変化に伴いそんな祭りも少なくなり，自然から離れた街のファッションビルなどを生み，その無秩序な色は，色公害を生み裁判になるまでに至っている。

伝統色で，日ごろ目にすることが少なくなった色をあげてみる。古い染め色の中に**一斤染め**というベニバナからなる色があり，さまざまに使用された時代がある。藍色のアイは，アカネとともに最古の染料といわれていて，タデ科の一年草である。鮮やかな青で江戸時代には多くはのれんから，風呂敷き，衣類，高貴な人から庶民まで浸透して日本の伝統色になったぐらいである。

最後に，茶道によく使われる錆色は，錆色や赤錆色といわれるように鉄が錆びた色であるが「わび，さび」のさびに通じ暗くくすんだ色をいう。錆鼠，錆青磁，錆納戸などの色名もある。鼠色というと灰色高官なる曖昧なイメージの悪い色ともとれるが，深さの色としてさび**利休色**と

いわれるように，それとは別のものであることは**小堀遠州**の好んだ色ともいわれる所以であると思われる。

5.2.4 街の色

景観の中の建築物の色は，岡山県倉敷市のように白壁と黒，グレーのイメージが強いように（図5.8），その色自体が街の色となっている。

イタリア，ヴェネツィアの小さな島，ブラーノ島（レースの街）は小さな島全体が非常にカラフルな，かわいい建物群で（図5.6），旅の訪問者を街全体が喜ばしく色で迎えているように感じる。海からの船が濃霧に覆われたとき，その小さな島は衝突を避けるためにカラフルな目立つ色にしたという。どこまで真実かわからないにしても，実に楽しい街（島）の色である。

図5.7　小布施の街並み（上，右，撮影：和木通）

図5.8　倉敷の街並み（上，右，撮影：彰国社写真部）

6 照明の計画

　建築のあかりには二つの意味がある。一つには物体を明るく照らす実用的な光，もう一つは実用性を目的とするものではなく，光と翳りとが表情豊かな空間を創出する光。後者の光の演出は，人々の鼓動に響き，安らいだ心象風景を演出してくれるものである。それは日本においては組子障子を通した白い光の束であり，西欧におけるパンテオンのドーム，キリスト教建築に代表されるステンドグラスなどにも見ることができる。

　物体を明るく照らすという側面においては，近年は光ファイバーの発達などもあり，かなりの技術革新が進んでいる。照明機器の発達が進む中で，それを，より有効に活用するためには安全性の入念な検討のもとに適切な配光計画を立てることが大切である。

　インテリアにおいても，またエクステリアにおいても，あかりの持つこの二つの意味において光環境の創造と演出が求められている。

　第1節「あかりの種類」では，光と翳りが彩るさまざまなあかりの種類について，第2節「諸室の照明計画」では浴室・寝室・階段などでの効果的な照明計画について，また，ライトアップのさまざまな方法とその効果について，人間の生活のリズムと照明がいかに関わっているかを述べ，第3節「エクステリアの照明」ではエクステリアでのライトアップの例を具体的に紹介している。

6.1 あかりの種類

　通常あかりといえば，年齢・環境による個人差でその認識は異なるが，イメージされるものは，行灯，松明，ガス灯，蠟燭，雪あかり，蛍，囲炉裏の火のあかりとさまざまなものが考えられる（図6.1）。しかし，照明といえば，普通は蛍光灯の器具を思い浮かべる場合が多い。また，あかりでも建築の中にある光は，実用的に明るくなる光と，非実用的な影の空間をつくるものがあり，翳りとなりえるその彩りは，影ではない特異なほの暗い空間を創出している。組子障子から白い光の表情と影を連想すると，それぞれが持つあかり，光が，光そのものとしての重要な役目をその空間の中で持っている。

　西洋において，古くはギリシア建築やローマ建築における光の採り入れ方はさまざまな工夫を凝らしている。太陽の光を利用し，水への映り方を考え，光とあかりの効果をより高めようとした歴史が見られる。例えばローマ建築においては，**クーポラ**となるドームの頂部からの光を下部の宮殿内部などに差し込ませ，闇の中に床**モザイク**の彩りを照射する矢のように持ち込んでいる（図6.4）。時にはヴェネツィアモザイク

図6.1　さまざまな種類のあかり

図6.2　和風建築の中庭のあかり（撮影：彰国社写真部）

図6.3　玄関の格子戸から差すあかり[1]

の金箔を無数に散りばめ，光を反射させてその金箔のモザイクが輝きに満ちあふれる演出をして，浮遊しているかのような錯視空間まで創り上げた。

　中世の教会建築においてもステンドグラスは朝日，夕日の光を透過させ，柔らかな美しい色の華麗な世界を創り出している（図6.5）。人間の目と心を別世界へと導いている。建築物の内と外では様相が違い，内部は石壁の外観からは想像もつかないほど，強烈なガラス面の神秘的な世界が広がっている。ここには，光と色の魔術師ともいえるガラス工芸家の細工が隠されている。色ガラスの使い方においても，窓を南に設ける部分には光線をよく吸収する赤ガラスを使用し，北側の光の弱い部分には光線の透過が良好な青ガラスを使用している。自然光と色に対する人間の繊細な工夫がそこに見られる。太陽の光の動きに呼応するかのように人間の知恵から内部空間をより崇高な光（あかり）へと導き，人の心を促えたそのステンドグラスは神秘的な美しさをたたえている。

　光は情報とイメージを演出する源として人と空間を結び，そして，人間の夢へとつなげる重要な役割を持っている。

　あかりも照明もその光を見たときの心の響きを美として感じ，視覚的にも空間的にも安らぎを与えるものでなくてはならない。現在の照明計画において，配光制御や省エネルギー制御など技術的な課題解決とともに，素材，デザインの質的なことはもちろん，光環境の創造と演出工夫がさらに要求されている。

図6.4　パンテオンのドームの採光（撮影：大川三雄）

図6.5　ステンドグラスの採光

図6.6　ライトアップされたドッカレ宮殿（ヴェネツィア）

77

6.2 諸室の照明計画

　ある建築家は現代の日本の照明計画について，多くは器具そのもののデザインに夢中になり，あかりの明暗を基本的に考えていない，と言っている。彼は，さらに住宅の照明計画ではデザイン的な嗜好で器具を選択するよりも，その部屋においていかにあかりの溜まりを，うまく必要な場所に配光するかということが重要であると述べている。

　器具の選択については浴室は，裸であるということを考えると，漏電・感電になにより注意しなければならない。最近の住宅における照明器具には生活スタイルの利便性の追求により，また住設機器の発達により，安全性の入念な検討のもとに施工されたものが内蔵されている既製品が多い。その分，誤作動によるトラブルが生じると，利用者にはそのトラブルの原因を発見することが難しい。

　最近は，**光ファイバー**などによるさまざまな器具があり，照明そのものは水がかり部分も含め，すべて防水型であることはもちろんのこと，感電防止の理由から低電圧のものの選択が必要である。照明計画については浴室内に乾燥機を設置し，天井，壁掛けにも，除湿機能と共に結露防止も考慮した機器が普及しはじめた。その理由からも，浴室内で入浴の行為において，影の生じる手元・足元の**動作域**を考慮した照明計画が特に重要と思われる。また，脱衣・洗面室と隣接する浴室の室と室の照度のバランスの点でも，人間の目の慣れという性質を考えなければならない。

　人は光環境に身体が同調するといわれている。例をあげると，昼光色の光の中では生き生きと活動的にな

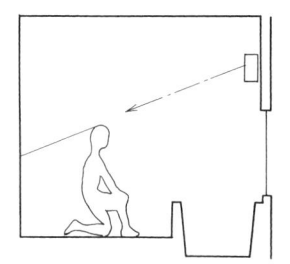

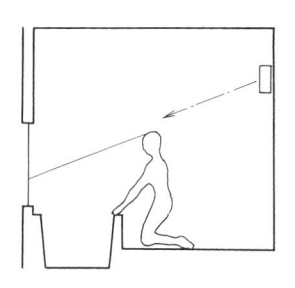

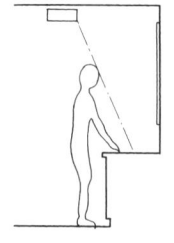

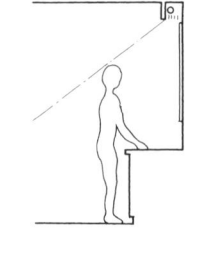

図6.7　サニタリースペースの照明の手法

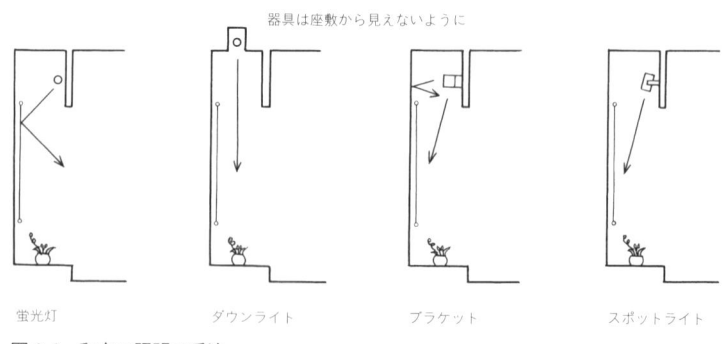

図6.8　和室の照明の手法

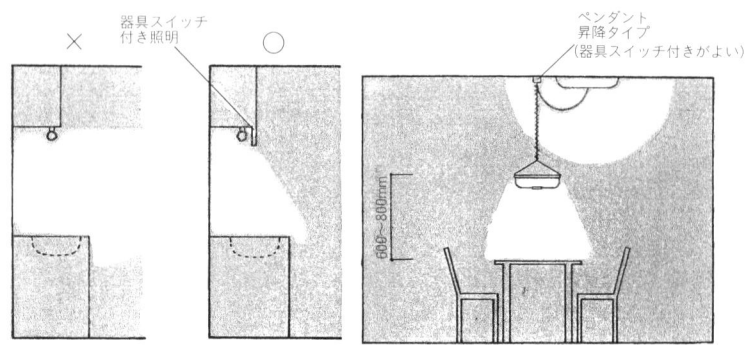

図6.9　台所（左と中）と食堂（右）の照明の手法

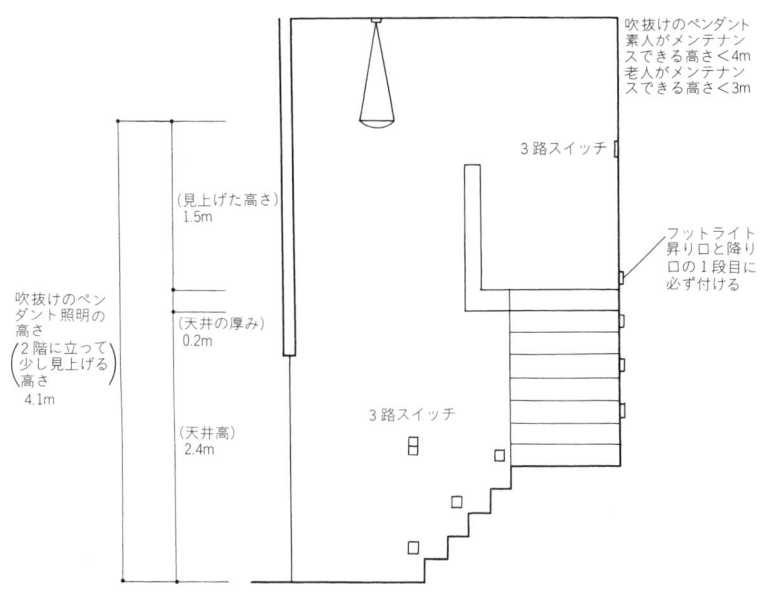

図6.10 階段と吹抜けの照明の手法

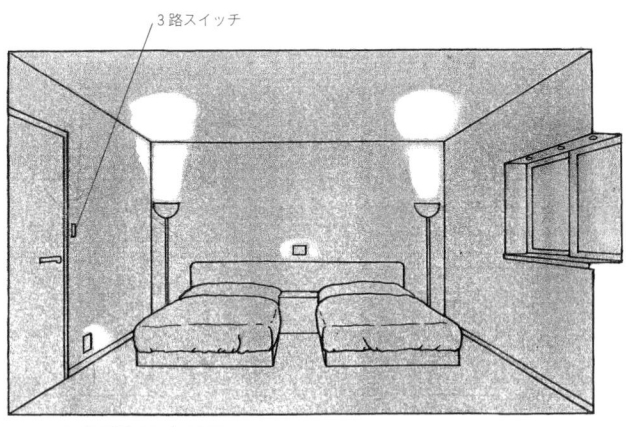

(図中ラベル)
- 吹抜けのペンダント 素人がメンテナンスできる高さ<4m 老人がメンテナンスできる高さ<3m
- 3路スイッチ
- フットライト 昇り口と降り口の1段目に必ず付ける
- (見上げた高さ)1.5m
- (天井の厚み)0.2m
- 吹抜けのペンダント照明の高さ (2階に立って少し見上げる)高さ 4.1m
- (天井高)2.4m
- 3路スイッチ

図6.11 寝室の照明の手法

- 天井灯(全体照明)はなくても可
- 枕元に調光器付きスイッチ
- 出窓にダウンライトを付けるとプライバシーの保護に役立つ(シルエットが映らない)

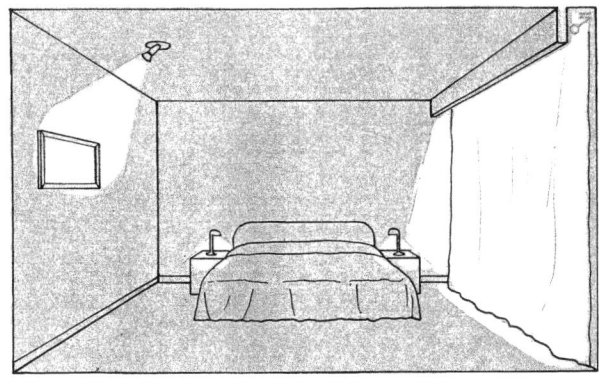

- スポットライトで演出効果
- 内側からカーテンを照らすとプライバシーの保護とともに雰囲気づくりにもなる
- スタンドは1人1灯

り,夕日のような白熱球の光の中ではゆったりした気分になる。

特に浴室・水回りでは,間接照明として,高齢者に対しての識別能力・視力の低下を考慮した照明計画が必要となる。例えば,螺旋階段に右回りが多いのは,下降するときの手すりに関係する。人間工学でいう右回りの習性(ポピュレーションステレオタイプ)によるものである。浴槽も同じ原理で,安全な右足から入槽する習性がある。その部分の安全性を確保する照明を当てる配慮が必要である。つまり,明るさと影を十分に配慮した照明計画が必要だといえる。

一つの部屋でも,いろいろな生活行動があり,空間の利用の仕方は季節によっても家具配置と共に変化していく。一室多灯を演出した場合,その一室はさまざまな雰囲気の変化を加えることができる。器具の取付けも天井に限らず,壁・床・デスクの上と多様性を持たせることにより,生活行動のバリエーションを楽しむことができる。

ここ数年,先進国では環境,健康,高齢者問題,バリアフリーなど健康を考えたライフスタイルが注視されている。その中において照明は人々の気分や心理状態に影響を与え,また気分は健康に大いに関わりが深いことを十分に考慮しなければならない。

生活のリズムは24時間周期で,日中の仕事などにおいての活動と,夜の休息においての休養というバランスの配分を適切に区分している。それは目,脳のメラトニンというホルモンの眠りを誘う原理を応用することから,光により刺激を受け,暗さにより疲労を癒し,深い眠りに入るという当然の日常的なものである。

居室においての照明計画は,図示された建築化照明の計画が望ましい。寝室の枕元からは光源が見えな

いようにすることも，その一例といえる。

視覚上の快適なあかりは，感覚的にも心地よいと感じるあかりである。つまり，昼の自然光と夜の人工照明のバランスが，快適な光として配されることが重要である。

照明を使った空間の演出法は，人を照らし，人を包み，人を和ませる役目を持っている。演出法の一例を述べると，コーブ照明は光を天上に反射させる間接照明で，天井が高く奥行きのある雰囲気を見せ，柔らかいムードに包まれる。フットライト，ブラケットとの組合わせでさらにその効果は大となる。コーニス照明は光を壁に反射させる間接照明で，壁面が明るくなるので広がり感が出る。天井の中央部分の下は黒くなるので異次元的な空間演出に向く。ハイサイドライトによる人工光と自然光の採り入れ方は，室内上部の左右から部屋全体に優しい光を投げかける。眩しさを感じさせないのが特徴で実光量以上に明るい。

日本は急速に高齢社会を迎え，ますます照明が均一的に明るくなる傾向にあるが，住宅，店舗，公共施設などの用途に応じ光源の性質をよく理解して光の演出の工夫をしながら使い分けることが大切である。

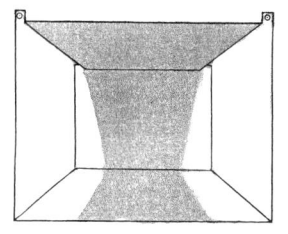

埋込照明（天井）　　　　　埋込照明（床）

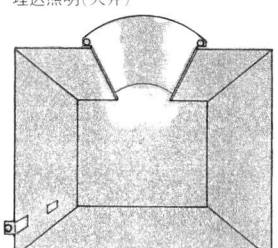

天井コーブ照明と埋込フットライト　　コーニス照明（天井）とバランス照明（壁）

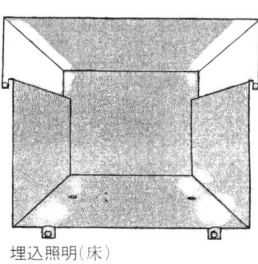

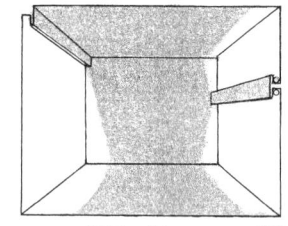

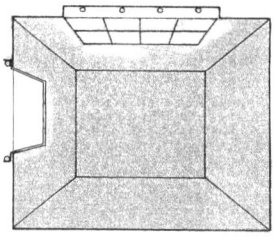

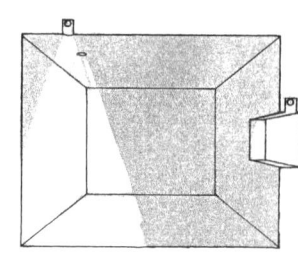

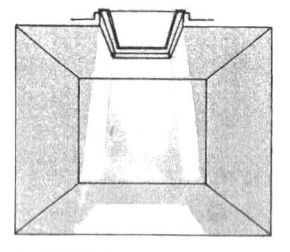

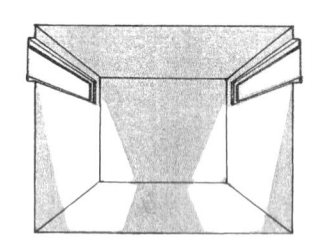

光天井　　　　　　　　　　ダウンライト

トップライト　　　　　　　ハイサイドライト

図 6.12　さまざまな照明の手法

図 6.13　キンベル美術館のトップライト（設計：L. カーン）[2]

図 6.14　ジョンソン・ワックス研究所のトップライト（設計：F.L.ライト，撮影：大川三雄）

6.3　エクステリアの照明

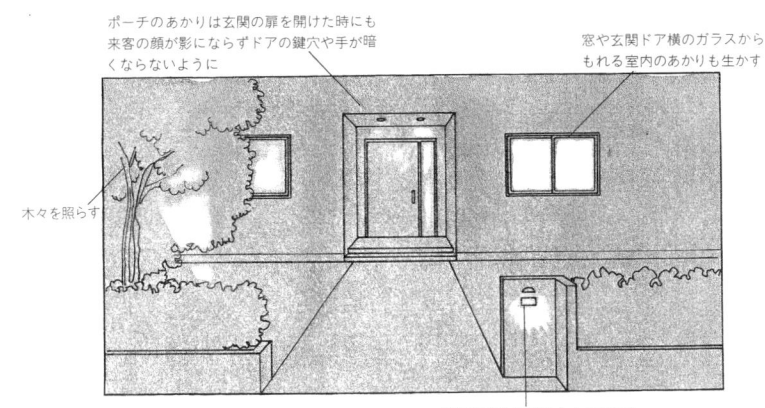

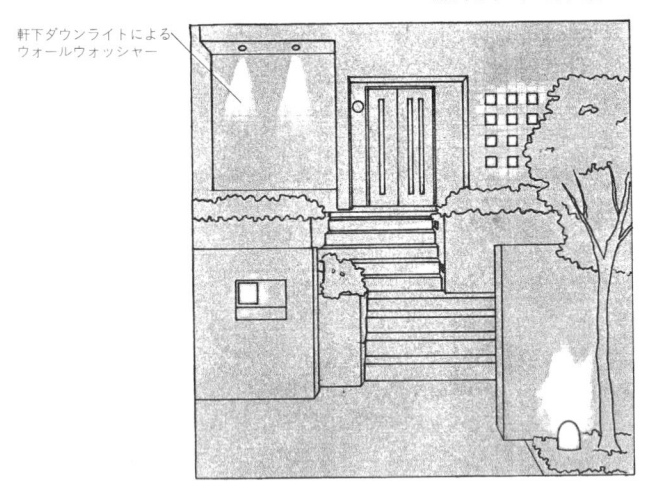

図6.15　エクステリアの照明の手法

- ポーチのあかりは玄関の扉を開けた時にも来客の顔が影にならないようにドアの鍵穴や手が暗くならないように
- 窓や玄関ドア横のガラスからもれる室内のあかりも生かす
- 木々を照らす
- 門灯を表札や道行く人の足元を照らすように下に向けた例
- 軒下ダウンライトによるウォールウォッシャー

図6.16　照明器具を配した玄関回り

　エクステリアのあかりは戸建て住宅において，夜の玄関へのアプローチの誘導の道と考えられる。光の軌道が階段，通路，小道，庭の闇の中に浮かび上がる照射の演出である。帰宅する家族にとってわが家のあかりを見たとき，心和む。それは誰もが経験しているあかりであり，また道行く人へのあかりでもある。

　京都・奈良などで見られる，夏祭りの祭提灯のあかりは，露地を行く人のためのあかりである。日常は，出格子より室内のあかりが外に漏れる。内と外で人と人が目線を合わせて挨拶を交わすコミュニケーションのあかりは，今も昔も変わらないでほしい。

　玄関ポーチの雨つゆをしのぐ玄関庇の照明は，足元を照らし，玄関ドアの把手をライトアップするものでなくてはならない。玄関の袖で室内よりこぼれる内部のあかりが帰宅を迎える柔らかな間接光であると，なお望ましい計画となる。これは，光が人を出迎える演出である。

　庭の下草埋込みと立木のライトアップは，立木に向けた光の配光を狭角スポットにして，下草の配光を広角で全体に工夫して計画するとよい。**ルーフガーデン**は建物と庭木との距離により逆光することでも，庭と建物の空間に奥行きを与えることができる。

　アプローチの中間ゾーンの光は，足元から夜の闇に照射される薄明かりに導かれたほの暗さがよい。陰影のない，ぼんやりとした光は，内と外をつなぐ重要なゾーンともいえる。光は光源，光の方向，陰影などから視覚効果と心理効果が表れるようにすることが計画の重要な課題である。

図表出典リスト

1) 吉田壽三郎・なだいなだ・木村尚三郎：健康人間学，ミサワホーム総合研究所，1984
2) N. Lechner：Heating Cooling Lighting, Wiley Inter Science

7

戸建て住宅と集合住宅

　世界の各地に集合住宅が建てられ始めるのは，産業革命以後のことである。ヨーロッパ諸国や北米では18世紀後半に，日本では明治時代に入ってのことである。

　生産方法は，それまでの手仕事から機械を利用した方法に変わり，工場に多くの労働者が必要となった。賃金を得るために人々は都市へ移動し，都市の人口が急激に増大し，都市は住宅不足に陥った。この住宅不足を解消するために，多くの集合住宅が建設された。ところが，日本の住宅不足はこの産業革命による影響だけに留まらなかった。第2次世界大戦により420万戸の住宅を失い，戦後の日本は類をみない住宅不足に見舞われたのである。日本での集合住宅が本格的に建設され始めたのが戦後であるのは，このためである。また現在でも「集合住宅は仮の住まい」と根強く考えられているのは，「集合住宅が都市への流入者や住宅を失った人々の一時的住まい」としての役割を担った歴史があるからである。

　しかし，日本の古い農村集落を見ると，のどかな田園が広がる一方，家々は山裾に集まっている場合がほとんどである。集合した方が，都合がよいためである。1960年代以降，日本でも始められた「デザインサーベイ」という研究は，この集まって住むことの意味や魅力を明らかにし，それを現代に生かそうと行われだしたのである。昨今，今までにない新しい計画事例を見ることができるのは，こうした研究活動も影響してのことである。

　本章では，日本の集合住宅の生い立ちから，住戸平面や集合形態に関する基本的知識を概説するとともに，いろいろな研究成果を生かした新しい集合住宅の計画事例を紹介する。

7.1 戸建て住宅の問題と集合住宅の問題

7.1.1 団地の誕生

日本における最初の鉄筋コンクリート造の集合住宅として，通称「**軍艦島（1916年）**」と呼ばれる炭坑住宅やわが国初の「本格的アパートメントハウス」として名高い「**お茶の水文化アパート（1925年）**」があげられる。しかし，この2つの集合住宅は，日当りのない1室居住のものであったり，全室が洋室であったりし，その後の集合住宅に影響を与えるものではなかった。

日本で大量の集合住宅を初めて建設したのは，関東大震災（1923年）の避難民救済のために設立した**同潤会（1924年）**である。内部は，近代的な様式と畳の様式とを融合させたものであった。戦争の激化とともに同潤会の建設は途絶えるが，日本の集合住宅に大きな影響を与えた。

戦後，日本は著しい**住宅不足**に陥っていた。これを補うため，**公営住宅法**などが制定される一方，日本住宅公団（現・都市基盤整備公団）が設立され，大規模な団地開発が始まった。

7.1.2 変化する集合住宅の役割

日本の住宅不足が解消したのは，終戦から四半世紀を経た昭和40年代である。この間，ひとつでも多くの住宅を建設するために，集合住宅の住戸規模は小さなものにせざるを得なかった。このことも影響し，日本での集合住宅は，「仮の住まい」として位置づけられた。しかし，住宅不足が解消した以降の住宅建設戸数に占める集合住宅の割合は年々増加し（図7.4），現在では過半を占め，昨今では本格的な住居としての役割が期待されている。

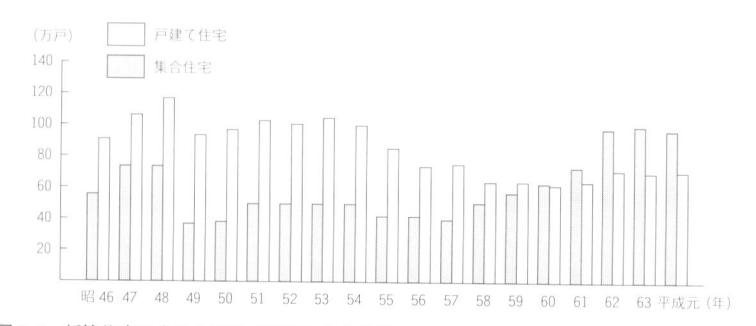

7.1.3 戸建て住宅が抱える問題

戸建て住宅の取得が「サラリーマ

図7.1 関東大震災2年後の東京[1]

図7.2 同潤会の青山アパート（撮影：並木克敏）

図7.3 日本住宅公団の草加松原団地[2]

図7.4 新築住宅に占める戸建て住宅と集合住宅

表7.1 住宅復興の歴史

年		出来事
昭和20		
	8月	太平洋戦争終結（住宅不足420万戸）
	9月	応急簡易住宅30万戸建設閣議決定
	11月	戦災復興院設置
昭和21		住宅よこせ運動頻発
	3月	都市への転入制限実施
	9月	地代家賃統制令公布
昭和22		
	1月	炭坑住宅へ政府融資開始
	2月	資材割当制の実施
	12月	都会地転入抑制法公布
昭和23		
	5月	不燃木造アパート第1号完成
	7月	戦災復興院から建設院を経て建設省発足
	10月	都会地転入抑制法廃止
昭和24		
	5月	住宅対策審議会設置 衣料・食料・資材統制解除
昭和25		
	5月	住宅金融公庫発足 建築基準法公布
	7月	地代家賃統制令の緩和
昭和26		
	6月	公営住宅法公布
昭和30		日本住宅公団設立

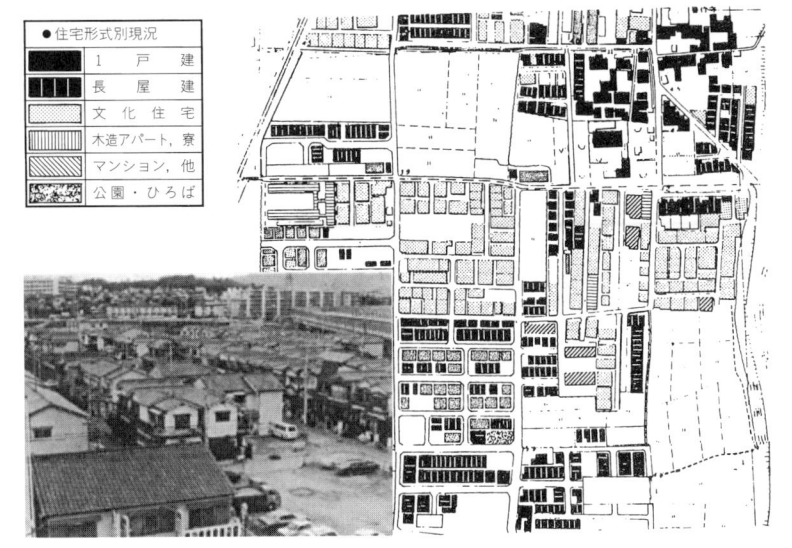

図7.5 寝屋川市のミニ開発の事例（撮影：鮫島和夫）3)

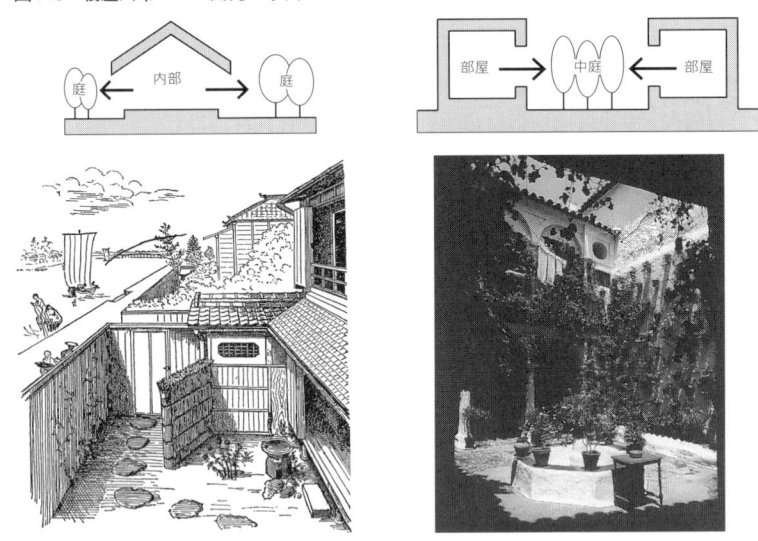

図7.6 外庭型の日本住宅（左）4)と中庭型のスペインの住宅（右，撮影：畑 聰一）

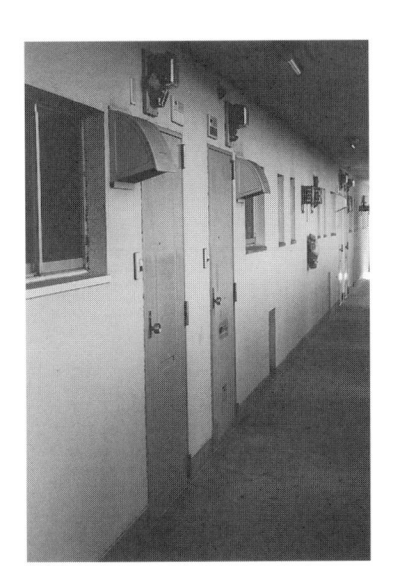

図7.7 外部に対し閉鎖的な集合住宅（左）と内部が閉鎖的な間取り（右，設計：三交ホーム）

ンの夢」であることは，現在も変わらない。しかし，この戸建て住宅にも問題がないわけではない。1つ目の問題は，「新幹線通勤」などという新語が登場するほど，戸建て住宅の立地の郊外化が進んだこと，また立地と戸建て住宅にこだわるあまり，都市内に「ミニ開発」といわれる日当りも風通しもない戸建て住宅が多く建設されたことなどの立地上の問題である。2つ目は，敷地規模と住宅規模および住宅の構え方とに関係する問題である。町屋を除くと，日本の住宅は外庭型（図7.6）である。最近の戸建て住宅は，この外庭型の形式を残したまま，敷地を拡大せず，住宅規模だけが拡大する傾向がある。その結果，プライバシー上の問題が発生したり，外に対して過度に閉鎖的な住宅が多く建設されることになる。3つ目の問題は，戸建て住宅ばかりでなく集合住宅にもいえることであるが，住居内の間取りが「nLDK」および「nLDK＋和室」という平面形に画一化されたこと，さらにこの平面形における諸室が空間的に分断されすぎていることなどがあげられる。

7.1.4 集合住宅が抱える問題

一方，集合住宅には，前述した間取りの問題以外にもさまざまな問題がある。1つ目は，周辺への日照阻害・迷惑駐車などの周辺住民との摩擦や町内会への参加意識の低さなどの周辺との関係に関する問題である。2つ目は，上下階をはじめとする集合住宅内での近隣トラブルおよび近隣意識や防犯性の低さなど，集合しているがゆえに起こる問題である。3つ目は，住戸の増築や間取りの変更など，住戸レベルに関する問題である。

近年，集合住宅も「仮の住まい」から「永住型の住まい」に変わりつつあり，これらの問題解決が期待されている。

7.2 集合住宅の住戸平面①

7.2.1 3つの平面形とその流れ

日本の現代住宅の平面は，3つに大別できる。n個の個室とLDK（居間と台所食事室）とからなる「$nLDK$」型平面，$nLDK$型平面に和室が加わった「$nLDK$＋和室」型平面，同様に数室の続き間が加わった「$nLDK$＋続き間」型平面の3つである（図7.8）。

$nLDK$型平面は，戦後，「2 K」「2 DK」「3 DK」「3 LDK」「4 LDK」と，日本の集合住宅の面積が漸次拡大される中で，新しい機能の部屋が一つ一つ付け加わる形で形成されてきたものである。

2つ目の「$nLDK$＋和室」型平面は，武士住宅の平面の特徴を色濃く残した明治期の俸給者（サラリーマン）住宅（図7.9）が，各部屋のプライバシーを確保するための廊下を確保した中廊下型平面（図7.9）へと発展し，昭和40年代に，この中廊下型平面の接客用の座敷部分と当時，都市部での主要な平面形となっていた$nLDK$型平面とが合体してできた平面形である。現在，都市部の戸建て住宅の大半がこの「$nLDK$＋和室」型平面でつくられているが，玄関脇の和室は江戸期の武士住宅の接客空間の名残である。

これに対し，3つ目の「$nLDK$＋続き間」型平面は，農村部の冠婚葬祭用の続き間部分（図7.10）と，$nLDK$型平面が合体して形成されたもので，「$nLDK$＋和室」型と同様に昭和40年代ごろから見られるようになった平面形である。現在，都市部を除いた日本のほとんどの地域で建てられている戸建て住宅の大半の平面がこの「$nLDK$＋続き間」型平面の住宅である。

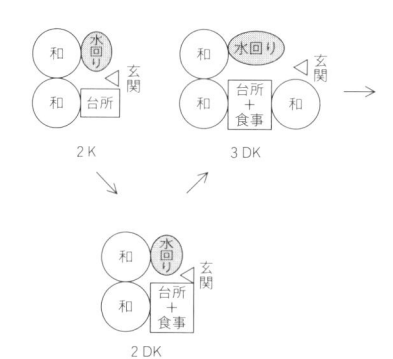

a) 概念図

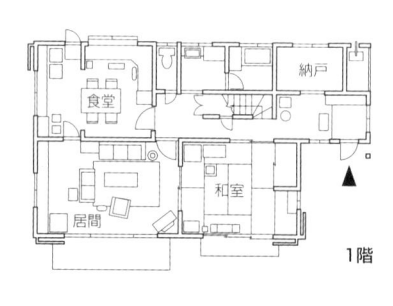

b) $nLDK$型

c) $nLDK$＋和室型

d) $nLDK$＋続き間型

図7.8 現代日本住宅の3つの平面

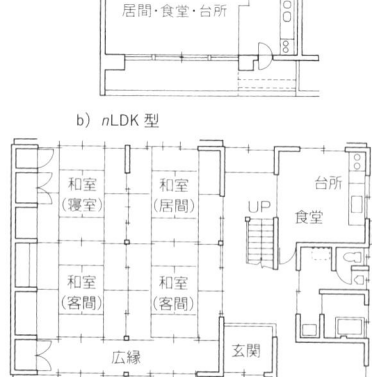

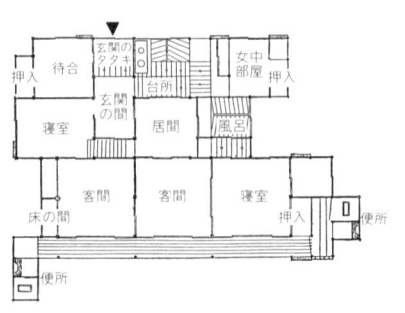

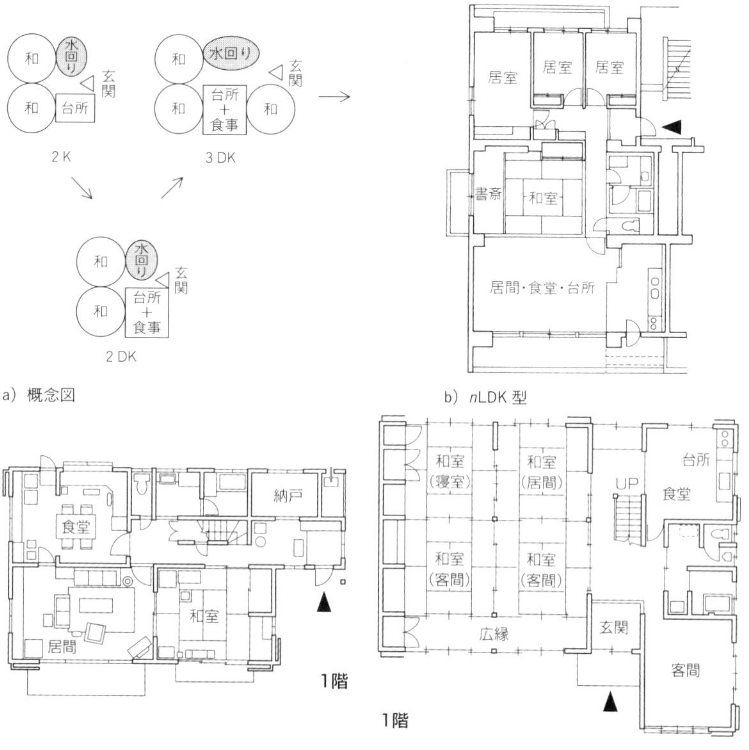

a) 武士住宅継承型平面[4]

b) 中廊下型平面[5]

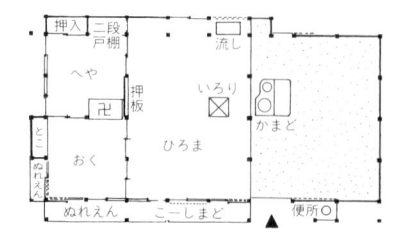

図7.9 武士住宅継承型平面と中廊下型平面

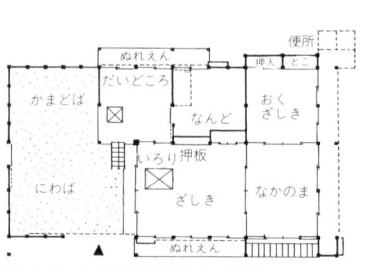

図7.10 伝統的農村住宅の平面[6]

a) 2K型平面[7)]

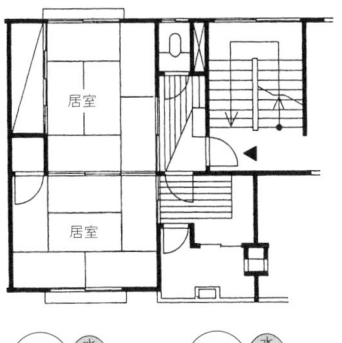

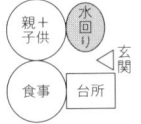

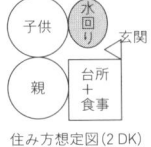

b) 2DK型平面

図7.11 2K, 2DKの平面と実際の住み方

図7.12 教科書に紹介されたDK[8)]

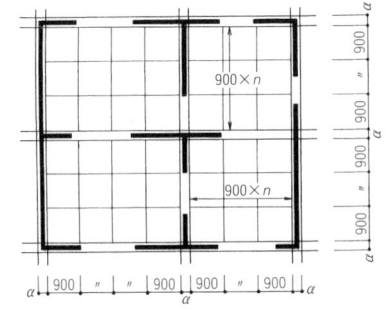

図7.14 寸法の取り方

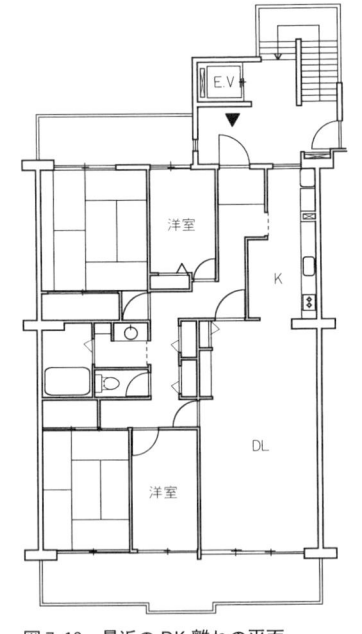

図7.13 最近のDK離れの平面

図7.15 60 m²型（左），70 m²型（中），85 m²型（右）の各平面[9)]

7.2.2 2DKの功罪

戦後公的機関により建設され始めた集合住宅の住宅平面は，2K型平面が大半であった。夜は2つの和室で親と子の就寝分離を図り，昼は一方の和室を茶の間として使用することを想定した平面である。実際の住み方を調べると，昼も夜もどちらか一方の部屋を茶の間とし，他方の部屋を家族全員の就寝の部屋としている場合が多く見られ，親と子の就寝分離は達成されていなかった。

こうした調査を踏まえて1951年に提案されたのが，2DKである。2KのK（台所）の部分に5～6 m²を加えることにより，KをDK（台所食事室）とし，食寝分離と就寝分離を図ろうとした平面である。この2DKは1955年に発足した日本住宅公団に採用され，瞬く間に普及した。その後DKの便利さも手伝って，戸建て住宅の中にも取り入れられ，現代住宅の中に定着した。

しかし，DKとはもともと，狭い面積の中でどうしたら食寝分離と就寝分離が図れるかを考えた挙句の苦肉の策であった。台所という作業空間で食事をするなどとは，先進諸国の中では希なスタイルであり，再考が望まれている。

7.2.3 住戸規模と平面

同じ6畳でも，木造とコンクリート造とでは，1割程度面積が異なる。一般的に木造は壁の心から心までの距離を909 mmのn倍とし，コンクリート造は壁の**内法**を900 mmのn倍とするからである。昔，公団住宅の1畳が750 mm×1,500 mm程度であった時代がある。コンクリート造の住宅を，心押さえとしてしまったためである。図7.15は，現在，公営住宅で採用されている標準設計の平面である。3DKには60 m²，3LDKには70 m²，3LDK・Sには85 m²程度の面積が最低でも必要であることがわかる。

7.3 集合住宅の住戸平面②

集合住宅の住戸平面は，断面の形態，L（居間）の有無等々により，いろいろに分類される。

（1）フラットとメゾネット

1つの住戸が1層で構成されたタイプをフラットと，2層で構成されたタイプをメゾネットという。住棟内の共用廊下に住戸をできるだけ接しないようにする場合や住戸の奥にまで日当りを確保する場合などにメゾネット形式が採用される。

（2）DK 型と LDK 型

住戸の共用部分に DK（台所食事室）しかない平面を DK 型と，L と DK のある平面を LDK 型という。DK 型における家族の団らんは DK とその隣の和室で行われるのが一般的であり，個人の空間と共用空間とが分離されていない。これに対し，LDK 型での家族の団らんは L と DK で行われ，個人の空間と共用の空間とが分離された平面である。

（3）間口幅広型と間口セーブ型

主要な方向から見た住戸や敷地の幅を間口という。戸数密度を高めるために間口をできるだけ小さくした住戸を間口セーブ型と呼び，一般的には2部屋を短辺方向で並べた住戸平面とされる。これに対し，間口幅広型とは，間口方向に3室以上の部屋を並べた住戸をいう。

（4）全室採光型と行灯型

集合住宅では，全室が直接外気に面する全室採光型平面とされるのが一般的である。しかし，間口セーブ型では一部の部屋を間接採光とした行灯型平面とされる場合がある。行灯型平面の内部の住み方を調べると，行灯部屋のために一部の個室の機能が損なわれている事例が多く，問題のある平面といえる。

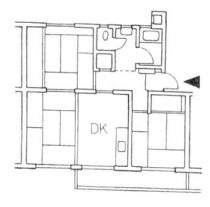

a) 3 DK 型[10] 　　b) 3 DK（2 LDK）型[10]

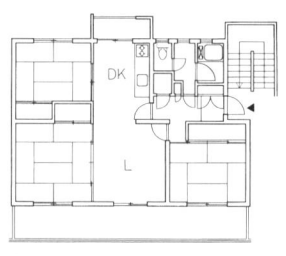

c) 間口幅広型 3 LDK 型[10] 　　d) 間口セーブ型 3 LDK 型 　　e) 行灯型 3 LDK 型[10]

f) 間口幅広型 4 LDK 型 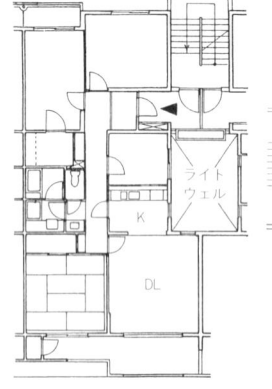　　g) 間口セーブ型 4 LDK 型 　　h) 行灯型 4 LDK 型

図 7.16　典型的フラット型平面

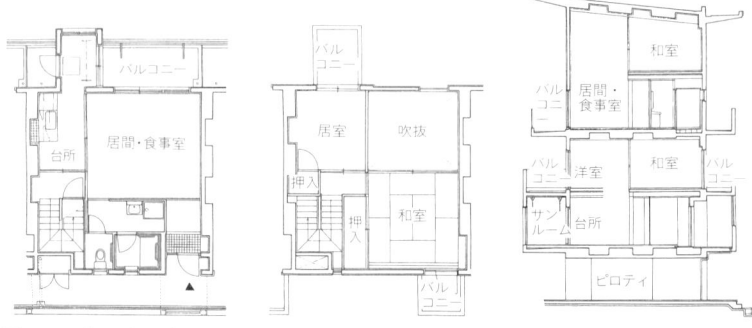

図 7.17　典型的メゾネット型平面（左，中）と断面図（右）（設計：栗生総合計画事務所）

図 7.18　公私混在型平面（左，中）と公私完全分離型平面（右）[11]

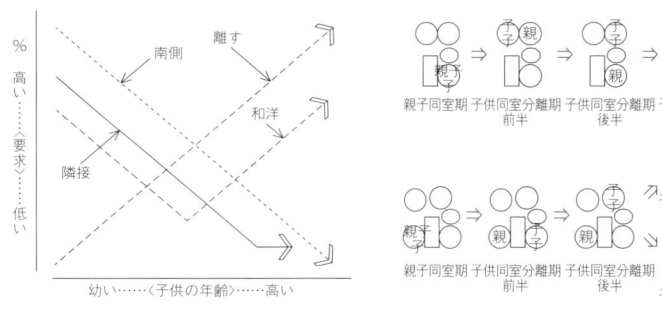

図 7.19　家族成長と子供室の部屋割り理由[12]　図 7.20　家族成長と寝室の位置変化

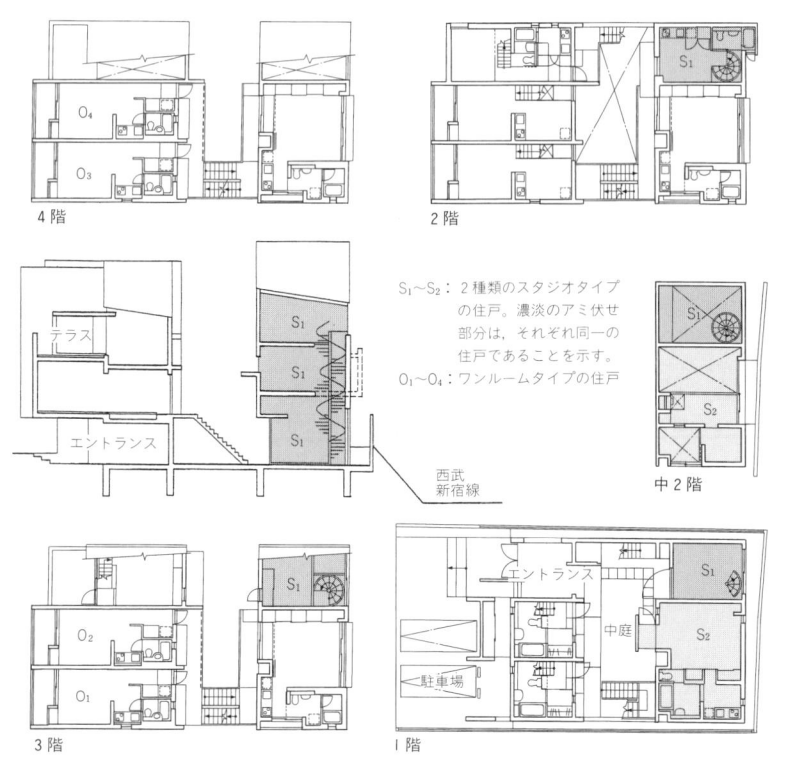

図 7.21　ワンルームタイプとスタジオタイプを持つ集合住宅（設計：HAL 建築研究所）

（5）公私混在型と公私完全分離型

　LDK 型平面を公私分離型平面とも呼ぶ。LDK 型平面は，家族の空間と個人の空間が分離されているためである。この公私分離型平面は，さらに，「公」部分である共用室と「私」部分である個室群とが明確に分かれた公私完全分離型平面と「公」の部分と「私」の部分が混在している平面形（図7.18）とに分類でき，近年前者の方が多くなりつつある。

　公私混在型平面より公私完全分離型平面の方が進んだ平面形のようにも思えるが，そうとばかりもいえない。公私完全分離型住戸の各個室は洋室とされる場合が多く，結果的に各室の出入り口は閉ざされる。扉の方が引き戸より，部屋の閉鎖感は圧倒的に高い。このために，公私完全分離型住戸の各室は，孤立してしまう。「家族成長のある段階には，親と子供の寝室を隣接させておきたい要求があり，この要求を満たせない平面形では，親子の就寝分離時期が遅くなってしまう」との報告（図7.19～7.20）もあり，単に部屋を分化することが進歩と考えるのは誤りであるようだ。

（6）その他の平面

　一頃まで集合住宅といえば，**核家族**用のものと思われてきた。しかし，昨今，核家族を想定したものでない新しいタイプの集合住宅が本格的に供給され始めている。住戸面積は狭いが視覚的に広く見える工夫が施されたワンルームマンション，核家族とその親の 2 世帯が互いの領域を確保しながら隣り合って住むペア住宅，いろいろな介護方式付きのものや診療所を持った高齢者用マンション，写真家や画家，建築家などを想定した高い天井のアトリエを持つスタジオハウス等々は，こうした人々のための，集合することのメリットを生かした住宅である。

7.4 集合住宅の住戸平面③

7.4.1 可変型住戸

現在においても集合住宅の大半は不特定多数を対象としている。このことと生産性優先の考え方とが，日本の集合住宅を画一的で固定的なものとしてきた。本来，集合住宅といえども，居住者の個性や生活変化に対応できるべきであり，どのようにしてこれを実現するかは現代集合住宅の大きな課題の1つである。

この問題に最初に着目した提案として，個性や生活の変化に応じて間取りを変更できる「順応型住宅(1971年)」，住宅の多様性・可変性・互換性への順応，合理的な住宅用部品の開発育成をめざした「KEP(1973年)」がある。最近においても，何種類かの間取りや内装を用意した「メニュー方式」や間取りの決定の大部分を居住者が行う「フリープラン方式」など，この課題に対する新しい試みが続けられている。

図7.22は，1985年に提案されたメニュー方式とフリープラン方式とを合わせた計画例である。1階の平面は固定されているが，2階は，便所を除いてすべて居住者が自由に設計できる「オールフリー」と，すべてがあらかじめ固定されている「オールセット」，およびその中間の「セミフリー」の3つから選択できる。

図7.23の実験住宅「NEXT 21」は，多様性・可変性・互換性を前4者より格段に進歩させた事例である。柱と梁の骨組みを恒久的な社会的部分とし，それ以外を私有財産的に扱える仕組みが用意され，従来の可変型集合住宅とは異なり，図中のリフォーム例のように，浴室や台所などの水回り部分，さらに外壁の移動・変更も可能とされている。

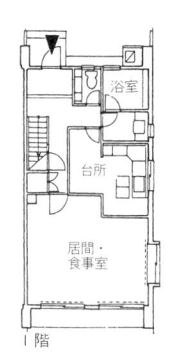

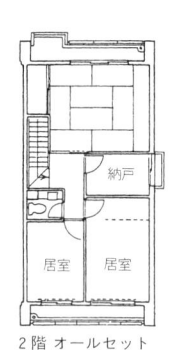

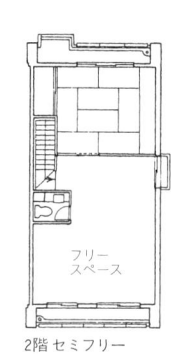

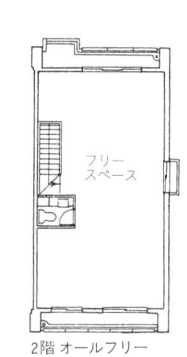

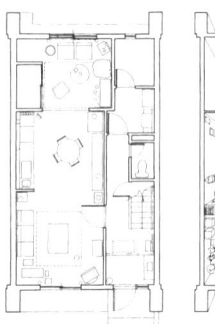

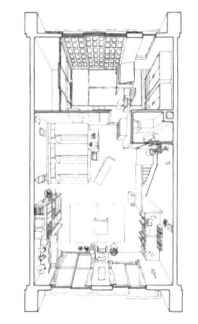

図7.22 エステート鶴牧Ⅲのメニュー方式の事例（上）[10]と入居後の住み方事例（下）[13]
（設計：住宅・都市整備公団，アルセッド建築研究所，環総合設計，撮影：初見学）

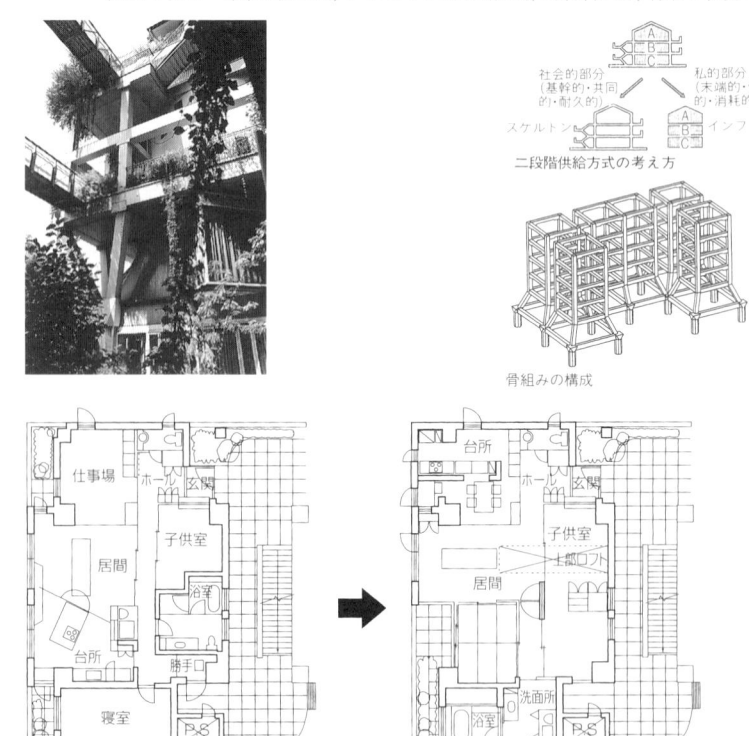

図7.23 躯体・住戸分離方式のNEXT 21とリフォーム実験（設計：内田祥哉，巽和夫，深尾精一，髙田光雄，近角真一，髙間三郎）[14]

図 7.24 規模可変型のつくば・さくら団地（設計：住宅・都市整備公団，アルセッド建築研究所，千代田設計）[10]

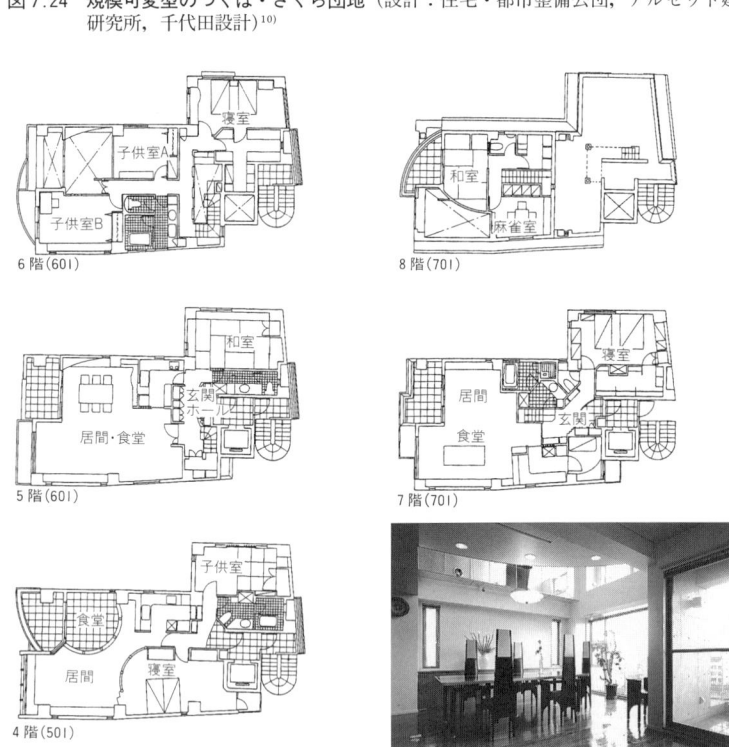

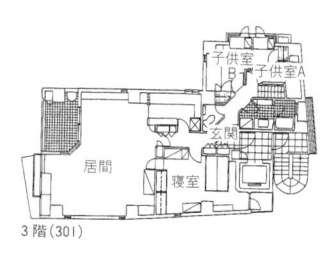

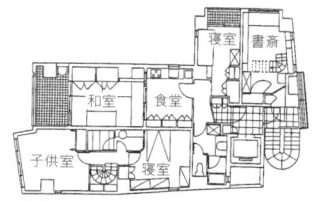

図 7.25 コーポラティブハウスの実例（都住創岡山町，設計：ヘキサ，撮影：中川敦玲）

7.4.2 規模可変型住宅

集合住宅の弱点の1つに増築ができないことがあげられる。「つくば・さくら団地（1985年）」は，この集合住宅の欠点に応えた計画で，隣接する住戸どうし，必要であれば1つの住戸にすることができる方式となった計画である。建設当初からコンクリートの戸境壁の一部を切断しておき，臨戸を使うことにより増築できるようになっている。

7.4.3 コーポラティブハウス

大量の画一的な集合住宅が建設された高度経済成長期，可変型住宅とは異なる方法で，居住者の考え方や個性を満たす集合住宅づくりが登場した。コーポラティブハウスとは，その土地に住みたい人々が集まり，協同組合を結成し，この協同組合によって計画や管理が行われる方式である。この方式はヨーロッパでは100年以上の歴史をもつが，日本で本格的にコーポラティブハウスが建設されるのは，DIY（Do it yourself）店が相次いで建設された1970年代に入ってからである。

初期の代表的な事例として「OHPナンバー1（1972年）」「コーポラティブ柿生（1975年）」などがある。また1978年には，コーポラティブハウスをつくりたいグループの人々の希望に沿って住宅・都市整備公団（現・都市基盤整備公団）が住宅を建設し，長期割賦で分譲する「グループ分譲制度」が設けられ，ユーコートなどの集合住宅が建設された。コーポラティブハウスの長所は，個人の要求を一定程度満たせることや建設コストが実費であることがあげられるが，これ以外に，建設過程における共同作業を通して円満なコミュニティを形成できることも見逃せない長所の1つである。しかし，建設過程に割かれるエネルギーは膨大なものであり，なかなか普及しないことも事実である。

7.5 集合住宅の集合形態①

7.5.1 集合形態の分類軸

集合住宅の住戸がどのような形で集まっているかで，集合住宅はさまざまな呼ばれ方をする。高さによる分け方の場合，1～3階建てを低層，3～5階建てを中層，エレベーターを必要とする6階建て以上を高層集合住宅という。また，集合住宅の各戸が土地に接しているかいないかで，接地型，準接地型，非接地型などに分けられる。準接地型とは1階住戸が接地し，2階以上の住戸には人工テラスのあるタイプをいう。さらに，接地型集合住宅では，土地利用の仕方で，また非接地型集合住宅では廊下や階段の取り方で，さまざまなタイプに分類される。それぞれのタイプは，通風，プライバシー，住戸密度，経済性，近隣形成，環境保持等々で一長一短をもつ。

7.5.2 非接地型集合住宅の集合形態

非接地型集合住宅の代表的なタイプは，各階廊下型と階段室型，およびスキップフロア型の3つである。

各階廊下型とは，各階に廊下を配置し，廊下の片側（片廊下型という）あるいは両側（中廊下型）に住戸を並べたタイプである。エレベーターで各階に至り，そこから廊下伝いに各戸に至る形式で，高層集合住宅とされる場合が多い。

階段室型とは，各階に廊下を確保せず，外部から直接階段で各住戸に至る形式のタイプで，5階建てまでの中層集合住宅に採用される場合が多い。しかし，近年各階段室にエレベーターを確保し，高層とした事例も見られるようになっている。

スキップフロア型とは，エレベーターの停止階を廊下型と，非停止階を階段室型としたタイプである。

a) 接地型低層の例

b) 準接地型低層の例

c) 中層の例

d) 高層の例

e) 超高層の例

図7.26 集合形態の違いによるいろいろな形

片廊下型　階段室型　スキップ型

片廊下形式の平面

階段室型の平面

a) エレベーター非停止階

b) エレベーター停止階

スキップ型の平面

図7.27 各戸へのアクセス方式による住棟の種類

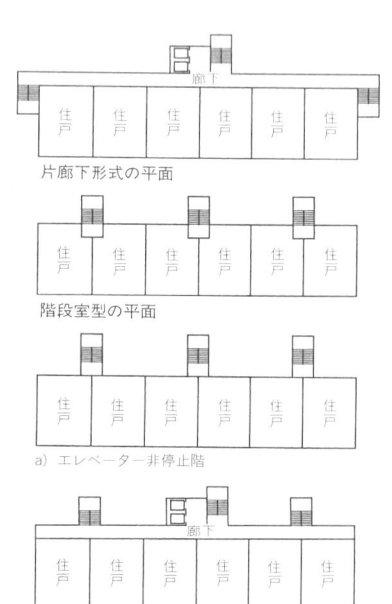

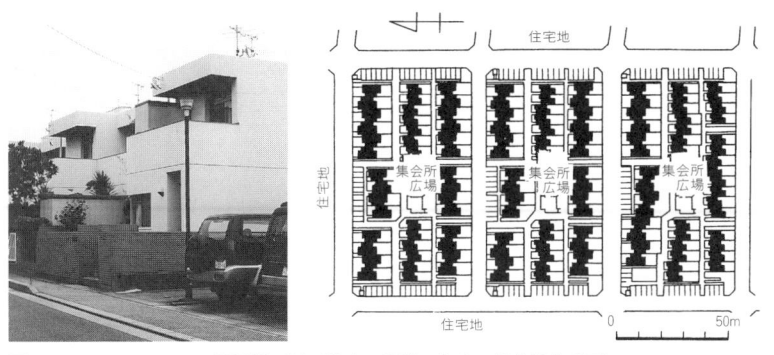

図7.28 テラスハウスの配置例（黒石住宅，設計：住宅・都市整備公団）[15]

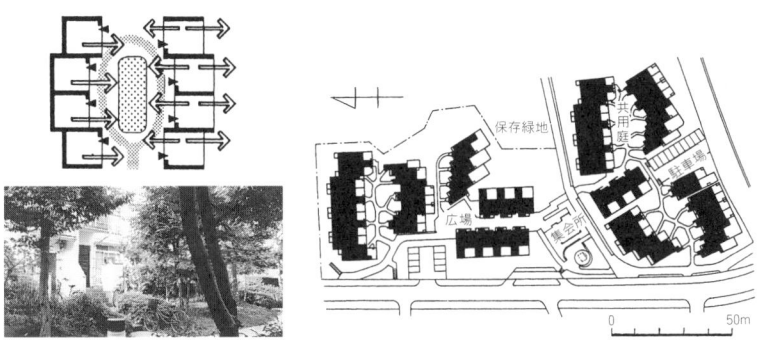

図7.29 コモンアクセス型タウンハウスの配置例（タウンハウス諏訪，設計：同上）[15],[16]

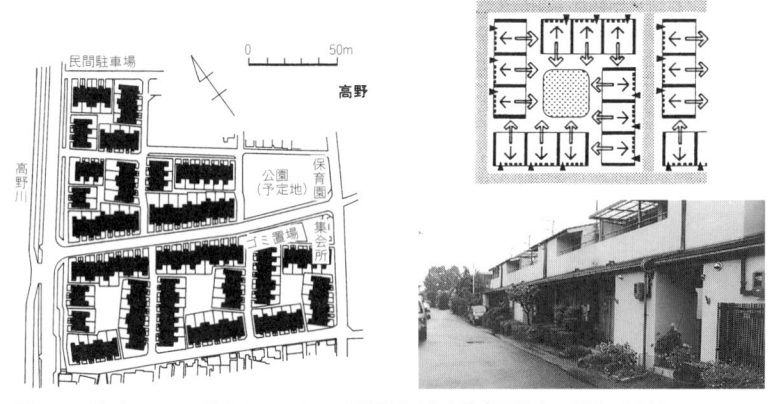

図7.30 路地アクセス型タウンハウスの配置例（北大路高野住宅，設計：同上）[15],[16]

図7.31 住戸平面と生活の向き[16]

7.5.3 接地型集合住宅の集合形態

住宅不足の解消，高度経済成長時代から低成長時代への変化などは，集合住宅計画にも影響を与えた。大規模開発は小規模開発へ，高層開発は中低層開発へと開発形態を一変させた。こうした中で，低層高密開発の切り札として登場したのがタウンハウスである。

アメリカでは，専用庭を小さくし，プールなどのある共用庭の維持管理を専門会社に委託し，財産価値を高く保つ方法としてタウンハウスが生まれた。日本での明確な定義はないが，その特徴は以下の通りである。①接地型の集合住宅のもう1つの型であるテラスハウスが各戸の専用庭を最大にすることを計画目標にするのに対し，タウンハウスはこれを最小限にする，②共用庭がある，③立地などによって準接地型とされる場合もあるが，原則として各戸接地型とされる，等々である。

7.5.4 タウンハウスの型

タウンハウスの集合形態には，20～30戸でまとめられたグループにそれぞれ共用庭を配置するタイプと1つの大きな共用庭を全体で持つタイプとがある。前者は居住者に共用庭の工夫ある維持・運営を期待した計画に多く見られ，後者は共用庭の維持を管理会社に任せることを前提とした計画に多い。また，アクセス路の配置によっても分類できる。アクセス路を共用庭内に確保するコモン（共用）アクセス型と共用庭を囲む住戸の外側に確保する路地アクセス型とがある。前者は共用庭を囲む住戸の交わりを重視した計画であるのに対し，後者は大きな敷地に建つ戸建て住宅の庭に相当する庭を共同で持つことを目的とした計画である。タウンハウスの共用庭を生かすには，「生活の向き」も重要な要素である。生活の向きとは，図の通り，居間や食堂の位置で決定される。

93

7.6 集合住宅の集合形態②

7.6.1 集合形態と防犯

図7.32は，1974年，築後19年にして取り壊されている集合住宅である。この集合住宅での犯罪が異常に多く，居住者が減少し，やがてスラムと化したためである。

この問題に興味を抱いたオスカー・ニューマンは，アメリカの集合住宅の資料を多数集め，建物の集合形態と犯罪発生件数との関係を分析した。図7.32，表7.2～7.4は，物理的形態は異なるが，総戸数，人種，所得などがほとんど同じ2つの団地の犯罪発生件数を比較したものである。

両団地の違いは，ブラウンスビル団地が3階と6階建てからなる中層団地で，住戸が6～18戸でグルーピングされているのに対し，他方のヴァンダイク団地は高層開発型の団地であることである。この両者の犯罪件数や器物損傷件数などを比較してみると（表7.4），いずれも高層開発型であるヴァンダイク団地の方がブラウンスビルより2～3倍高く，犯罪件数と建物の形態との間に明らかな関係のあることを示した。

7.6.2 集合形態と近隣トラブル

近隣トラブルとは，集合住宅の上下階や同一階の隣戸どうしで起こるトラブルのことである。これも，集合形態によって発生件数が異なる。

各階廊下型の集合住宅においての人づきあいは廊下沿いに発生し，上下階ではほとんど発生しない。これに対し，階段室型の集合住宅は，階段に沿った上下階で人づきあいが生まれる。トラブルの原因は上下階の音である場合が多く，互いに知り合っている階段室型の方が，互いに我慢もし，注意もし合い，結果としてトラブルに至らないのである。

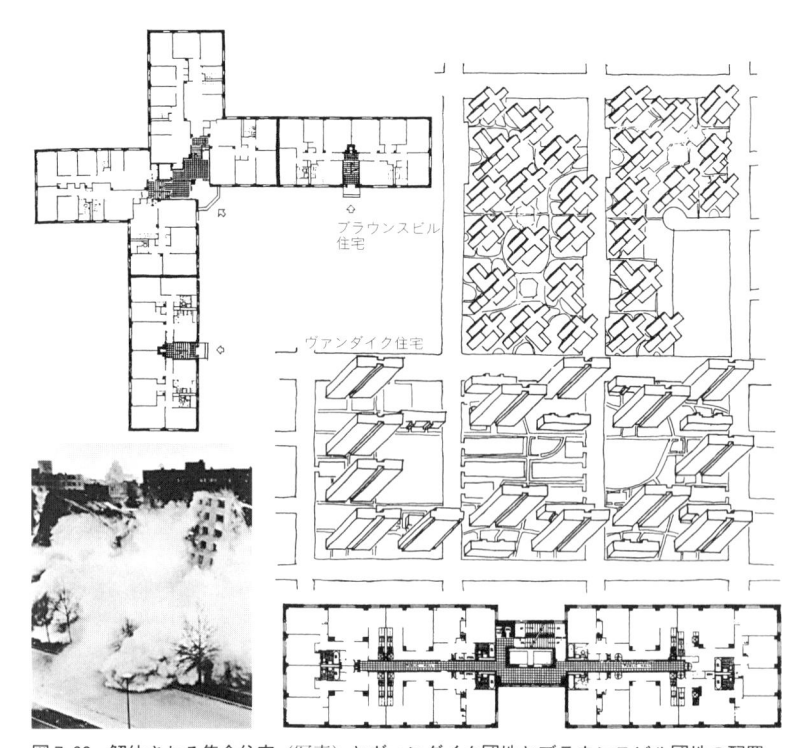

図7.32 解体される集合住宅（写真）とヴァンダイク団地とブラウンスビル団地の配置，平面図[17]

表7.2 入居者統計

項目	ヴァンダイク	ブラウンスビル
人口	6,420人	5,390人
人口密度	288人/エーカー	287人/エーカー
平均世帯人員	4.0人	4.0人
未成年者数	3,618人(57.5%)	3,047人(57.8%)
黒人世帯比率	79.1%	85.0%
白人世帯比率	5.6%	2.6%
平均総所得	$4,997	$5,056
生活保護世帯率	28.8%	29.7%
欠損家族の比率	29.5%	31.7%
平均団地居住年数	8.5年	9.0年
2人の賃金労働者のいる世帯比率	12.2%	11.0%
小学校児童数	839人	904人

表7.3 フィジカルな設計と人口密度の比較

項目	ヴァンダイク	ブラウンスビル
全体規模	22.35エーカー	19.16エーカー
建物棟数	23棟	27棟
建物高さ	14階建主体	3，6階の中低層
建蔽率	16.6%	23.0%
平均室数	4.62室	4.69室

表7.4 犯罪件数の比較

項目	ヴァンダイク	ブラウンスビル
総犯罪件数	1,189件	790件
強盗件数	92件	24件
故意の器物損傷	52件	28件

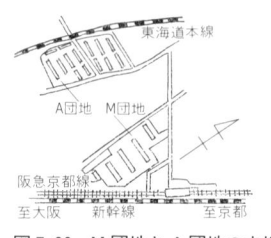

図7.33 M団地とA団地の立地と配置[18]

表7.5 入居者の概要[18]

団地名	家族人数(人)	主婦年齢(才)	年収(万円)	居住年数(年)
M	3.1	33	434	3
A	3.2	37	437	5

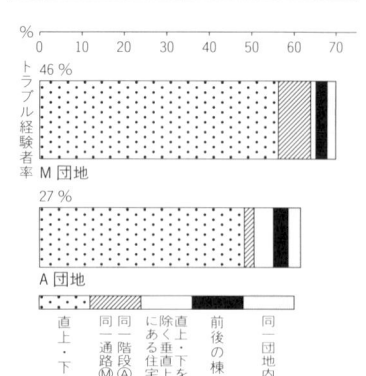

図7.34 M団地とA団地の近隣トラブル経験者率[18]

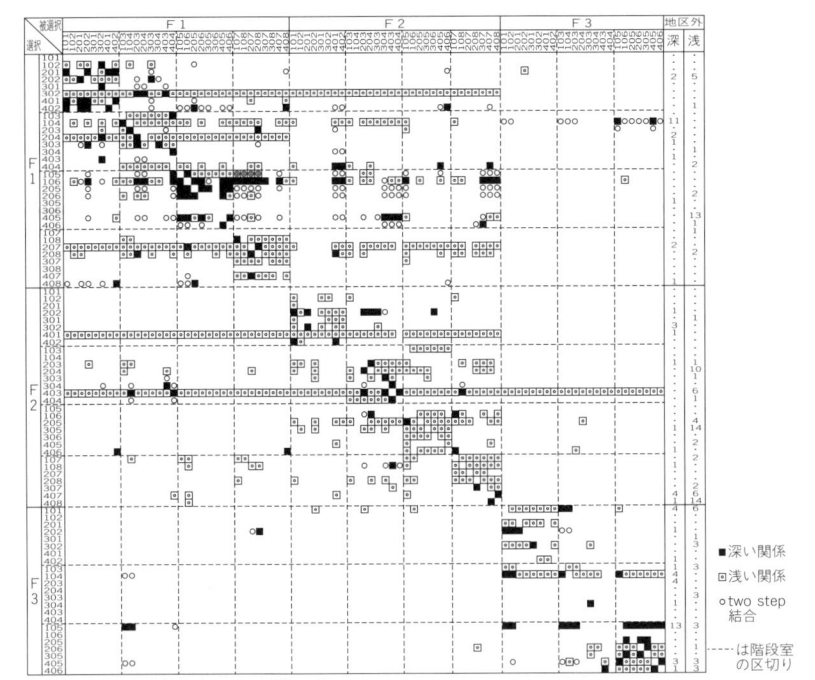

7.6.3 集合形態と近隣形成

集合形態は、近隣形成にも影響を与える。近隣形成とは、集合住宅に住む人々が互いにつきあいをしたり、挨拶したりするようになることをいう。

(1) 階段室型中層集合住宅の場合

図7.35 c)の団地は、4階建ての階段室型住棟が3棟ある団地で、F1住棟とF2住棟が同じレベルの敷地にあり、F3住棟だけが少し下がった敷地に建っている。さらに、F1とF2の間には小さな公園があり、両住棟ともこの公園側から階段室に入るNSペア（Nは北入り、Sは南入りを示す）となっている。

図7.35 a)は、この団地の縦軸の居住者が横軸の居住者とどのようなつきあいであるかを示したものである。「two step 結合」とは、子供を介して知り合った場合をいう。これをみると、頻繁なつきあいは、各住棟内で、またF1住棟とF2住棟との間で生まれており、F3住棟は孤立していることがわかる。いくつかの団地を調べると、同じような結果が得られ、アクセス路や公園および敷地レベルなどが近隣形成に影響していることがわかる。

(2) タウンハウスの場合

図7.35 b)は、共用庭を囲む一部の住戸の「住戸の向き」が共用側に向いていない路地アクセス型のタウンハウスの場合の近隣形成を見たものである。住棟内での近隣形成は育まれているが、同じ共用庭を囲む住棟間での近隣形成は見られず、むしろ路地を共有している住棟に近隣形成が広がっている。これに対し、コモンアクセス型のタウンハウスでは（図略）、同じ住棟内はもとより、共用庭を中心に近隣形成が図られる。共用庭の維持管理のことを考えると、共用庭を中心とした近隣形成が育ちにくい路地アクセス型は問題を抱えた計画であるといえる。

a) 階段室型中層集合住宅地の近隣形成

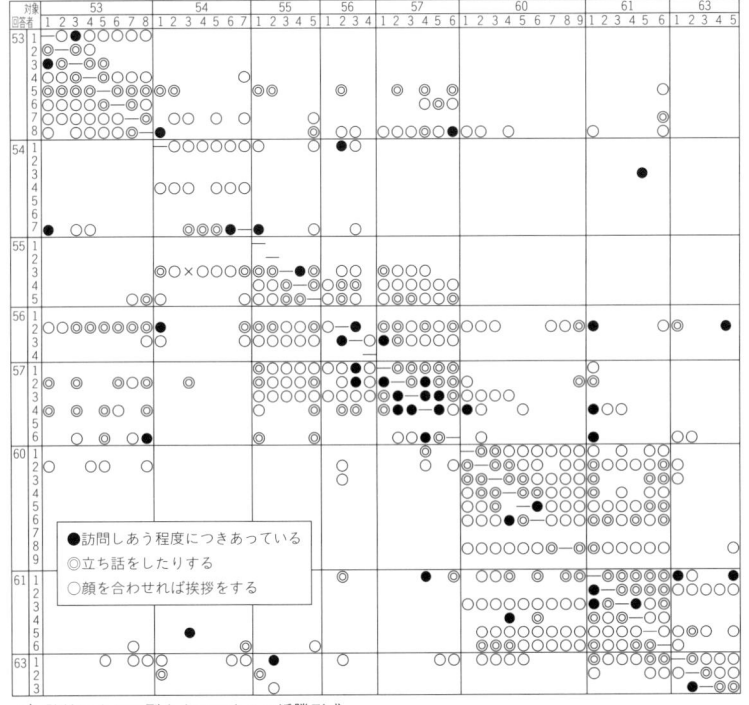

b) 路地アクセス型タウンハウスの近隣形成

● 訪問しあう程度につきあっている
◎ 立ち話をしたりする
○ 顔を合わせれば挨拶をする

■ 深い関係
□ 浅い関係
○ two step 結合
--- は階段室の区切り

c) 階段室型配置図   d) 路地アクセス型配置図

図7.35　集合形態の違いによる近隣形成の違い（調査対象：主婦）[19]

7.7 集合住宅の屋外空間

住宅が集合することにより，戸建て住宅では得られないメリットが集合住宅に生まれる。豊かな屋外空間が得られることである。

高度経済成長期の集合住宅は，大規模な高層高密開発が多く，その姿は羊羹をいくつも並べたようであった（図7.36）。このような開発に対し，当時から「画一的で非人間的である」という批判があったが，当時の産業優先の社会はこうした批判に耳を傾ける余裕はなかった。

しかし，1973年のオイルショックは，日本経済を低経済成長へと移行させ，住宅開発の形態も，大規模高層高密開発から小規模中低層高密開発へと一変した。この変貌と「住宅の質」を求める時代背景とが重なり，新しい計画が提案され始めた。前述したタウンハウスもこの提案の中の1つであり，「グルーピング」や「セミパブリックスペース」の提案もまたその1つである。

7.7.1 グルーピング

同じような高さの，同じような形をした住棟がいくつも並んだ団地は，単調であるばかりでなく，自分が何処にいるのかもわからなくなり不便である。さらに，団地の規模が大きい場合，近隣形成が育ちにくく，その結果，その団地の防犯性能は低いものとなってしまう。

グルーピングとは，比較的大きな団地のこうした問題に対処するため，団地全体を高層棟や板状の住棟などで視覚的にまとめるとともに，全体をいくつかのグループに分け，それぞれのグループに個性を持たせた配置構成をいう。図7.38は，北側の中層住棟で全体的なまとまりを確保し，単調になりがちな低層住宅を3つのグループに分けた例である。

a) 平行配置の例（草加松原団地）　　b) 囲み型配置の例（八田荘団地）[20]

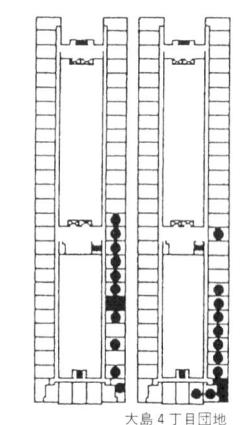

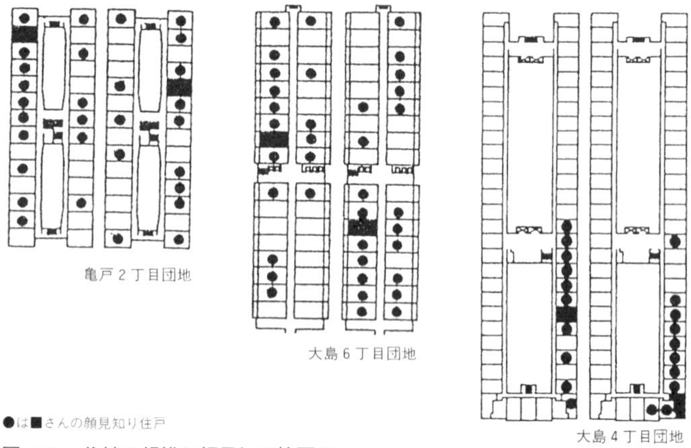

図7.36　均質な屋外空間の団地

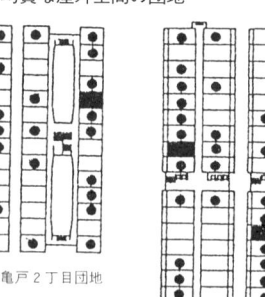

亀戸2丁目団地　　大島6丁目団地　　大島4丁目団地

● は ■ さんの顔見知り住戸

図7.37　住棟の規模と顔見知り範囲[16]

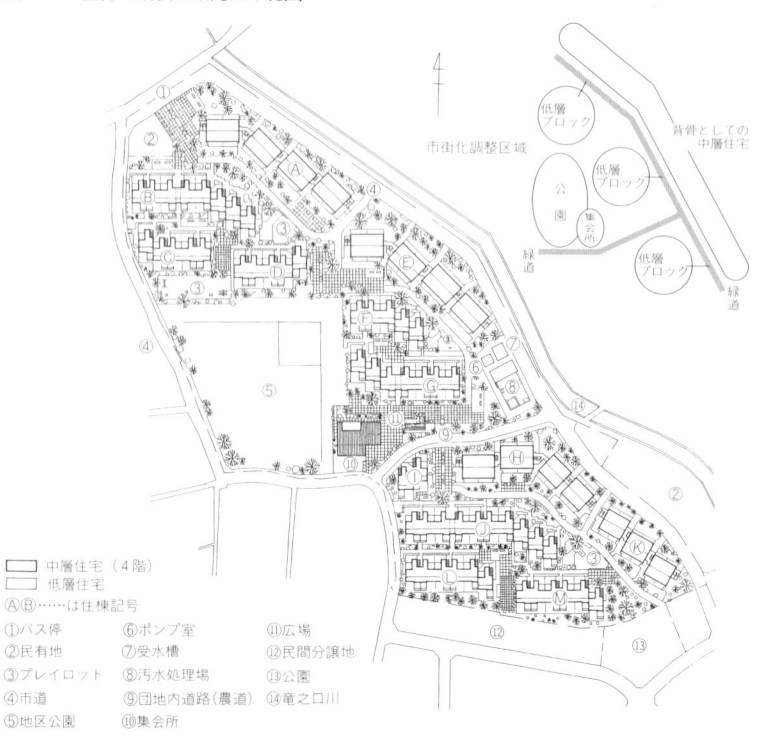

□ 中層住宅（4階）
□ 低層住宅
Ⓐ Ⓑ ……は住棟記号
① バス停　　⑥ ポンプ室　　⑪ 広場
② 民有地　　⑦ 受水槽　　⑫ 民間分譲地
③ プレイロット　⑧ 汚水処理場　⑬ 公園
④ 市道　　⑨ 団地内道路（農道）　⑭ 竜之口川
⑤ 地区公園　⑩ 集会所

図7.38　グルーピング構成された団地（下細井団地，設計：市浦都市開発建築コンサルタンツ）[21]

a) タウンハウスの共用庭（見明川団地）
b) プレイロット（下細井団地） 
c) 中間階の遊び場（芦屋浜高層集合住宅） 
d) 屋上庭園（基町団地） 

図7.39 いろいろなセミパブリックスペース

a) 緑道沿いの小川
b) 芝生のはられた駐車ブロック 
c) 照明具兼駐輪場 
d) 中が見えにくい駐輪場 
e) お店のような玄関 
f) 照明装置付きベンチ 
g) U・L型側溝でつくったベンチ 
h) 各戸の郵便受け 

図7.40 工夫された屋外施設

7.7.2 セミパブリックスペース

ヨーロッパの広場や公園のように市民の誰でもが利用できる共用スペースをパブリックスペースという。これに対し、団地居住者あるいは団地の中の特定多数の居住者しか利用できない共用スペースをセミパブリックスペースという。集合住宅の計画では、グルーピングの最小単位である20～30戸をまとめるスペースとされることが多い。タウンハウスの共用庭も、共用庭を囲む特定多数の居住者のためのスペースであり、セミパブリックスペースの1つである。また、小規模な低層集合住宅の中庭型の広場も、このセミパブリックスペースの1つといえる。

1970年代には、低層集合住宅ばかりでなく高層住宅にもこのセミパブリックスペースが提案された。神戸ポートアイランドに建設された「芦屋浜高層集合住宅」はその代表例である。19階建ての7階、12階、17階に設けられた共用スペースは、この共用スペースの上下各2層の住戸と共用階にある1住戸、都合17戸のセミパブリックスペースである。しかし、現在その共用スペースの大半は、単なる自転車置き場になってしまっている。計画と現実との間に乖離があり、今後の課題を提供している。

7.7.3 工夫された屋外空間

「住宅の質」が求められだしてから、集合住宅計画において飛躍的に向上した要素の1つに、広場や歩行者専用路などの屋外空間があげられる。図7.40のように、アスファルトやコンクリートで無造作につくられていた歩行者専用路はさまざまな模様の緑道に、無味乾燥な駐車場は芝生が植えられたボンエルフ型の駐車場に、何の飾り気もなく隅に追いやられていた駐輪場は広場の夜の照明装置を兼ねた施設に、ベンチはデザインを凝らしたものに変わった。

7.8 街・ストリートをつくる集合住宅①

近年の集合住宅計画には、これまでの集合住宅に見られなかった新しい考え方が加わりつつある。「周辺融合」「沿道型集合住宅」「ルーフストリート」などである。

7.8.1 周辺融合の手法

戸建て住宅が建ち並ぶ一般的な住宅地に、集合住宅が新たに建設されると、住民と集合住宅の居住者との間に摩擦が生ずる。年齢や所得階層の違い、自治会活動に対する意識差などが原因の1つであるが、原因はそればかりではない。日本の集合住宅は、戸建て住宅の「外庭型」の構え方（7.1節参照）をそのまま集合住宅にも当てはめ、外に対して閉ざされた、周辺と孤立した計画が多い。このことが、既存の住民と新住民との間の摩擦を一層助長する。

図7.41のライブタウン浜田山は、準接地型タウンハウスとして有名な集合住宅であるが、「周辺融合」の手法を取り入れた集合住宅でもある。この集合住宅は、団地の前面道路の反対側にも敷地を確保することにより、既存の道路を敷地内に取り込んだ形とし、周辺と団地とが自然な形で交わるようにしている。

図7.42のVIA 141は、敷地内に新しい道を確保することにより、T字路を十字路とした計画である。敷地内の道には店舗や画廊を設け、誰でもが利用できるようにするとともに、周辺住民のショートカットの道としても利用されている。

図7.43のアトリウムと題する集合住宅は、道路に対して半分閉じられた広場を持つ。この広場は、この集合住宅に中心性を与えると同時に、周辺の人々で賑わう毎月のガレージセールの場ともなっている。

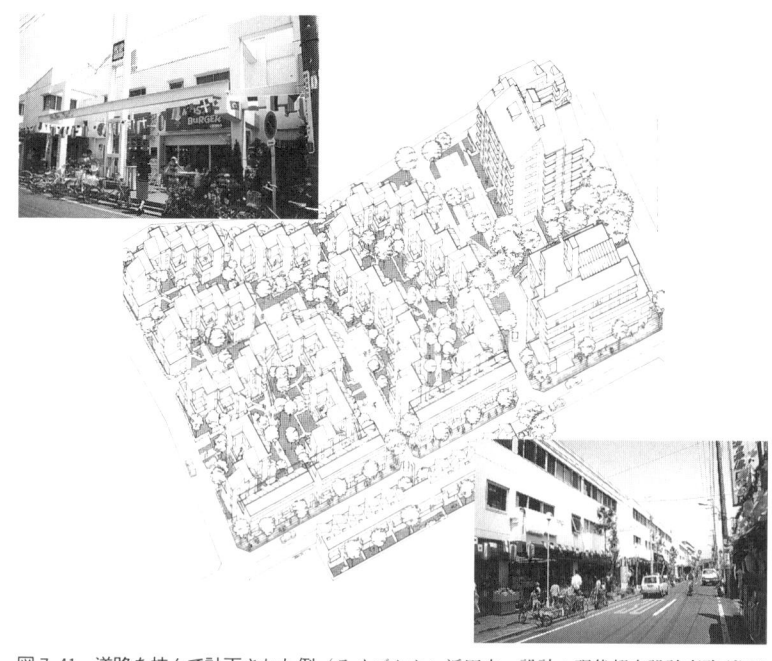

図7.41 道路を挟んで計画された例（ライブタウン浜田山，設計：現代都市設計事務所）[22]

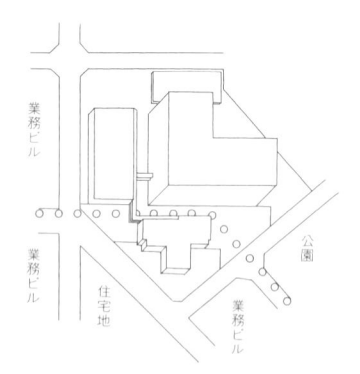

図7.42 開かれた小道のある集合住宅（VIA 141，設計：辰巳設計）

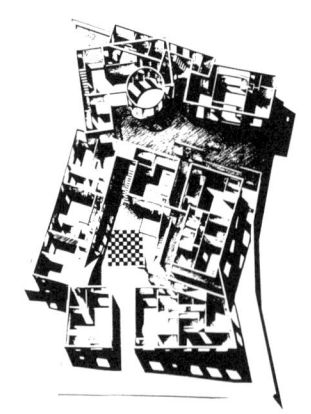

図7.43 中庭型広場のある集合住宅（アトリウム，設計：早川邦彦建築研究室，撮影：北嶋俊治）

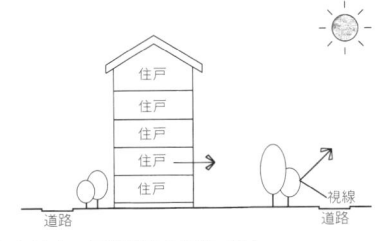

図7.44 街に建つヨーロッパの集合住宅（左）と日本の外庭型集合住宅（右）

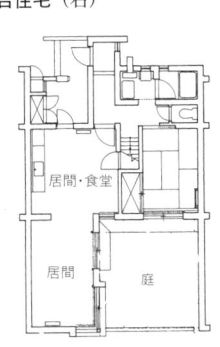

図7.45 マントゼロ型の例（タウンハウス諏訪，設計：住宅・都市整備公団，山設計工房）

図7.46 道を活性化させるプラス1型集合住宅（プロムナード多摩中央，設計：住宅・都市整備公団，坂倉建築設計事務所）

7.8.2 沿道型集合住宅

伝統的な「外庭型」の構え方は，団地内の各住棟の構え方（図7.44）にも影響を与えている。日本の住棟内の各住戸は，マント（外套）の役割をする植栽などの緩衝空間で守られている。その結果，歩行者専用路や緑道は，車道と切り離されているだけでなく，緑道沿いの住棟とも切り離されている。日本の集合住宅の歩行者専用路や緑道などが寂しいのはこのためであり，夜などには恐怖感さえ覚える場合がある。

昨今，この問題に対処する方法として「マントゼロ型集合住宅」や「フリースペースのある集合住宅」，さらに「中庭を持つ沿道型集合住宅」などが提案されている。

(1) マントゼロ型集合住宅

「マントゼロ型」のマントとは外套のことであり，集合住宅では住棟前のプライバシー保護のための緩衝空間のことをいう。マントゼロ型集合住宅とはこの緩衝空間を必要としない集合住宅のことを指す。

コモンアクセス型のタウンハウスとして名高いタウンハウス諏訪（図7.45）は，マントゼロ型集合住宅を敷地の両端にある共用庭どうしを結ぶ動線上に配置し，単調になりがちな計画に変化と都市的な外部空間の創出を図った事例である。

(2) プラス1のある集合住宅

図7.46のプロムナード多摩中央は，歩行者専用路に面する接地階の住戸に「フリースペース」と称する一室が付け加えられている。分譲時のパンフレットには，このフリースペースのことを，「たとえば絵画，音楽，織物，人形作り，パッチワークなど趣味や工房，アトリエ，教室などに使えるプラス1の空間」と紹介している。個室として使用している例もあるが，アトリエ，ギャラリー，教室などに使われ，道にほどよい活気を与えている。

7.9 街・ストリートをつくる集合住宅②

7.9.1 中庭を持つ沿道型集合住宅

欧米では1970年代後半より始まった「都市内回帰」が，日本でも最近現れ始めた。都市内回帰とは，住宅開発の波が郊外へと伸びた時期に住宅を取得した人々が，再び都市内に住もうとすることをいう。この動きに合わせ，日本でも既成市街地の中に新しく集合住宅を計画する動きがある。しかし，入手できる土地は小規模なものとならざるを得なく，大きな土地を前提とした従来型の面開発方法ではうまくいかない場合が多い。そこで，昨今登場したのが，「中庭を持つ沿道型集合住宅」である。マントゼロに近い状態で住棟を道沿いに配置し，ブロックの内部に静かな中庭を確保した計画である。図7.47は，この計画手法に従って建設された代表的な団地である。

7.9.2 住棟の中の街路

団地やニュータウンの中で寂しげな場所は，緑道や歩行者専用路ばかりでない。住棟の中の廊下も同じである。集合住宅の廊下は，下町の路地より狭いし，日は当たらず，その上，各住戸とも廊下に対し背を向けているのだから，寂しいのは当然である。このような現状を，少しでも解消しようとした提案が，日本でも最近見られるようになった。

（1）ルーフストリート

ルーフストリートとは，集合住宅の屋上に設けられた道（廊下）のことである（図7.48）。茨城県松代アパートは，4階に屋根のない幅広のルーフストリートを確保し，そこに比較的小規模なフラット住戸とメゾネット住戸を配置し，住戸内の明かりや気配がルーフストリートにも届き，下町の路地のような親しみのある屋外空間をつくり出している。

a) パティオス全景
（撮影：三島叡）

b) メインストリート

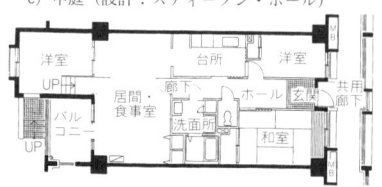

c) 中庭（設計：スティーブン・ホール）

図7.47 沿道型集合住宅の幕張パティオス（開発主体：千葉県企業庁）

a) イギリス，マーキスロード

b) 茨城県松代アパート（設計：大野秀敏）

c) 大阪府東大阪吉田住宅（設計：遠藤剛生）

図7.48 ルーフストリートの例

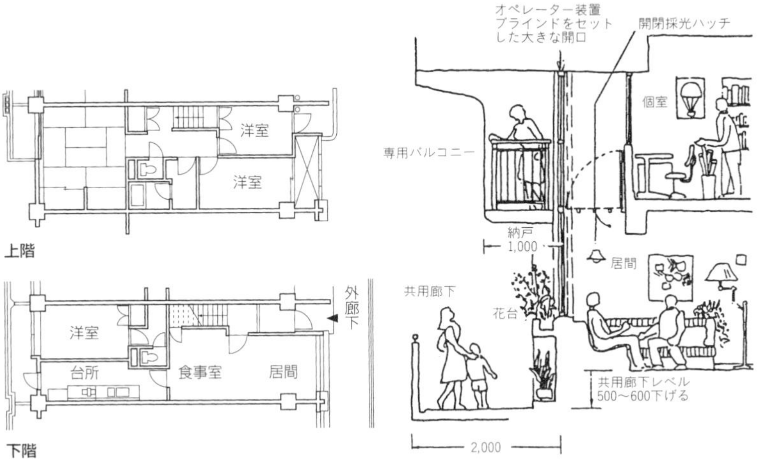

図7.49 リビングアクセスの葛西クリーンタウン・清新北ハイツ（設計：住宅・都市整備公団，構造計画研究所）[10]

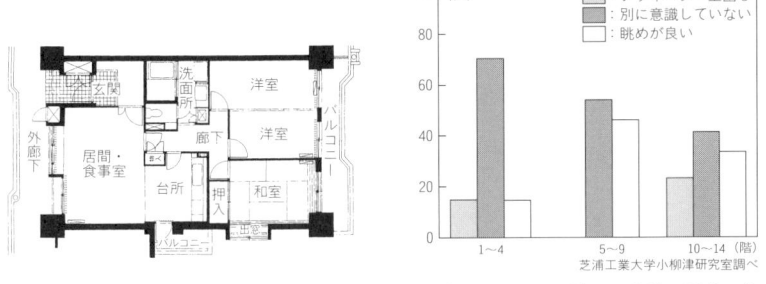

図7.50 リビングアクセスの八潮ハイツと居間のプライバシーに対する意識（設計：住宅・都市整備公団）

a) 清新北ハイツの廊下　b) 八潮ハイツの廊下　c) 玄関前アルコーブの表出

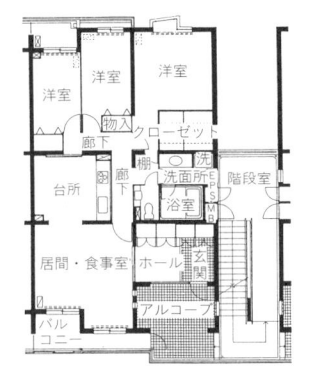

図7.51 バルコニーアクセスのベルコリーヌ南大沢5～6住宅（設計：アルセッド建築研究所）

（2）リビングアクセス

住棟の中の廊下に対する新しい提案は，ルーフストリートばかりではない。住戸内の居間を廊下側に配置することにより住戸の向きを廊下側に向けた「リビングアクセス」も廊下活性化の一方法である。図7.49の「葛西クリーンタウン」は各戸をメゾネットとし，居間は一層おきに確保された開放的で明るい廊下に面して配置されている。廊下からの視線に対しては，レベル差と窓台などで対処している。窓台に置かれた各戸それぞれの観葉植物は廊下に活気と個性を与えている。図7.50の八潮ハイツは，フラット住戸で構成されたリビングアクセス型の集合住宅である。東側の海が眺望できる居間と廊下との間にはレベル差が確保され，廊下からの覗き込みを防いでいる。調査からもわかるように廊下からのプライバシーの侵害に関して居住者は，さほど気にしていない。

（3）バルコニーアクセス

集合形態を工夫することにより，北側に確保されがちな階段室に日当りを確保し，この階段室からバルコニーを通って玄関に至る方式を，「バルコニーアクセス」という。バルコニーに飾られた植木や壺などが階段室にさまざまな表情を与え，階段室に活気が生まれる（図7.51）。

7.9.3 表出を促すアルコーブ

下町では自分の家の前に植木鉢や花が飾られる。郊外の住宅地では，正月に門松を飾ったり，表札や門扉に趣向を凝らす。このような，外に向かってしつらえる行為を「表出」と呼び，どこにでも見られる行為である。しかし，この表出を行い難い住宅がある。集合住宅がそれである。鋼製の扉が廊下に殺風景に並ぶ集合住宅には，居住者が表出を行う余地がない。写真は，廊下のアルコーブに表出が盛んに行われ，廊下に変化と個性が生まれた例である。

図表出典リスト

1) アサヒグラフ，1925年9月2日号，朝日新聞社
2) 建築文化，1991年3月号，彰国社
3) 延藤安弘・鮫島和夫・立成良三・杉本昇：これからのいえづくり・まちづくり 計画的小集団開発，学芸出版社，1979
4) エドワード・S・モース著，上田篤・加藤晃規・柳美代子訳：日本の住まい 内と外，鹿島出版会，1979
5) No. 8702 「型」の崩壊と生成 体験記述にもとづく日本住居現代史と住居論，住宅総合研究財団，1990
6) 大河直躬：住まいの人類学 日本庶民住居再考（イメージ・リーディング叢書），平凡社，1986
7) 初見学・小林秀樹・大野明男：都市の住態—社会と集合住宅の流れを追って—，長谷川工務店広報室，1987
8) 伊藤央子・高部和子ほか著：家庭一般，教育図書，1993
9) 公共住宅建設事業者等連絡協議会編：NPSによる設計計画の手引きと実例，住宅部品開発センター，1982
10) 日本建築学会編：コンパクト建設設計資料集成〈住居〉，丸善，1991
11) 笠嶋泰ほか：ゆとりある住まい，愛知ゆとりある住まい推進協議会，1992
12) 笠嶋泰・今井正次・松本壮一郎：寝室の位置関係からみた住戸内ゾーン概念の提案，日本建築学会計画系論文報告集，No 728
13) 初見学：メニュー方式の集合住宅（GA，1989年2月号，エーディーエー・エディタ・トーキョー）
14) 内田祥哉・巽和夫・深尾精一・高田光雄・近角真一・高間三郎：実験集合住宅NEXT 21（建築雑誌，増刊「作品選集1996」日本建築学会）
15) 笠嶋泰・今井正次：外部空間構成の違いからみた住み方に関する研究，大同工業大学紀要，第18巻，1982年11月
16) 鈴木成文・小柳津醇一・初見学：「いえ」と「まち」，SD選書190，鹿島出版会，1984
17) オスカー・ニューマン著，湯川利和・湯川聰子訳：まもりやすい住空間 都市設計による犯罪防止，鹿島出版会，1976
18) 山崎古都子：中高層分譲共同住宅の住戸接続形式の違いから見た近隣関係と近隣トラブル，日本建築学会論文報告集，第310号，1981年12月
19) 吉武泰水編，鈴木成文・栗原嘉一郎・多胡進著：建築計画学5 集合住宅 住区，丸善，1974
20) 市浦都市開発設計コンサルタンツ
21) 日経アーキテクチュア，1978年4月3日号，日経BP社
22) 都市住宅，1977年5月号，鹿島出版会

参考・引用文献リスト

＊1 吉武泰水編，鈴木成文・栗原嘉一郎・多胡進著：建築計画学5 集合住宅 住区，丸善，1974

8

計画から設計へ

　住宅についての概要を学び，ある条件のもとに今まで学んできたことを総合して計画した後，今度は具体的な形の決定という作業に移行する。この「計画から設計へ」という流れはあるところまでは理論的に進めることができても，最終的な形にする過程では個人の能力，感性，好み，経験，あるいは時代の流行といった理屈では割り切れないものに左右されることが多い。逆にいえば，そういう感覚的なものだけでも住宅の設計はできるということもいえるが，理論的につめられたベースがないものは，実際の建物となった場合，長い年月を生き延びる普遍性のある住宅にはなりえない。また，仮に，平面計画がうまくいったとしても構造的に成立するか，屋根がちゃんとのるか，建物全体のプロポーションが美しいかという立体的・造形的配慮もこの段階でほとんど決まってくる。どんなに格好良い住宅でも，法規制を無視する事はできないし，生活の変化や家族構成の変化にも，ある程度は耐えられなければならない。本章の第1節では敷地の条件と家族の条件を読みとりながら大まかな計画の流れを述べ，第2節以降は具体的な部分の設計の方法を示す。まず第2節では一般的な玄関と，玄関に他の機能を持たせた実例をあげ，第3節ではＬＤＫの基本型から応用型への変化の方法と，それによって生じる空間の豊かさを示し，第4節では家事労働に必要なスペースを住宅の中にどう組み込むと効率が良くなるか，第5節ではプライバシーを守り，かつ個性的な個室の作り方のさまざまな例を示す。第6節では建築基準法が規定するところの建ぺい率，容積率，高さ制限（道路斜線制限，隣地斜線制限，北側斜線制限），日影規制について，第7節ではハートビル法についてポイントを記し，特に階段・エレベーターに関しては図を示してその基準を解説している。

8.1 設計の考え方とプロセス

8.1.1 住宅を設計する前に

住宅を設計する準備段階は「敷地を読む」作業と「家族を読む」作業から始まる。「敷地を読む」とは，敷地を調査し同時に周辺の環境を調べることの両方からアプローチすることである。具体的には図8.1のような敷地の物理的条件，風土的条件，法規的条件など。「家族を読む」とは，家族構成や年齢だけでなく住まいに対する価値観や経済的事情を考えることである。一般的な家族構成は図8.2のとおりである。核家族率は戦後増え続けているが今後高齢者率が増加すると単身者，二世帯家族に移行する可能性もある。

(1) ゾーニング

住宅に必要な部屋や機能を模式図に表し，設計の基礎にする。

(2) エスキース

以上の条件を整理し，住宅の構成，玄関と駐車場，道路の関係，庭の取り方と具体的な形を決めていく。この段階で十分な時間をかけ，形状や機能の組合せの可能性を試してみることが大切である。部分をつめたり，全体に戻ったりするうちに全体像が浮かんでくる。この作業がある意味では設計の一番面白い部分であると同時に苦しみの時期でもある。うまくいかない時は，もう一度初期の条件を検討したり，組合せを変えたり，あるいは部分をつめたりしながら柔軟に対応する訓練が必要である。ある程度のメドがついたら立体的に矛盾していないか，屋根がうまく架かるか，全体のプロポーションがおかしくないかなどをチェックする意味でも簡単な模型を作りながら確認することが望ましい。

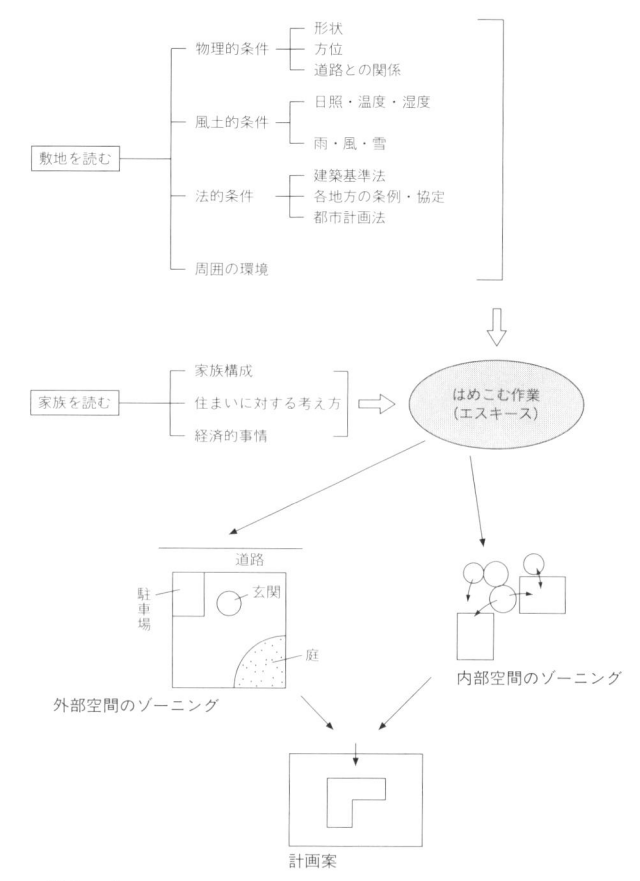

図8.1 設計のプロセス

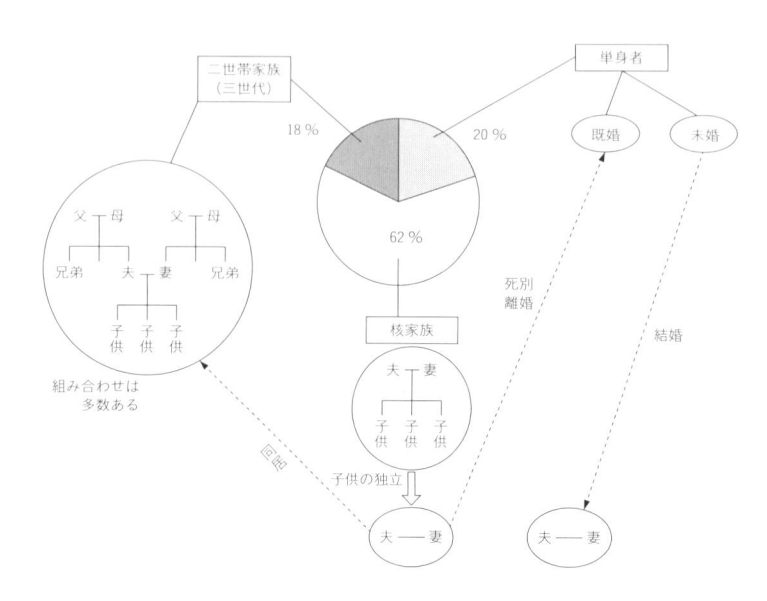

資料：国勢調査（1990年）普通世帯（施設入居者を除く）の割合による
図8.2 一般的な家族構成

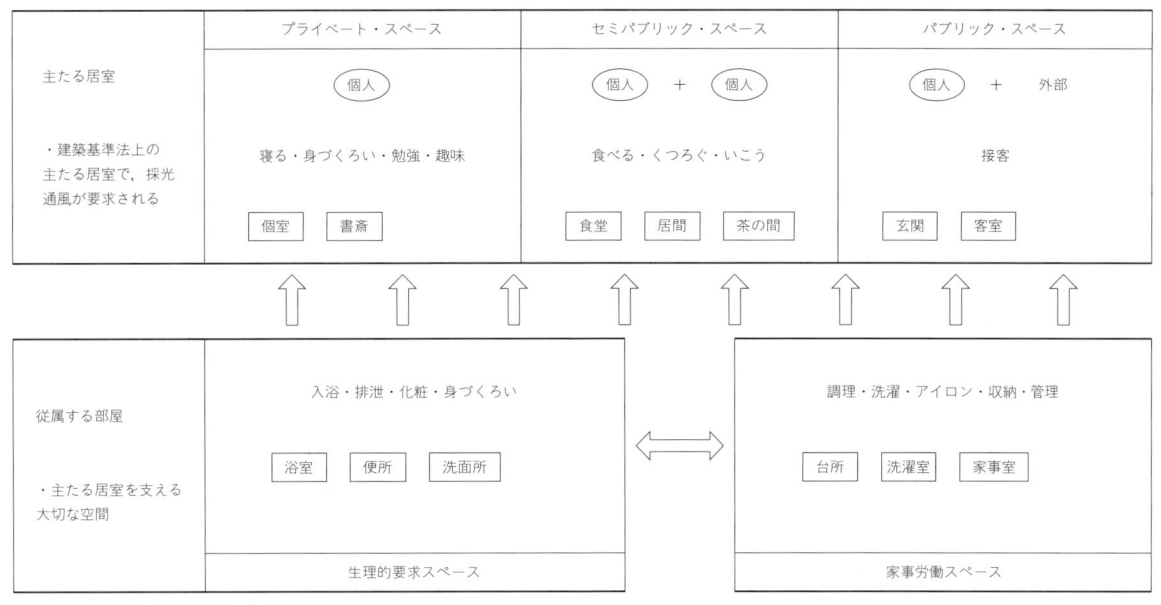

図8.3 住宅に求められる機能

主たる居室	プライベート・スペース	セミパブリック・スペース	パブリック・スペース
・建築基準法上の主たる居室で,採光通風が要求される	個人	個人 + 個人	個人 + 外部
	寝る・身づくろい・勉強・趣味	食べる・くつろぐ・いこう	接客
	個室　書斎	食堂　居間　茶の間	玄関　客室

↑ ↑ ↑　　↑ ↑ ↑　　↑ ↑

従属する部屋	入浴・排泄・化粧・身づくろい	調理・洗濯・アイロン・収納・管理
・主たる居室を支える大切な空間	浴室　便所　洗面所	台所　洗濯室　家事室
	生理的要求スペース	家事労働スペース

図8.3 住宅に求められる機能

図8.4 道路と玄関の関係

道路＼玄関	A	B	C
南	○見ばえ ◎日当り ×南の居室分断 ×庭の分断 ・見ばえの割に使いにくい	○見ばえ ◎日当り ○広い居室 ○やや広い庭 ・比較的難点が少ない	・西のBとほぼ同じ
北	○広い居室 ○広い庭 ○プライバシー ×日当り ×道路側に水回りの窓 ・見ばえの割に使いやすい	・東のAとほぼ同じ	・西のAとほぼ同じ
東	○広い居室 ○広い庭 ○日当り △東に台所をつくる時注意 ・玄関と勝手口の関係に気をつける	・南のBとほぼ同じ	
西	○広い居室 ○広い庭 ○日当り ○プライバシー ×冬場の風の吹き込み ・玄関アプローチに注意	○広い居室 ○やや広い庭 ○日当り △プライバシー ・難点が少ない	

▲ アプローチ
■ 主な部屋
● 庭

道路と玄関の関係を模式的に表したもの。縦軸は敷地に対する道路の位置を示し,横軸は通常考えられる玄関の位置を示す。次に住宅と玄関の関係に注目すると大きく6つのパターンに絞られる(二重ラインで囲ってあるもの)。次頁の魅力ある玄関回りに取り上げた例をこの表に当てはめて示してあるが,南Aタイプは格式的接客型住宅に見られる玄関で,住宅の内部空間を合理的に処理する場合は適さないことが多い。

図8.4 道路と玄関の関係

8.2　設計の手法① 魅力ある玄関回り

8.2.1　玄関の位置

　玄関の位置は基本的には道路との関係で決まってくる（図8.4）。最近は自動車の保有率が高まり駐車場に対する重要性が増しているばかりか駐車場の取り方により家の形状が左右されることもよくある。住宅内部の計画だけでなく庭の取り方など敷地全体の計画から総合的に決める必要がある。また，小住宅になるほど玄関からホール，階段へという動線のながれがほかの部屋の広さと有効性に影響を及ぼすので注意を払いたい。どんな小さな住宅でも玄関はその家の顔となる場所なので，来客に不快感を与えたり，ドアを開けたら家の中が丸見えになるような計画は避けたい。やむをえず玄関ホールに便所などが隣接する場合，ドアを正面に付けない，位置をずらす，飾り棚を付けるなどの工夫がほしい。

8.2.2　さまざまな玄関の例

　「一般型」は玄関からホール，廊下など中立的な空間を通って個々の部屋へ行くタイプ。どの部屋にも直接行くことができ，便利な反面，子供の出入りがチェックしにくいともいえる。「居間直結型」は小住宅でよく見られる例で，廊下を省いて直接居間，食堂などの主室につながるもの。家族が必ず居間を通って個々の部屋に行くことを意図している。「土間型」はタタキから靴を脱がないで土間に入り玄関以外の機能に利用しているもの。これは，「接客土間型」「ギャラリー土間型」「サービス土間型」「通り土間型」へと発展できる。「内庭観賞型玄関」は玄関の正面に坪庭や中庭が見え狭い空間でも来客を豊かな気分にさせることができる。

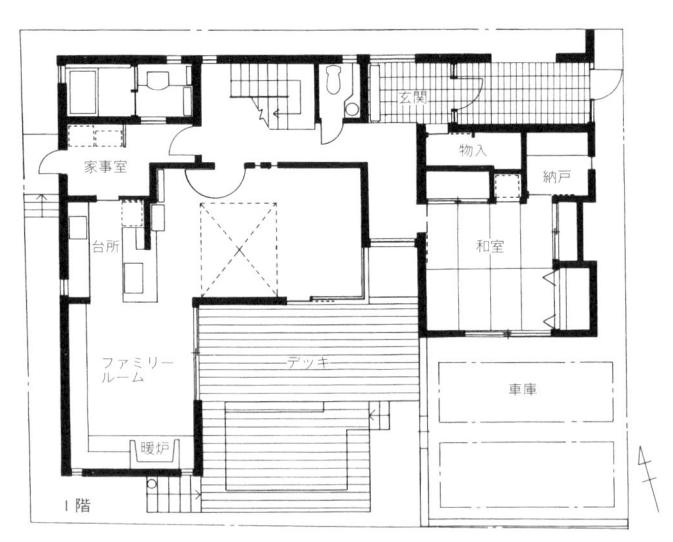

　ここでいう一般型とは玄関ホールが中立的な空間として計画してある場合をさしていて，家の中のどこへでも直接行くことのできるタイプをいう。この住宅は二世帯住宅で玄関脇の祖母の部屋と家族の共有空間を玄関ホールで分け，中立性を強調している。便所が隣接しているが玄関に立っている人から直接見えない。

図8.5　一般型の例（豊田栄町の家，設計：谷村留都）

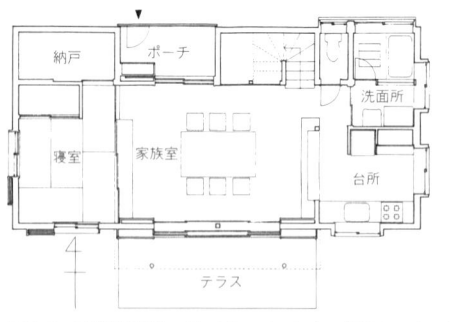

居間直結型は一般型とは対照的に居間を介してのみ各部屋に行くタイプをいう。子供が必ず居間を通るので，親と接する機会も多く，家族の連帯が深まるともいえる。コンパクトな住宅では廊下が省略でき効果的。この住宅の場合は風除室としての最小限の役割をしている。内外の接点としての玄関の機能の原型に近い。

図8.6　居間連結型の例（北Aタイプ，東松山の家，設計：田中敏溥）

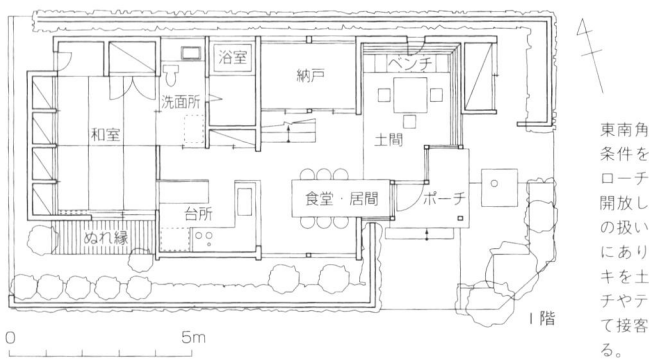

東南角地という立地条件を生かし，アプローチ空間を近隣に開放している。玄関の扱いもその延長上にあり，玄関のタタキを土間にし，ベンチやテーブルを置いて接客空間にしている。

図8.7　接客土間型の例（南Bタイプ，町に開く2階建ての住宅，設計：大野正博）

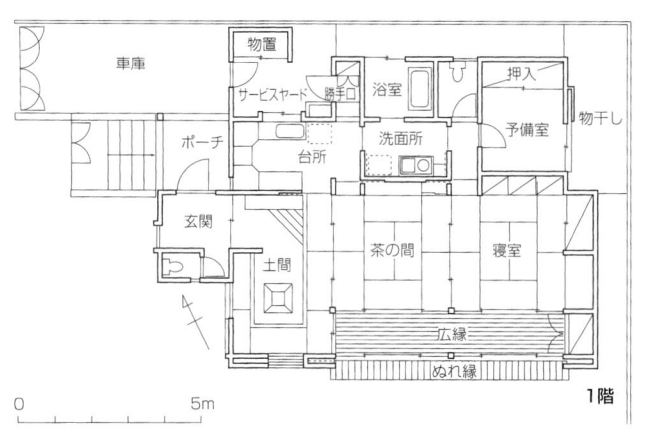

玄関の奥に靴を履き替えないで使用できる囲炉裏のある土間がある。畳の部屋は家族の生活空間で，土間は外と内の中間領域として利用できる。

図 8.8 接客土間型②（西Bタイプ，篠原の家，設計：長谷川敬）

狭小間口の都市住宅。奥まで通り抜ける土間は玄関，勝手口として利用するだけでなく，上部を吹抜けにし，家の中に光を取り入れている。

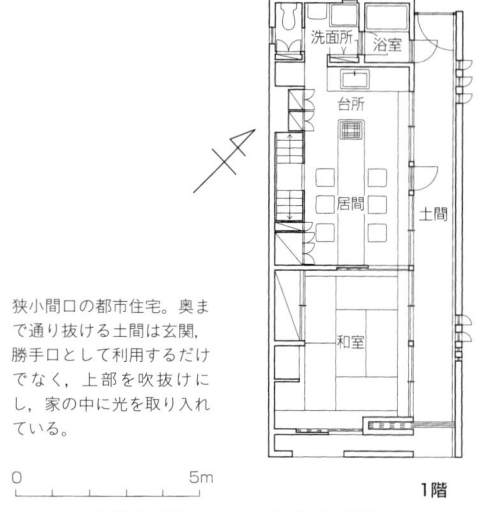

図 8.10 通り土間型（南Bタイプ，依羅通りの家，設計：竹原義二）

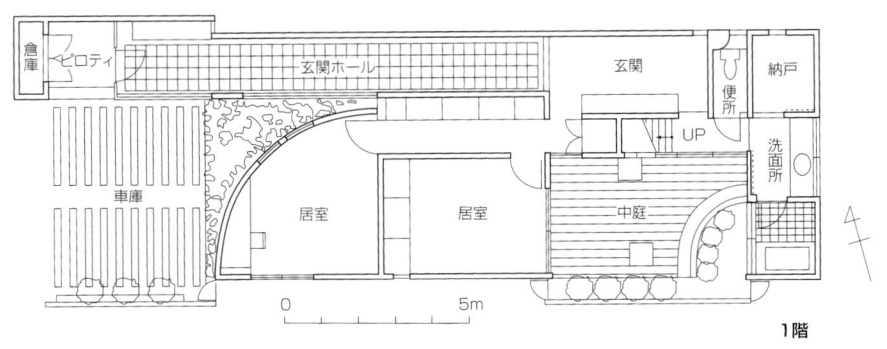

細長い敷地で，内部に至る長いアプローチに版画をかけ，ギャラリー空間に利用。車庫側をガラスにし，通りがかりの人も観賞できる。

図 8.9 ギャラリー土間型（西Aタイプ，ギャラリーのある家，設計：藤田義勝）

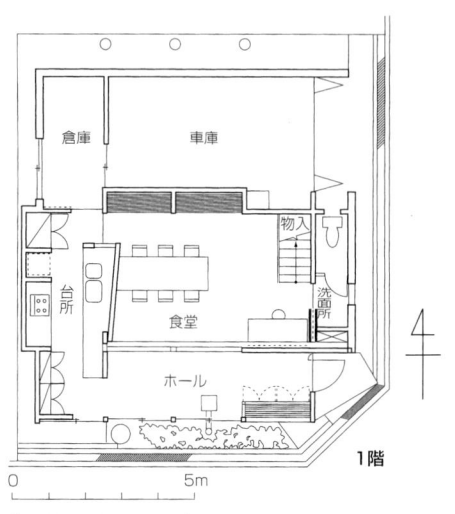

玄関土間を南間口いっぱいに作り，台所まで連続させ昔の農家の土間の機能を現代的に生かしている。また，土間には暖炉も置かれサンルーム的機能，縁側的機能も果たしている。

図 8.11 サービス土間型（南Bタイプ，林さんの家，設計：三澤文子）

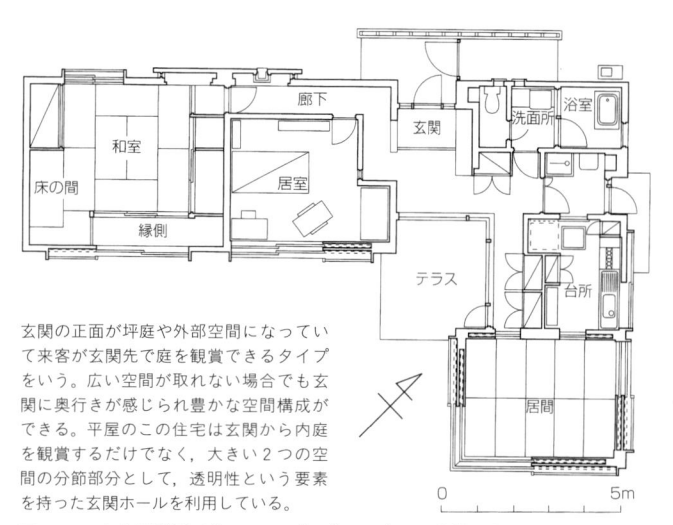

玄関の正面が坪庭や外部空間になっていて来客が玄関先で庭を観賞できるタイプをいう。広い空間が取れない場合でも玄関に奥行きが感じられ豊かな空間構成ができる。平屋のこの住宅は玄関から内庭を観賞するだけでなく，大きい2つの空間の分節部分として，透明性という要素を持った玄関ホールを利用している。

図 8.12 内庭観賞型（北Aタイプ，秩父の家Ⅱ，設計：小野正弘）

8.3 設計の手法② 楽しいLDK

8.3.1 LDKのつくり方

LDKをどのようにレイアウトするかは住宅全体の考え方に大きく影響するし，一番重視したいところである。伝統的な住宅では，Lの存在がなく，和室＋DKというスタイルが多かったが，現在は，Lにより重点がおかれるようになった。都市部になるほど2間続きの和室は減少し，1間の和室とLを続けて接客スペースに利用する場合が多い。LDKのそれぞれの組み合わせで，すべて独立したL・D・K型，Kのみ独立したLD・K型，Lを離したL・DK型に分類できる。ここでは，和室との関係は別として，LDKを3つの基本型に分類し，さらにパーツを動かすことで内部空間が充実する変化を示す。

8.3.2 LDKの基本型

LDKが南北方向に一列に並んでいるものを南北型，東西方向に一列に並んでいるものを東西型とする。東西型はKが東か西かで条件が異なるので，さらに西Lタイプと東Lタイプに分ける。これら3つの型をベースに，LやDを少しずつずらすことで計画の自由度が増すだけでなく，壁面が増えることで家具が置きやすくなったり，コーナーができるなど，内部空間が豊かになることがわかる。同時に外部にも場ができ，庭やテラスもつくりやすくなる。

8.3.3 新しいLDK

都市部で住宅が密集し，日当りのわるい場所や幹線道路に面している場所では，2階にLDKをつくり，少々暗くてもかまわない寝室を，1階につくる2階リビング型の住宅も増えている。

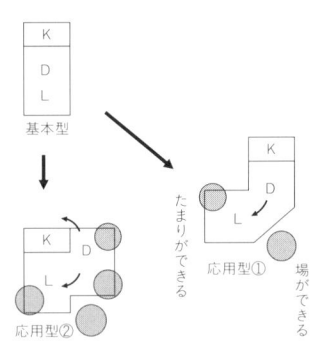

南北型は基本型のように縦にLDKが並んだタイプ。シンプルだが壁によるコーナー部分がなく，家具で用途を仕切ることになる。LDの一部が通路となる場合L部分の落ち着きがなくなるので注意。応用型①はLを西にずらすことでLの独立性が強くなり，Dも南面し明るくなる。応用型②はさらにKを西にずらしDにもコーナー部分ができる。

図8.13 南北型の概念図

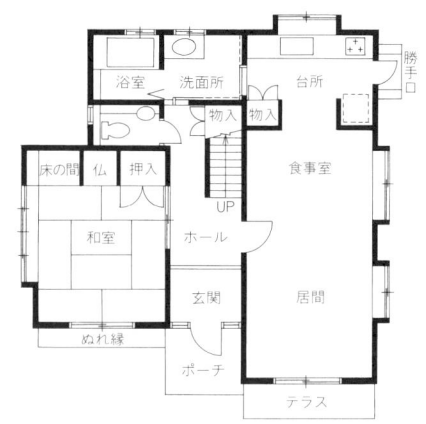

一般的で設計が簡単でコスト節減しやすい。和室を主要な接客空間とし，Lは茶の間的な用途に。

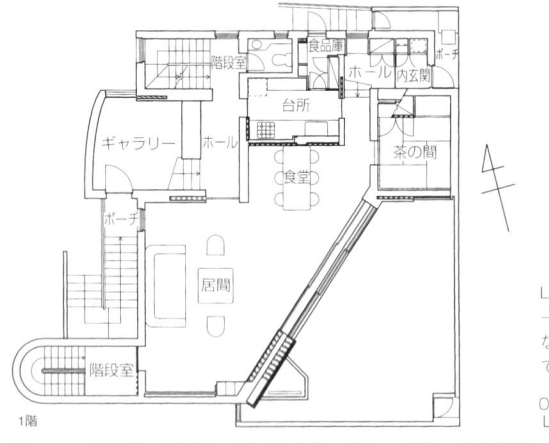

図8.14 南北型基本型の例

Lを西にずらすことでコーナーができ，Lの独立性が強くなり，接客空間としても利用できる。

図8.15 南北型応用型①の例（白金台の家Ⅰ，設計：永田昌民）

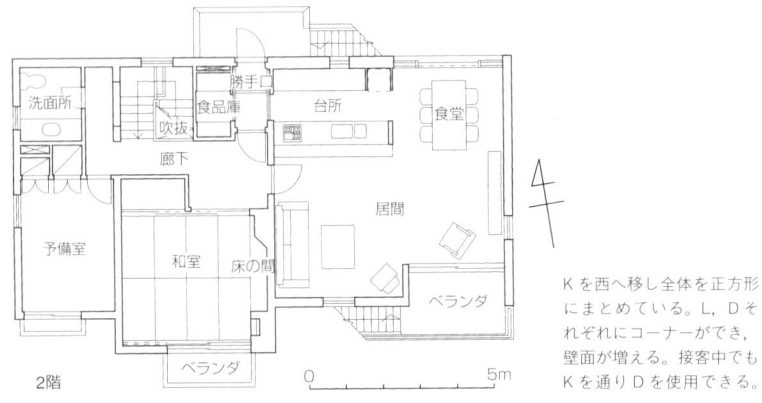

Kを西へ移し全体を正方形にまとめている。L，Dそれぞれにコーナーができ，壁面が増える。接客中でもKを通りDを使用できる。

図8.16 南北型応用型②の例（グレイ・グラデーション，設計：村田靖夫）

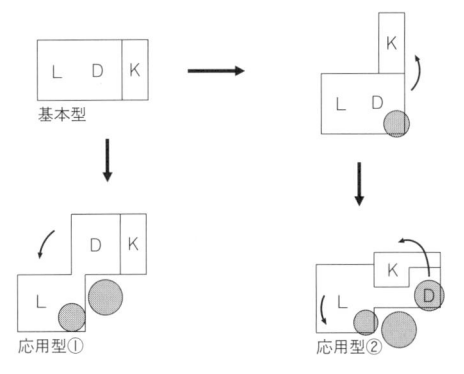

図8.17 東西型（西Lタイプ）の概念図

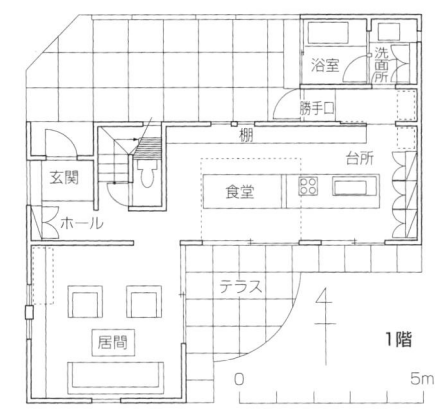

東西型（西Lタイプ）の基本型は西から順にLDKが並んだタイプをいう。応用型①はLを南へずらし独立性を強めたもの。応用型②はLDを南へずらし、さらにKを反時計回りに90度動かし、KがLとDの中央に位置するタイプ。

図8.18 東西型（西Lタイプ）基本型の例

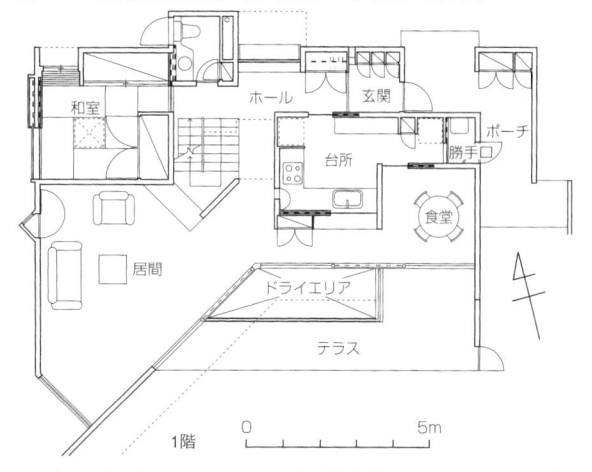

南北型に比べDKの採光はよくなり、ドアの位置でLの独立性はよくなる。

図8.19 東西型応用型①の例（茶畑の家、設計：黒木実）

Lが玄関のすぐ脇にあり独立性が強い。LとDで外部にも、たまりとしてのテラスができる。この住宅ではDとKが連続した空間となっている。

図8.20 東西型応用型②の例（千歳船橋の家、設計：永田昌民）

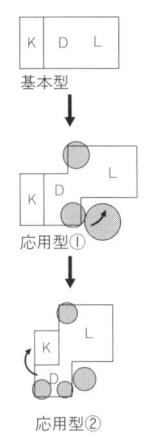

Kの南のカウンターハッチスペースが廊下的空間になっている。LとDはつながりながらも別々に使用することもできる。

図8.21 東西型（東Lタイプ）の概念図

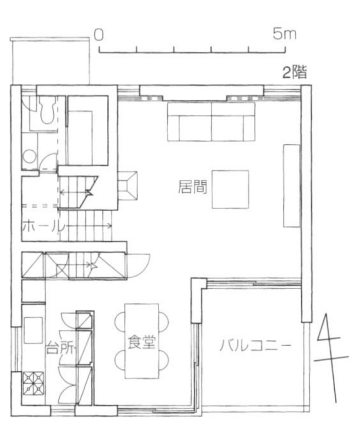

東西型（東Lタイプ）の基本型は東から順にLDKが並ぶ。応用型①はLを北へずらし東南角の明るい場所をDにしている。応用型②はLを北へずらしさらにKも北へずらし、LとDの間に割り込んでいる。LDKの関係は西Lタイプの応用型②と同じになる。

図8.22 東西型応用型①の例（三鷹の家、設計：永田昌民）

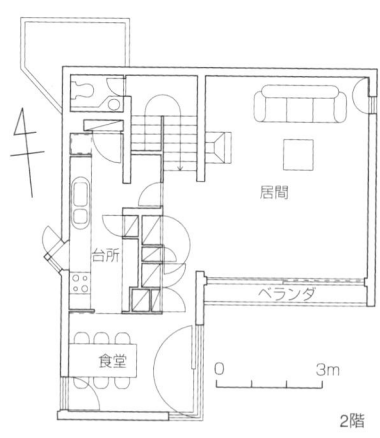

Lを北へずらしLDでバルコニーを囲む形に。このプランはDとバルコニーのつながりが強くなり、食事空間が充実する一方、北のLは落ちついた空間となっている。

図8.23 東西型応用型②の例（大蔵の家、設計：永田昌民）

Kを中心にLとDの独立性が強いL・D・K型に近いプラン。Kは水回りや階段などのつながりがよくなる。

8.4 設計の手法③ 合理的な家事スペース

8.4.1 家事労働とスペース

　家庭内家事労働は、図8.24の組織図程度のものが考えられる。頻度や重要度は、各家庭で差はあるが、最近の傾向としては、衣食住の多くを外部に依存する割合が増加しており、さまざまな情報の管理機能が新しい家事となっている。電話以外にファックス、コンピューターも普及が著しく、家庭におけるオフィス機能の必要性が増している。一般的な家庭の家事スペースは、専用スペースとして台所があるのみで、洗濯スペースは洗濯機置場が洗面所の一部にあるケースが多い。洗濯という行為は、脱衣、仕分け、洗濯、乾燥、取り込む、たたむ、収納という一連の作業を念頭に考えなければならない。衣類以外に運動靴、汚れた下着の下洗い、雑巾など手洗いするものもある。裁縫は家庭により行為の差が大きく、ミシンなどの収納スペースの確保のみで済む場合もある。頻繁に行われる家庭では専用の部屋が必要になる。アイロンかけも家事労働の軽減化や衣類の変化により少なくなっているが、皆無とはいえないし、裁縫を行う場合は同時に必要になってくるので、いつでも使える状態にしておきたい。アイロンかけ単独で考えると必ずしも専用スペースの必要性はなく、収納場所さえあればほかの部屋で兼用できる。以上のことを考え合わせると、一般的に台所、洗濯室、オフィススペースの3つが必要で、また各々に相応しい収納が用意されていることが望ましい。この3つを、台所を中心として、家事の効率を高めるよう配置することは必須だが、3カ所が必ずしも空間的に連続していなくてもよい。

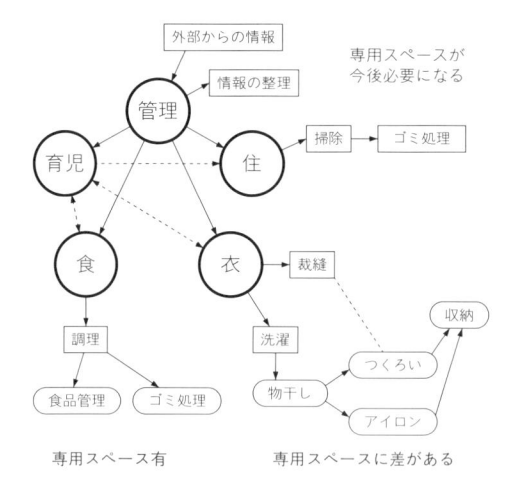

図8.24　家事労働の組織図

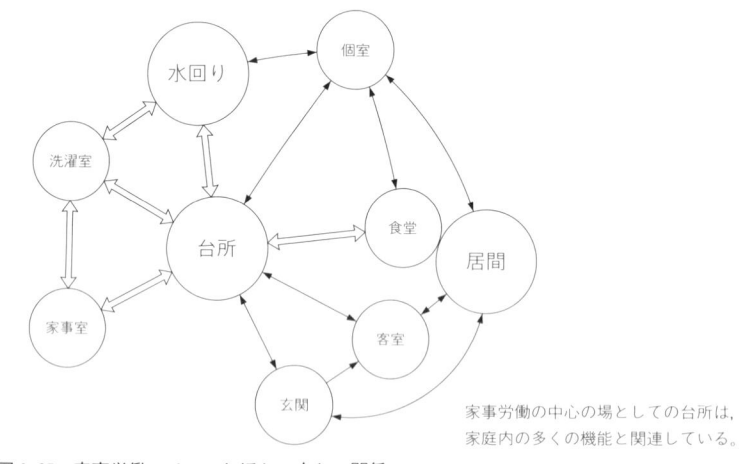

図8.25　家事労働スペースとほかの室との関係

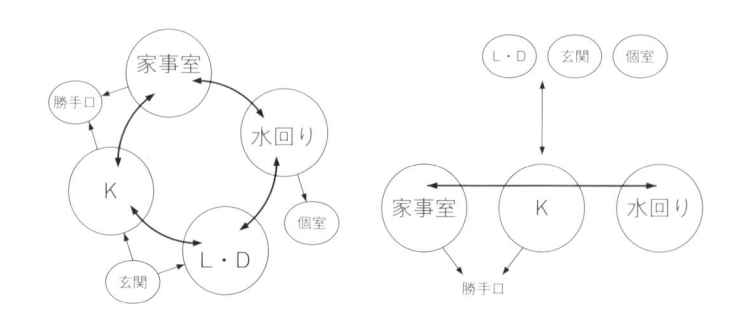

図8.26　旋回型と直線型ゾーニング図

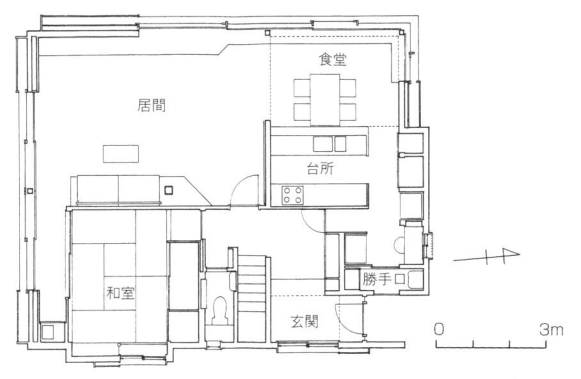

a) 保土ヶ谷の家（設計：田中敏溥）

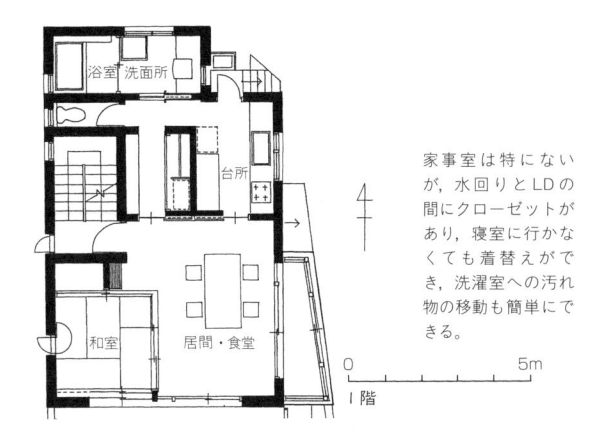

水回りが2階にある例で，玄関ホールからの階段で行きやすい。家事室からの勝手口は外部にも近い。

b) 丸山町の家（設計：谷村留都）

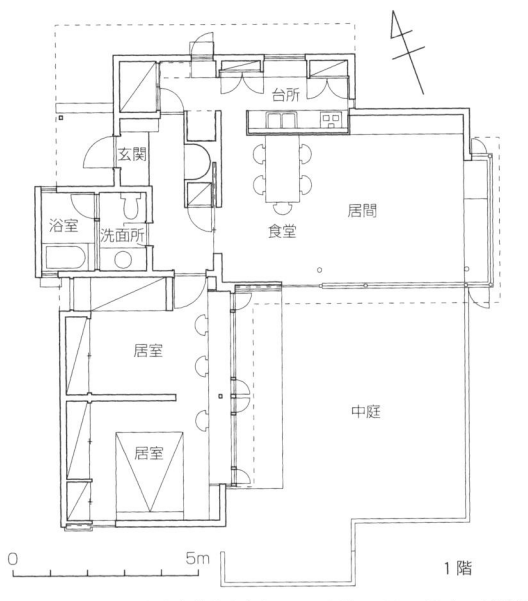

家事室は特にないが，水回りとLDの間にクローゼットがあり，寝室に行かなくても着替えができ，洗濯室への汚れ物の移動も簡単にできる。

c) 新座の家Ⅲ（設計：益子義弘）

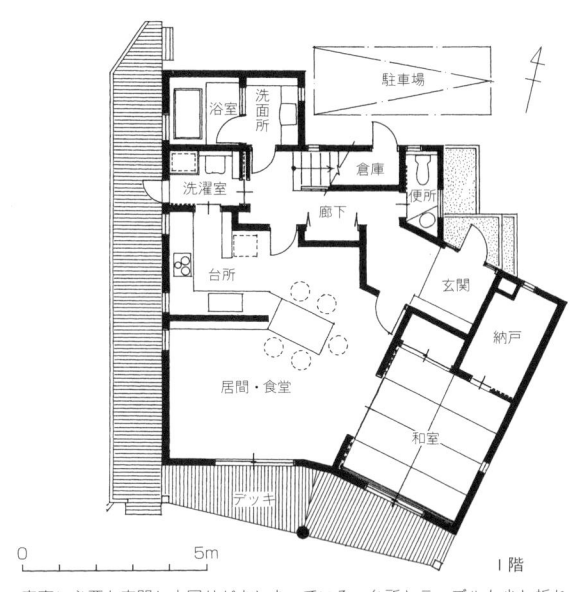

平屋でコンパクトな家事動線を中心に，Dを通ってLに行く。玄関脇に水回りがあるなど接客型というより合理的な家族中心的プラン。

d) 鹿子殿の家（設計：谷村留都）

家事に必要な空間と水回りがまとまっている。台所とテーブルも少し折れ曲がっていてつながっている。洗濯室から直接物干し用デッキに出ることができる。

図8.27　旋回型の例

a) 風土間の家（設計：片山和俊）

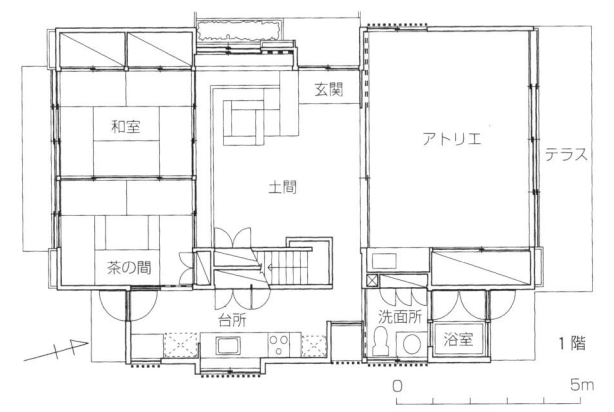

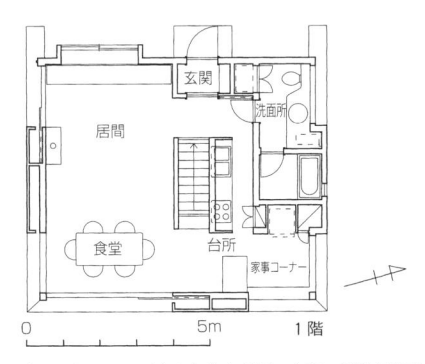

Kを中心に家事室，水回りが一直線にレイアウトしてある。Kと水回りの間に空間があり，Kを通らず水回りを利用できる。

b) 新座の家Ⅱ（設計：益子義弘）

廊下のないコンパクトな住宅だが，台所の通路が背面の水回り空間と家庭内オフィスをつなぐ家事動線の役割を兼用している。主婦の居場所としての家事コーナーがきちんとつくられており，合理的な平面計画になっている。

図8.28　直線型の例

8.5　設計の手法④　個室の分離と結合

8.5.1　個室のつくり方

日本の伝統的住宅には個室という発想はなかった。畳の部屋は状況に合わせ自由に使い回しができるという長所がある一方，プライバシーに欠けるという短所がある。

西洋の個室スタイルが住宅に取り入れられるようになり，その個室が夫婦室，子供室というように機能を持つようになった。住む人を特定しない住宅では機能を特定しない個室をつくるが，注文住宅ではその家族にふさわしい個室のつくり方に工夫を凝らしている。

（1）一般型

一般的な住宅では2階に個室を3室とる例が多く，南に3室とれる場合と北に1室をとらなければならない場合とで多少の差はあるものの，いずれの部屋も誰が使用してもよいという融通性がある。しかし，壁1枚ではプライバシーの維持が困難だったり，空間構成が単調になるという問題もある。

8.5.2　工夫のある個室

子供室と夫婦室では部屋の広さや収納量に対する要求の差がある。また子供室は子供の数，年齢，性別あるいは子供に個室を与えるか否かの考え方の違いが大きな要素となるので同じような無個性の部屋を用意するだけでは対応しきれない。以上を基本にした上で，子供室と夫婦室のプライバシーを確保する方法として次のような応用が考えられる。①「ずらし型」：面をずらすことで分離する，②「クッション分離型」：間に水回り，納戸，吹抜け，ベランダなどを配して分離する，③「階分離型」：1，2階の面積を調整する意味もあり，階を変えることで分離する，などである。

一般的な2階の個室の例。広さに多少の差はつけてあるが，3室仲良く南面しておりバルコニーも南に幅広くという一般的スタイル。

図8.29　一般型の概念図と実例

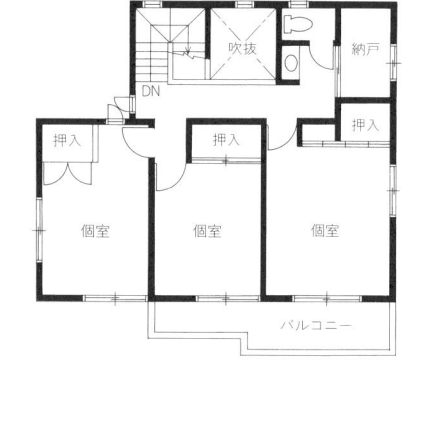

間口が狭いとき，やむを得ず1室北になっている例。南北の個室に差が出るので，何か別のもので解消させるとよい。

図8.30　一般型の概念図と実例

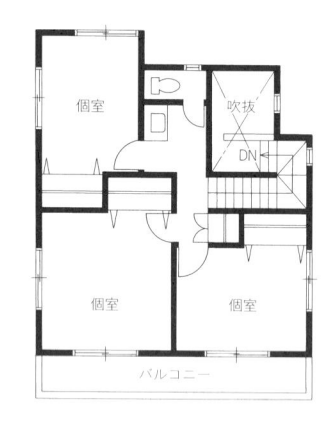

南に3室面しながら単なる横並びではなく面をずらして直接接する壁を少なくしているタイプ。主寝室と子供室のプライバシーを配慮する場合に有効。

南間口の幅が十分でない場合，主寝室につながる納戸を北にずらして調整し，各室が均等に明るくなり，プライバシーも配慮できる。

図8.31　ずらし型の概念図と実例

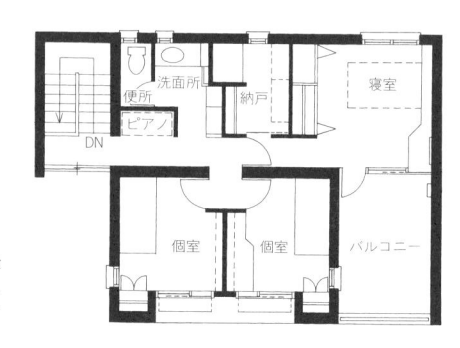

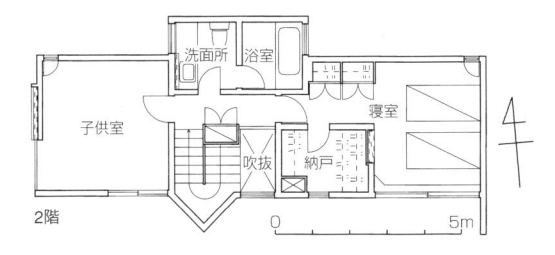

2階中央の南を階段室,納戸,北を水回りとし,両サイドを各個室にしたプラン。共有できる空間をクッションとして利用し,廊下面積も押さえている。

a) 納戸・階段分離タイプ（千歳船橋の家,設計：永田昌民）

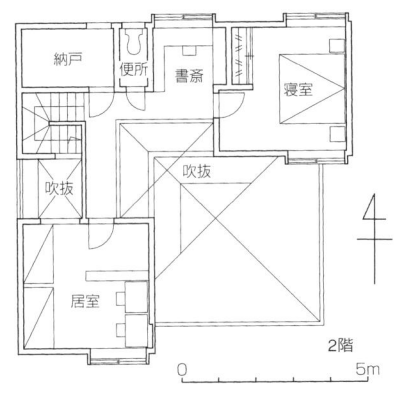

個室を面でずらし,さらに吹抜けをクッションにしている。吹抜けの廊下に面して書斎があり,ファミリースペースとして開放感ある空間となっている。

b) 吹抜け分離タイプ（六浦の家,設計：小野正弘）

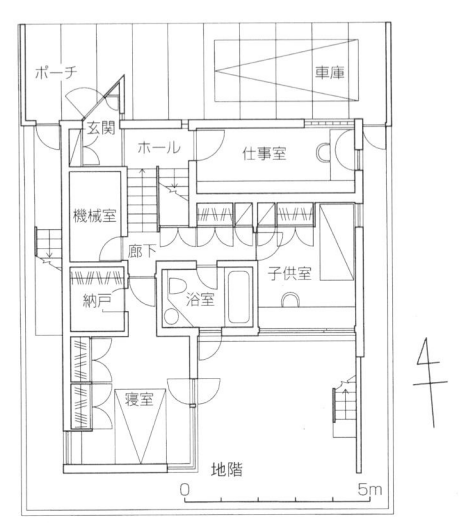

個室をL型に配して面をずらした上,さらに中間の水回りをクッションとしている。廊下が暗くなりがちだが高窓や階段室からの採光で工夫できる。

c) 水回り分離タイプ（大蔵の家,設計：永田昌民）

図8.32 クッション分離型の実例

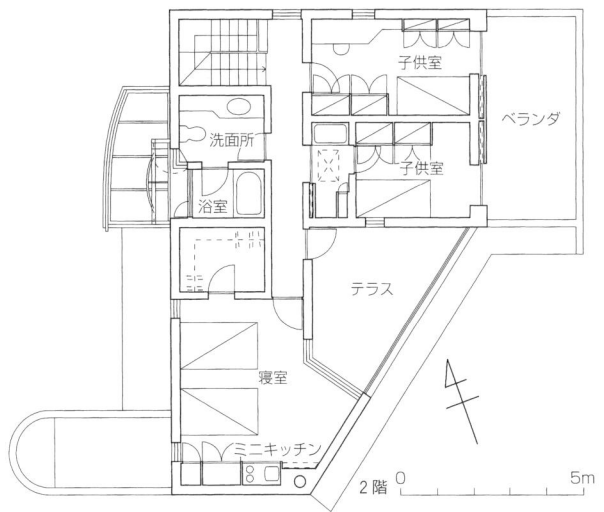

テラスを囲むよう個室をL型に配している。子供室は東向きだが2室が均質になるよう配慮してある。階段,水回りへのつながり方も短い廊下でうまく処理してある。

d) テラス分離タイプ（白金台の家Ⅰ,設計：永田昌民）

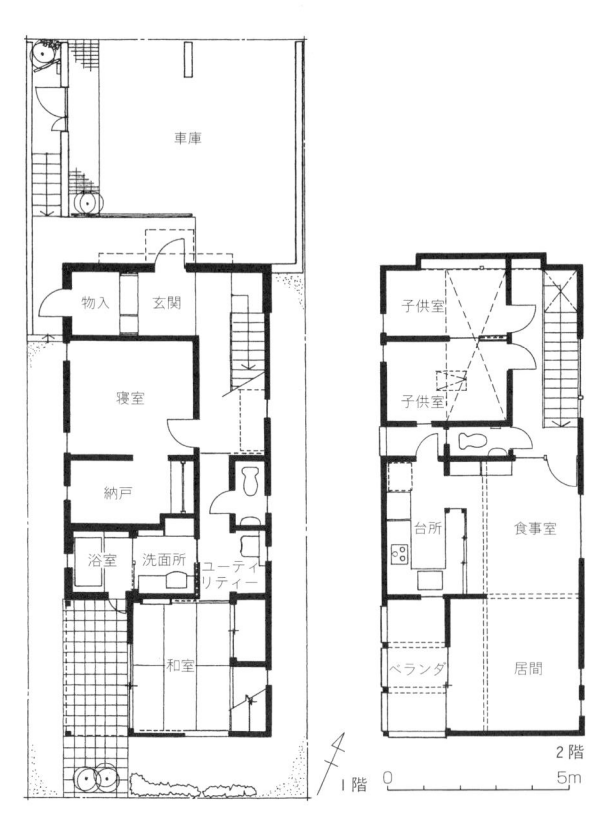

この住宅は,2階にLDKがあるので親の目の届く場所に子供室をつくっている。

図8.33 階分離型（勢子坊の家,設計：谷村留都）

8.6　設計に関わる法律

8.6.1　法令・建築基準法

建築物に関する法律は，非常に多種類にわたり，建築物の性能・設計・施工および用途や周辺環境との関係など，あらゆる面に対応する法令が定められている（表8.1）。これらのうち，建築基準法は，建築に関する法律の必要最小限事項を記しており，建築物の総合的な安全性の確保および，建築物相互の関係などを規定している。都市計画法，消防法，下水道法，建築物の衛生的環境の確保に関する法律，建築設備関係の法規，その他多数の法規が，建築基準法と有機的関係を保ちつつ，その建築物内で人の生命および財産の保護が正しく図られるように構成されている。

建築基準法の構成は主に，建築物の構造，防火避難および，衛生上の管理について規定する単体規定と，建築物の用途・構造その他について規定する集団規定から成り立っている（表8.2）。その他に，それらを遵守させるため必要とされる各種手続きや罰則，その他の制度上の規定を含んだ総則関係規定がある。

8.6.2　建ぺい率

建ぺい率とは，**建築面積**の，敷地面積に対する割合のことをいい（図8.34），同一敷地内に2つ以上の建築物がある場合は，その建築面積の合計について算定される。

建築面積には，地階で地盤面上1m以下にある部分，軒・庇およびバルコニーなど開放性を有するもので，当該中心線から水平距離1m以内の部分の水平投影面積は，面積に算定しなくてよい（ただし，柱や主要な構造体で囲まれたポーチなどは算定対象となる）。

建ぺい率の制限目的は，敷地内に

表8.1　法令の種類

適用範囲	法令	建築に関する法令の例	内容
全国	憲法		国の組織と活動の根本的事項を定めた法（法令の最高位）
	法律	建築基準法，消防法	国民の権利を制限したり義務を課するもの（国会の議決を経て制定）
	政令	建築基準法施行令，消防法施行令	法律の具体的な事項を示したもの（内閣が制定）
	省令	建築基準法施行規則	主に手続き関係を定めたもの（各省大臣が制定）
	告示	建設省告示	法令規定の補則（各省大臣が知らしめる）
	通達	建設省住宅局建築指導課長通達	法令の解釈・運用方法・職務執行上の細目（役所間の指示内容）
地方公共団体の区域内	条例	都道府県市建築基準条例	一般に法令より委任された事項（地方公共団体が議会の議決を経て制定）
	規則	都道府県市建築基準法施行細則	主に手続き関係を定めたもの（地方公共団体の長が発する命令）
	要綱	市の指導要綱	役所の指導の内容で一般に守るべきとされているが強制力はない（議会の議決は必要なく役所の立場で定める。変更が多い）

表8.2　建築基準法の構成

規定		内容	備考
総括規定		法令全体に共通する一般的，総括的な事柄を表した規定	目的（法1），用語の定義（法2）
実体規定	単体規定	個々の建築物の安全性を確保するための技術的基準で全国一律に適用される規定	第2章法19～法41
	集団規定	土地，建物が安全かつ合理的に利用され，都市の秩序が保たれるための基準で，都市計画区域内に適用される規定	第3章法41の2～法68の9
制度規定		確認事務と建築主事，特定行政庁，建築協定，建築審査会，違反建築物と罰則	法4，第4章，第5章，第7章，法9
手続規定		建築物に関する確認，許可など，建築物に関する諸届など 特殊構法による建設大臣の認定	法6，法15，法38

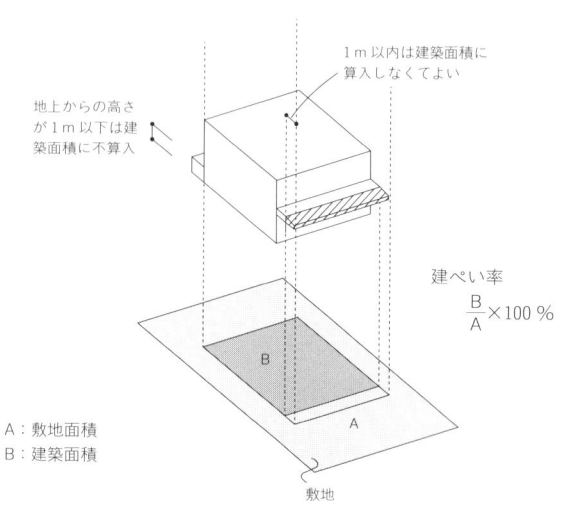

図8.34　建ぺい率

建ぺい率 $\dfrac{B}{A} \times 100\%$

A：敷地面積
B：建築面積

表8.3 用途地域の種類と内容

地域		内容
住居系	①第1種低層住居専用地域	低層住宅に関わる良好な住居環境の保護を図る地域
	②第2種低層住居専用地域	低層住宅に関わる良好な住居環境を保護し，日常生活の利便のための小規模店舗の立地を認める地域
	③第1種中高層住居専用地域	マンションなどの中高層住宅に関わる良好な住居環境を図る地域
	④第2種中高層住居専用地域	マンションなどの中高層住宅に関わる良好な住居環境を保護し，生活に必要な利便施設の立地を認める地域
	⑤第1種住居地域	用途の混在する地域ではあるが，大規模店舗・事務所および風俗営業などを制限して住居の保護を図る地域
	⑥第2種住居地域	用途の混在する地域であり，特に生活環境を害するおそれのあるものを除き，住居の環境を守る地域
	⑦準住居地域	住居系地域のうち，自動車関連施設などと住宅が調和して立地する，住居の環境整備を図る地域
商業系	⑧近隣商業地域	副都心的役割を持つ地域で，近隣の住宅地の住民のための店舗・事務所などの利便の増進を図る地域
	⑨商業地域	都市の中心部を主として店舗・商業・事務などの活性化を図る地域として保護し育成する地域
工業系	⑩準工業地域	種々の用途の建築物が混在していても，他の環境を悪化しない程度の工業の利便の増進を図る地域
	⑪工業地域	住宅および小規模店舗・娯楽施設などの混在はやむを得ないが，工業の増進を主として図る地域
	⑫工業専用地域	工業の利便の増進を図るために，住宅・商業などの施設を排除し，また，そのために計画し整備される地域

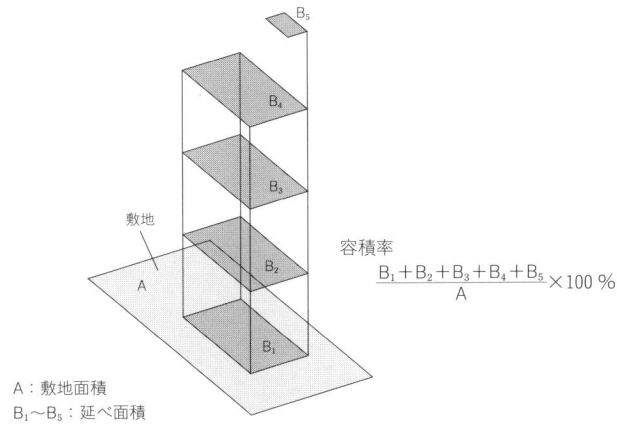

容積率
$$\frac{B_1+B_2+B_3+B_4+B_5}{A} \times 100\ \%$$

A：敷地面積
$B_1 \sim B_5$：延べ面積

図8.35 容積率

空地をある程度確保することにより，通風，日照，採光，防災など市街地の環境条件を良好に保つことにあり，用途地域（表8.3）や地区ごとに限度が定められている。

制限の異なる2つ以上の地域に敷地がまたがる場合は，その敷地の最大建築面積は面積加重平均の値とする（図8.36）。また，近隣商業地域，商業地域以外で防火地域内にある耐火建築物や，角地にある敷地で特定行政庁が指定したものに関しては，都市計画で定められた建ぺい率に1/10（2つ該当するものは2/10）を加えることができる緩和措置がある。

8.6.3 容積率

容積率とは，建築物の**延べ面積**の敷地面積に対する割合のことをいい（図8.35），同一敷地内にて2つ以上の建築物がある場合には，その延べ面積の合計について算定される。容積率の限度は，敷地に指定されている指定容積率と道路幅員による容積率のうち，いずれか厳しい値を容積率の限度とする（表8.4）。道路幅員による容積率は，前面道路（2つ以上あるときは幅員の最大のもの）が12m未満のもので，住居系用途地域，特定行政庁が指定した地域においては，前面道路幅員に4/10を乗じて，近隣商業地域，商業地域，工業地域，準工業地域，工業専用地域，用途地域の指定のない区域においては，6/10を乗じたものとしている（表8.4）。また，敷地が容積率制限の異なる2つ以上の地域または区域にまたがる場合は，その容積率は，面積加重平均の値とする（図8.37）。敷地が特定道路（幅員15m以上の道路をいう）に接続する幅員6m以上12m未満の前面道路のうち，特定道路からの延長が70m以内の部分に接する場合は，容積率を令135条の4の5の計算式により道路幅員による割増しをする

ことができる（図8.39）。

前面道路に**壁面線**指定がある場合，許可を受ければ，壁面線を道路境界線とみなして容積率を算定できるが，前面道路と壁面線間の部分は，敷地面積に算入できない（図8.38）。

住宅の用途に供する地階は，地階の天井が地盤面（平均地盤面）からの高さ1m以下にある場合，住宅の用途に供する部分の床面積の合計の1/3を限度として，延べ面積に算入しないでよい。

小屋裏物入（グルニエ）においても，天井高1.4m以下のもので，収納可能な可動式階段で使用するものは，直下階の床面積の1/8以内であれば延べ面積に算入されない。

外気に有効に開放されている部分の高さが，1.1m以上であり，かつ幅員が天井の高さの1/2以上あるバルコニー，開放廊下などは，幅2mまでの部分を床面積に算入しなくてよい（ただし，隣地境界線から50cm以上（地域によって異なる場合あり），敷地内の他の建築物またはその部分から2m以上離れている部分であること）。

出窓においては，下端の床面からの高さが30cm以上あること，周囲の外壁面からの水平距離が50cm以上突き出ていないこと，**見付面積**の1/2以上が窓である場合は，延べ面積に算入されない。

8.6.4 高さ制限

市街地における上空の開放空間を確保し，視覚的な開放感や採光・通風・日照などの環境を良好に保つために，建築物の各部分の高さ制限が設けられている。

絶対高さとして第1種・第2種低層住居専用地域の建築物の高さの限度は，原則として10mまたは，12m以下（特定行政庁が許可したものはこの限りでない）と規定されている。ただし，塔屋の用途で，階段

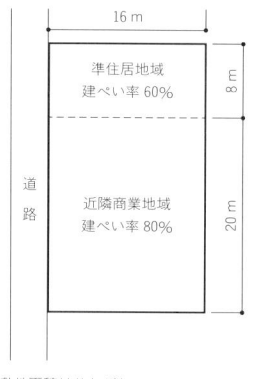

敷地面積はそれぞれ
準住居地域　$16 \times 8 = 128\,m^2$
近隣商業地域　$16 \times 20 = 320\,m^2$
この敷地に建築できる最大建築面積
$128 \times \frac{6}{10} + 320 \times \frac{8}{10} = 332.8\,m^2$

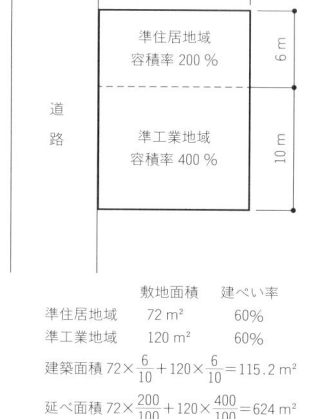

図8.36 敷地が2つ以上の地域にまたがる場合の建築面積の求め方[1]

	敷地面積	建ぺい率
準住居地域	$72\,m^2$	60%
準工業地域	$120\,m^2$	60%

建築面積 $72 \times \frac{6}{10} + 120 \times \frac{6}{10} = 115.2\,m^2$

延べ面積 $72 \times \frac{200}{100} + 120 \times \frac{400}{100} = 624\,m^2$

図8.37 敷地が2つ以上の地域にまたがる場合の延べ面積の求め方[1]

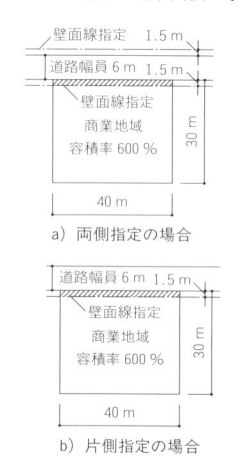

左図で壁面線の指定のない場合
敷地面積 $40 \times 30 = 1,200\,m^2$
道路による容積率 $6 \times \frac{6}{10} = 3.6 \rightarrow 360\% < 600\%$
最大延べ面積 $1,200 \times 3.6 = 4,320\,m^2$

a）両側に壁面線指定のある場合
敷地面積 $40 \times (30 - 1.5) = 1,140\,m^2$
容積率 $(6 + 1.5 \times 2) \times \frac{6}{10} = 5.4 \rightarrow 540\% < 600\%$
最大延べ面積 $1,140 \times 5.4 = 6,156\,m^2$

b）片側に壁面線指定のある場合
敷地面積 $1,140\,m^2$
容積率 $(6 + 1.5) \times \frac{6}{10} = 4.5 \rightarrow 450\% < 600\%$
最大延べ面積 $1,140 \times 4.5 = 5,130\,m^2$

図8.38 壁面線指定のある場合の容積率の求め方[1]

表8.4 地域別にまとめた建ぺい率・容積率

用途地域	建ぺい率(%)の制限	容積率(%)の制限 都市計画による制限	12m未満の前面道路の幅員による制限
第1種低層住居専用地域	30, 40, 50, または60のうち当該地域に関する都市計画において定められたもの	50, 60, 80, 100, 150または200のうち当該地域に関する都市計画において定められたもの	40
第2種低層住居専用地域			
第1種中高層住居専用地域		100, 150, 200, または300のうち当該地域に関する都市計画において定められたもの	
第2種中高層住居専用地域			
第1種住居地域	60	200, 300または400のうち当該地域に関する都市計画において定められたもの	
第2種住居地域			
準住居地域			
準工業地域			
工業地域			
工業専用地域	30, 40, 50または60のうち当該地域に関する都市計画において定められたもの		
近隣商業地域	80	200, 300, 400, 500, 600, 700, 800, 900または1000のうち当該地域に関する都市計画において定められたもの	60（特定行政庁が指定する区域内においては40）
商業地域			
都市計画区域内で用途地域の指定のない区域	70	400（特定行政庁が都市計画地方審議会の議を経て指定する区域内にある建築物にあっては，100, 200または300のうち特定行政庁が都市計画地方審議会の議を経て定めるもの）	

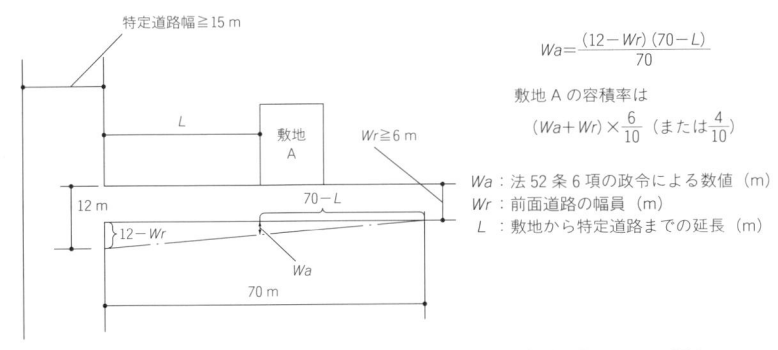

$$Wa = \frac{(12-Wr)(70-L)}{70}$$

敷地Aの容積率は
$(Wa+Wr) \times \frac{6}{10}$ （または $\frac{4}{10}$）

Wa：法52条6項の政令による数値（m）
Wr：前面道路の幅員（m）
L：敷地から特定道路までの延長（m）

図8.39　広幅員の道路までの距離による条件により容積率の割増を認められる場合

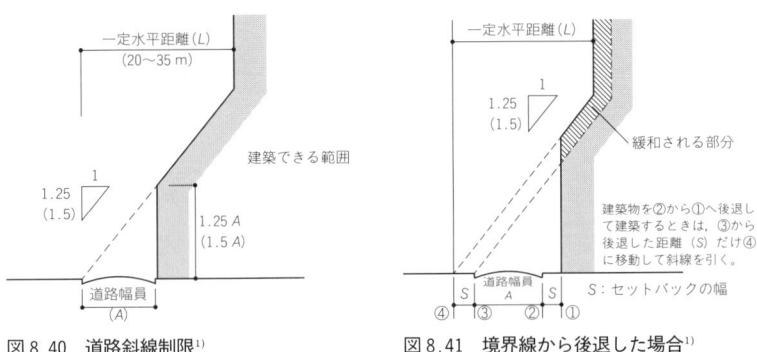

図8.40　道路斜線制限[1]

図8.41　境界線から後退した場合[1]

図8.42　1m以上の高低差がある場合[1]

図8.43　反対側に公園などがある場合[1]

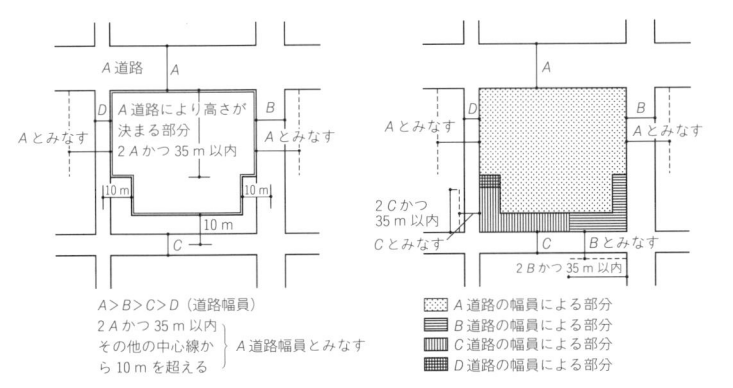

図8.44　2つ以上の前面道路がある場合の道路幅の適用範囲[1]

室などでその面積が建築面積の1/8以内で、しかもその部分の高さが12m以下であるならばその部分は、高さの限度に算入しなくてよい。

建築物の各部分の高さ制限には、道路幅員が高さに関係する「道路斜線制限」、隣地境界線に面する部分の高さ制限である「隣地斜線制限」、第1種・第2種低層住居専用地域、第1種・第2種中高層住居専用地域にのみ関係する「北側斜線制限」などがある。

(1) 道路斜線制限

道路斜線制限は、前面道路の反対側の境界線から建築基準法で定められた一定の勾配で示された（表8.7）線の内側が、建築できる範囲とするもので、前面道路から後退して建築する場合、前面道路幅員に後退距離を加えて算出できる。この場合の高さは、前面道路の路面の中心の高さから測定するが、道路面と敷地の地盤面に高低差がある場合、敷地の地盤面が前面道路より1m以上高い場合は、その高低差から1mを減じた値の1/2だけ道路面が高い位置にあるものとみなされる（図8.40）。

また、この道路斜線は無限に続くものではなく、道路斜線の適用範囲が、地域・地区、都市計画で定められた容積率によって決められていて、道路の反対側の境界線から一定の距離内で道路斜線制限を受けることになる。緩和規定として住居系用途地域（第1種・第2種低層住居専用地域を除く）内において、前面道路の幅員が12m以上ある場合は、道路斜線の勾配1.25を1.5とすることができる。また、2つ以上の前面道路がある場合は、幅員の最大の前面道路の境界線からその幅員の2倍以内かつ、35m以内の区域および、その他の前面道路の中心線から10mを超える区域はすべての前面道路が最大の前面道路であるものと

みなす（図8.42）。前面道路の反対側に公園，広場，水面（河川）などがある場合は，その公園などの反対側の境界線を道路境界線とみなすことができる（図8.43）。

(2) 隣地斜線制限

隣地斜線制限は，隣地境界線上をまっすぐ上に決められた一定の高さをとり，その点から定められた勾配で引かれた線の内側が建築できる範囲であるとするものである（図8.45）。ただし，第1種・第2種低層住居専用地域では，絶対高さが10mまたは，12mと定められているのでこの適用はない。

地上20mまたは，31mを超える建築物の部分を，隣地境界線から後退して建築する場合，建築物の各部分の隣地斜線の適用に当っては，それぞれの後退距離に隣地境界線までの最小の水平距離を加えて算出できる（図8.46）。また，敷地が公園，広場，水面（河川）などに接する場合，隣地境界線はその公園などの幅の1/2だけ外側にあるものとみなされる。

隣地斜線の高さの起算点は，地盤面となり，道路斜線の場合とは異なる。敷地の地盤面が，隣地の地盤面より1m以上低い場合，その敷地の地盤面はその高低差より1mを減じた値の1/2だけ高い位置にあるとみなす緩和規定がある（図8.47）。

(3) 北側斜線制限

北側斜線制限は，第1種・第2種低層住居専用地域，第1種・第2種中高層住居専用地域に適用される。ただし，第1種・第2種中高層住居専用地域で日影規制の適用を受ける区域には適用されない。また，道路斜線の場合，一定の条件を満たした塔屋などはその限度を超えることができるが，北側斜線の場合はこの適用はない。

建築物の各部分の北側斜線の適用

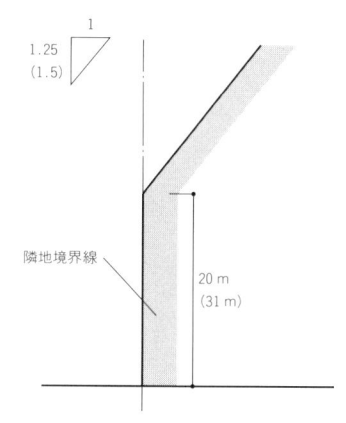

図8.45 隣地斜線制限（後退なし）[1]

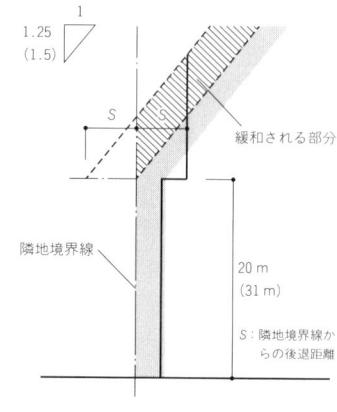

図8.46 隣地斜線制限（後退あり）[1]

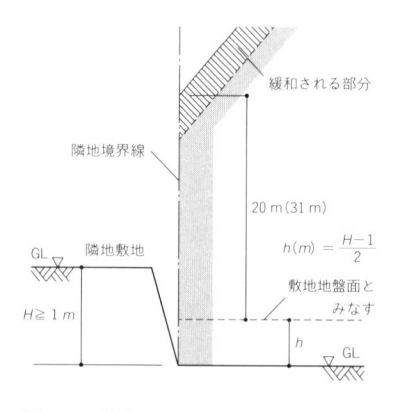

図8.47 隣地より1m以上低い場合[1]

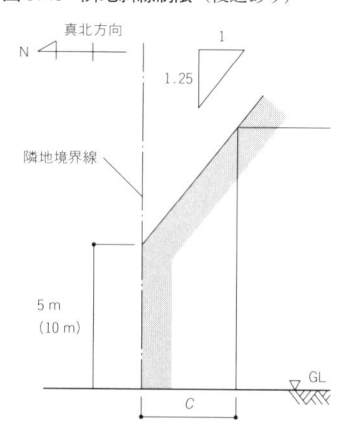

$$h(m) = \frac{H-1}{2}$$

図8.48 北側斜線制限[1]

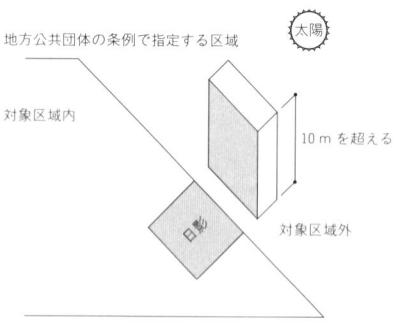

図8.49 日影規制の例外[1]

冬至日において対象区域内の土地に日影を生じさせる場合，対象区域内にある建築物とみなして日影制限が適用される。

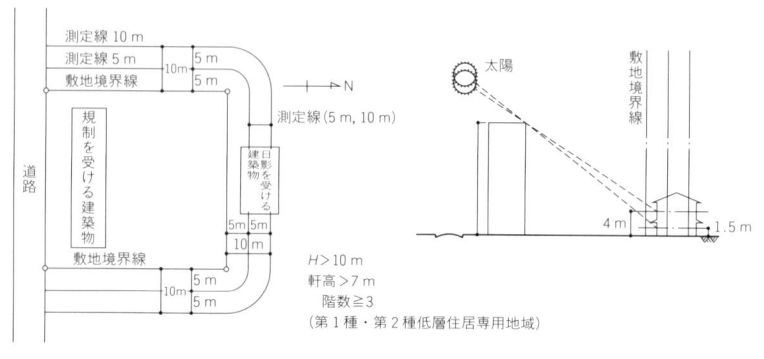

a) 日影の測定範囲

$H > 10\,m$
軒高$> 7\,m$
階数≥ 3
（第1種・第2低層住居専用地域）

b) 日影の測定面

図8.50 日影の測定範囲と測定面[1]

に当っては，真北方向にある隣地境界線または，道路反対側の境界線までの距離に，表8.7に定められた立上がりと勾配にて得た数値以下の高さとしなければならない。また，敷地の地盤面に高低差がある場合は，隣地斜線と同様の緩和措置が適用され，北側に水面（河川），線路敷などがある場合，当該境界線は，その水面などの幅の1/2だけ外側にあるものとみなす（公園，広場は対象外である）。

敷地が異なる用途地域や区域にわたる場合は，これらの地域，区域に含まれる敷地の部分ごとに，それぞれの高さの制限が適用される。

8.6.5 日影規制

第1種・第2種低層住居専用，第1種・第2種中高層住居専用，第1種・第2種住居，準住居，近隣商業，準工業地域，用途地域無指定区域のうち，地方公共団体が条例で指定した区域が，日影規制の対象となる。日影規制の対象となる建築物は用途，規模により定められていて（表8.7），対象区域外であっても冬至日において対象区域に日影を生じさせるもので，高さが10mを超える建築物は規制の対象となる。

規制対象時間は，冬至日における真太陽時の午前8時から午後4時まで（北海道では午前9時から午後3時まで）で，地方公共団体の定めた規制時間の限度以上，隣地に日影を落としてはならないとされている。建築物によって，日影が生じる時間が制限される範囲は，敷地境界線から5mを超え10m以内の範囲と，10mを超える範囲との2段階になっていて，平均地盤4m（第1種・第2種低層住居専用地域では，1.5m）の水平面において，規定された一定時間以上となってはならないとされている。同一敷地内に2つ以上の建築物がある場合は，これらの建築物を1つの建築物とみなす。また，敷地の地盤面が，日影を及ぼす土地の地盤面より1m以上低い場合にはその高低差より1mを減じた値の1/2だけ高い位置にあるとみなされ，日影規制の制限の異なる区域の内外にわたる場合は，それぞれの区域内に建築物があるものとみなされる。

表8.7 用途地域別高さ制限一覧表

高さ制限		用途地域	第1種・第2種低層住居専用	第1種・第2種中高層住居専用	第1種・第2種住居・準住居	近隣商業 準工業	商業・工業 工業専用	無指定	高さ算定の基準面
絶対高さ			10m または 12m						地盤面
道路斜線	勾配		1.25	1.25（道路幅員が12m以上の場合1.5）			1.5		道路中心面の高さ
隣地斜線	立上り			20m			31m		地盤面
	勾配			1.25			2.5		
北側斜線	立上り		5m	10m					地盤面
	勾配		1.25						
日影規則	対象建築物		軒高>7m または 地上階≧3階	建築物の高さ>10m				建築物の高さ>10m	地盤面
	測定水平面		1.5m	4m				4m	地盤面
	規制時間		〈一〉〈二〉〈三〉	〈一〉〈二〉				〈一〉〈二〉	
	5m<W≦10m		3h 4h 5h (2h 3h 4h)	4h 5h (3h 4h)				4h 5h (3h 4h)	
	W>10m		2h 2.5h 3h (1.5h 2h 2.5h)	2.5h 3h (2h 2.5h)				2.5h 3h (2h 2.5h)	

* W＝敷地境界線からの水平距離。日影規制時間（h）は北海道地区に適用
* 〈一〉，〈二〉，〈三〉はそれぞれ条件による区分を表す。

8.7 ハートビル法

8.7.1 ハートビル法

ハートビル法は，不特定多数の人が利用する公共的性格を有する建築物について，高齢者や身体障害者などが円滑に利用できる建築物の建築の促進のための措置を講ずることにより，建築物の質の向上を図るとともに，公共の福祉の増進を図ることを目的としている。

公共的性格を有する建築物は，特定建築物といい，病院，劇場，集会場，展示場，百貨店，ホテル，老人福祉センター，体育館，博物館，公衆浴場，飲食店，理髪店，銀行などのサービス業を営む店舗，車両の停車場などの建築物で旅客の乗降または，待合いの用に供するもの，一般公共用の自動車車庫，公衆便所，郵便局などの公益上必要な建築物などが挙げられている。これらを建築しようとする特定建築主は出入口，廊下，階段，昇降機，便所，駐車場，敷地内の通路など特定施設について円滑に利用できるための措置を講ずるように努めなければならない。

建設大臣は，高齢者・身体障害者などが特定建築物を利用しやすいようにするため，特定施設に関し，特定建築主の判断基準（基礎的基準，誘導的基準）を定めている。基礎的基準では，出入口の幅80 cm以上，それらの開口部は，自動開閉または，車椅子使用者が円滑に開閉できるものとする（図8.51）。廊下の幅は120 cm以上，50 m以内ごとに車椅子が転回できる部分を設けること，高低差のある場合は傾斜路とし，勾配1/12を超えないこと，踊り場は150 cm以上とする（図8.52）。傾斜路や階段には手すりを設けること，また，階段には回り段を設けないこととしている（図

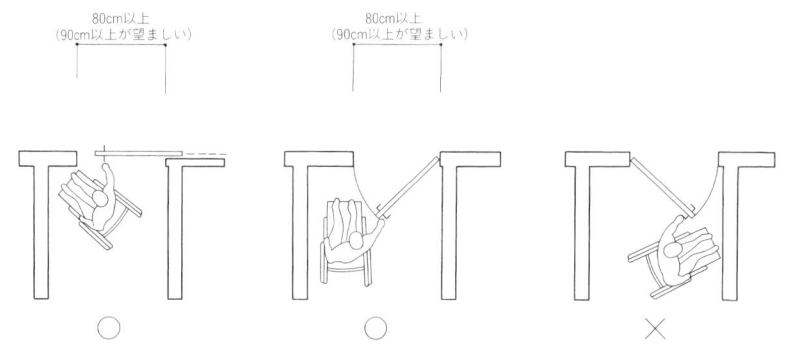

図8.51 車椅子使用者が利用しやすい開閉部の寸法

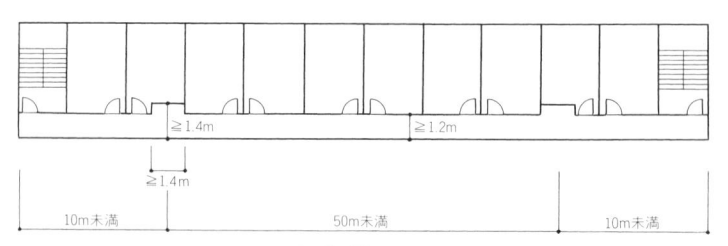

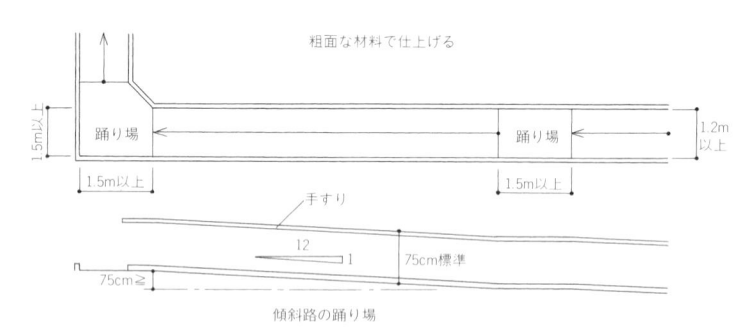

図8.52 車椅子使用者が利用しやすい廊下とスロープの寸法

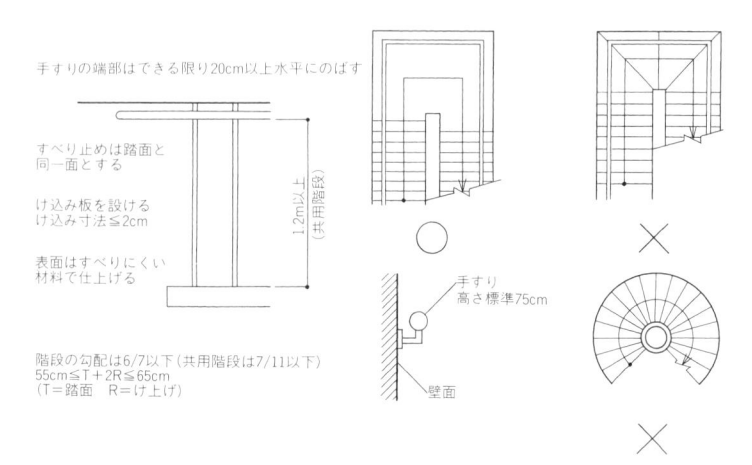

図8.53 階段の仕様

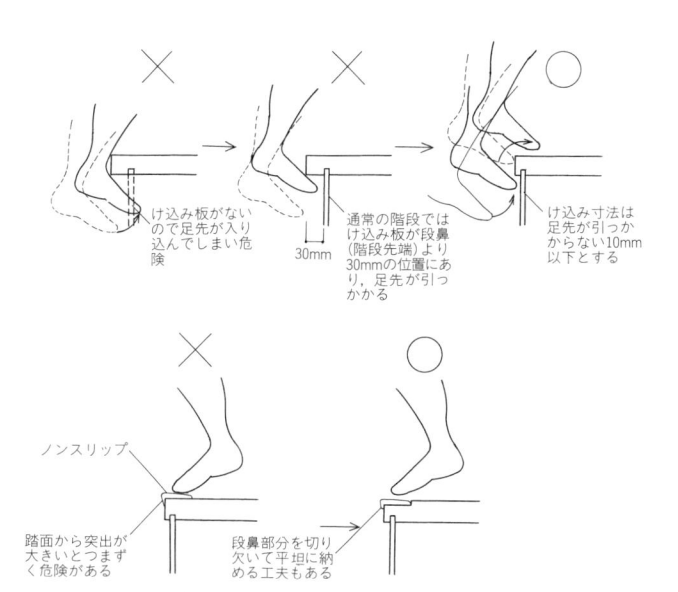

図8.54 階段の踏み面の仕様[2)]

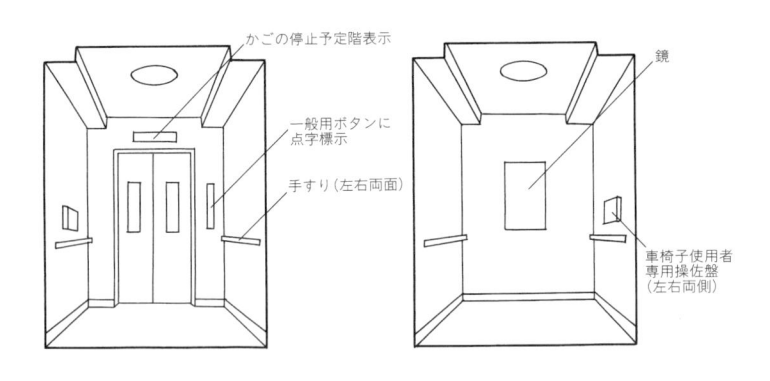

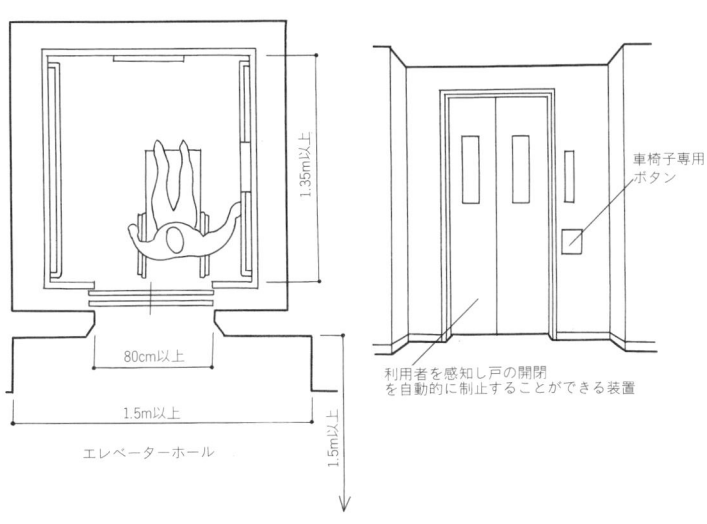

図8.55 車椅子使用者に配慮したエレベーター

8.53, 8.54)。エレベーターに関しては出入口の幅80 cm以上, かごの奥行き135 cm以上, 乗降ロビーの幅150 cm以上, 制御装置は, 車椅子使用者が利用しやすい位置に設置するなど, 特定施設の構造, 設備に関しての最低限度の基準を定めている (図8.55)。

誘導的基準は, 高齢者などが特段の不自由なく利用できる基準として, 基礎的基準よりもさらに安全側に定められている。特定建築主は, 特定建築物の建築および, 維持保全の計画について, 都道府県知事に認定を申請することができ, 都道府県知事は, 当該計画が判断基準に適合していると認めるときは認定することができる。さらに, 計画の認定の申請者は都道府県に対し当該申請書の提出に併せて, 確認申請書を提出し建築確認の特例 (適合通知) を求めることができる。

既存の特定建築物に車椅子使用者のための昇降機を設置する場合の特例では, 特定行政庁が防火上および, 避難上支障がないと認めたときは, 建築基準法上の防火構造要件が適用されない。また, 出入口, 廊下, 階段などの特定施設の床面積を, 高齢者などが利用しやすいようにするため, 通常の床面積よりも著しく大きくした建築物については容積率の割増しが認められる。ただし, 特定行政庁の許可が必要である。

図表出典リスト

1) 西日本工高建築連盟編：新建築設計ノート　建築法規の読みかた，彰国社，1994
2) 東京商工会議所編：福祉住環境コーディネーター検定2級テキスト，東京商工会議所，2000 より作成

9 新しい住まいの試み

　近代の住宅計画は，基本的に個人や家族を中心に進められることが多かったため，自然環境や社会の近隣関係から切り離された住まいの形態と生活様式を形成しがちであった。この点に対する反省と家族関係の新たな展開に対し，新しい試みが始められている。

　第1は，人間も自然の一部であると位置づけ，住宅に関わるエネルギーや物質の流れを生態系の循環と一致させ，自然と共生した住まいを形成しようとする試みである。太陽光や風力など自然のエネルギーを活用したり，建物の耐用年数を長くして自然環境への負荷を軽減すること，建物の内外を連続化させて自然が持つ環境調整能力を活用する，人間の体に害にならない自然素材を用いることなどが追求されている。

　第2に注目されるのは，少子化，高齢者の増加や家族形態の多様化に対応して，血縁による家族の枠を越えて生活の一部を積極的に共同化した住まいの試みである。家事を効率的に合理化できる，家族に欠けている構成員の役割を他の家族の中に期待できる，高齢者にとって家族的な雰囲気が落ち着いた環境を形成する，などの効果が追求されている。

　第1，2節では，環境との共生を考える。第1節では，人間生活と自然環境との関わりとわが国における事例を，第2節では，環境先進国における意欲的な試みを述べる。第3，4節では，他の家族と共生する住まいのあり方を検討する。第3節では，家族が集まり共同で住宅を計画・建設・管理するコーポラティブハウジングの様子を，第4節では，家族の枠を越えて食事や団らんの生活を共にするコレクティブハウジングの状況を紹介する。第5節から7節までは，高齢者の住まいの方向について述べる。これからは誰もが自立して生活できる住環境の整備が課題である。第5節では，そのために必要な地域施設・住宅改善・補助器具の条件をあげている。具体的な高齢者向け住宅の計画について，第6節では，わが国の先進的な試みを，第7節では，スウェーデンにおける事例を示す。

9.1 環境との共生

9.1.1 環境と人間生活との関わり

経済の発展とともに，私たちの生活は便利で豊かになった。しかし，高度経済成長期の大都市への人口集中は国土の乱開発やスプロールを引き起こし，大量生産・大量消費・大量廃棄型の生活様式を生み出した。そして今，資源やエネルギー利用のあり方が問われている。開発中心の国土政策によって，水や空気，緑，太陽，土，動植物といった人間生活に安らぎや潤いを与えてくれる生態系のバランスが崩れ，地球温暖化や酸性雨，土壌・水質汚染などの環境問題へと発展しつつあるからである。人類共有の財産である自然環境を維持・保全し，人間と環境が調和・共存していく循環型社会を築いていくことが重要な課題である。今後は，住宅の省エネルギー化や自然・未利用エネルギーの活用，資源再利用といった地球にやさしい住まいや，まちづくりを積極的に進めるとともに，環境への負荷を減らすライフスタイルへの転換が求められている（図9.1）。

9.1.2 環境共生住宅

快適で潤いのある住環境の創造と**持続可能な社会**の構築をめざして，**エコハウス**やクリーンエネルギー（太陽や風力など）利用，近自然型河川工法，**ビオトープ**の整備など環境共生のあり方の追求が始まっている。この中で，エコロジカルハウジングの試みとして環境共生住宅がある（図9.2）。これは，「地球環境を保全する観点から，エネルギー・資源・廃棄物などの面で十分な配慮がなされ，また周辺の自然環境と美しく調和し，住み手が主体的に関わりながら，健康で快適に生活できるように工夫された住宅およびその地域

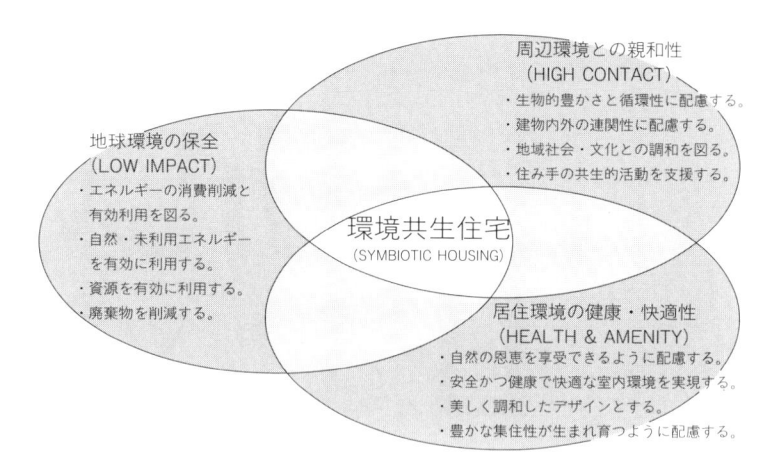

図9.1 環境共生住宅の考え方[1]

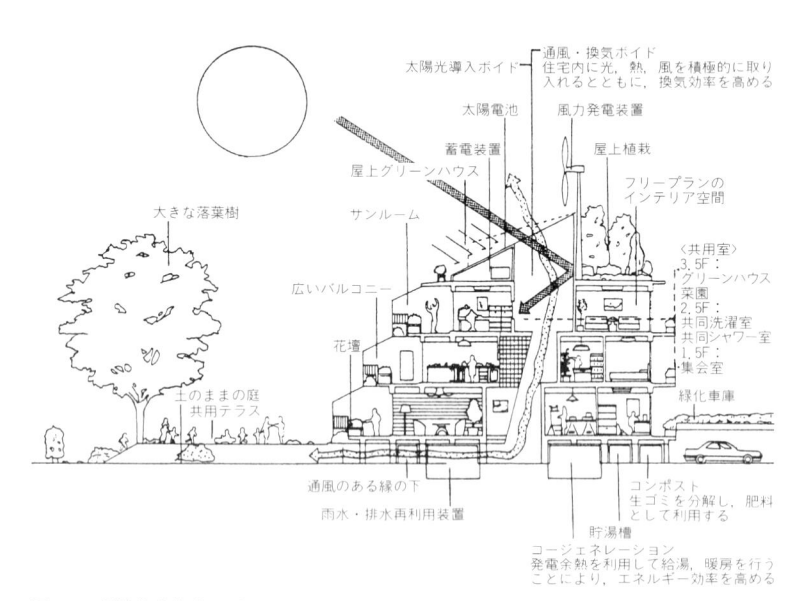

図9.2 環境共生住宅のイメージ[2]

表9.1 環境共生住宅・建築物の要素技術の例[3]

		省エネルギー	自然・未利用エネルギーの活用	リサイクルなど資源の有効利用	廃棄物処理	自然環境に折り合う設計上の工夫
住戸・住棟・建築物	本体	高断熱 高気密 高効率設備 節電機器	太陽電池 パッシブソーラー 太陽熱給湯 サンルーム	リサイクル資材 リサイクル型枠 高耐久性構造 節水設備	コンポスター ゴミの分別処理	採光通風ボイド 屋上植栽・菜園 庇・ルーバー 色彩・デザイン
	外構	落葉樹，土の庭	ソーラー街灯	雨水利用 コンクリートの再利用	合併処理浄化槽 土壌浸透法	植樹・植栽 緑化車庫 地下水の活用 菜園
団地・地区		地域冷暖房	コージェネレーション ゴミ排熱利用 下水排熱利用	中水道	ゴミ集配 リサイクル	ビオトープ 緑地 植樹帯 透水性舗装 自然地形の活用

資料：建設省住宅局資料（1996）より。

環境」をテーマとし，環境共生住宅市街地モデル事業の創設以降，地方自治体や住宅・都市整備公団（現・都市基盤整備公団）の手によって次々と新しい提案がなされている。

東京都世田谷区の深沢環境共生住宅はその一例で（図9.3），老朽都営住宅団地の建て替えに当たって，団地内のさまざまな環境特性（風向き，地下水脈，緑，小動物など）を詳細に調査し，風力発電を利用した水循環システムや太陽光発電による照明など環境共生型の住生活を実現するためのさまざまな工夫や技術を取り入れている（図9.3，9.4）。

9.1.3　環境にやさしい住まい方

環境に負荷をかけないためにサンルームの設置や植栽による室内温度や明るさの調整，貯水槽設置による雨水の有効利用，コンポストによる生ゴミの堆肥化などにも積極的に取り組みたい。今後は，環境に配慮した消費者（住み手）を育む環境教育・環境学習の推進や多様な実践が重要な課題となる。

図9.3　深沢環境共生住宅（2号棟前よりビオトープを介して5号棟をのぞむ。設計：市浦都市開発建築コンサルタンツ＋岩村アトリエ，撮影：内木政治）

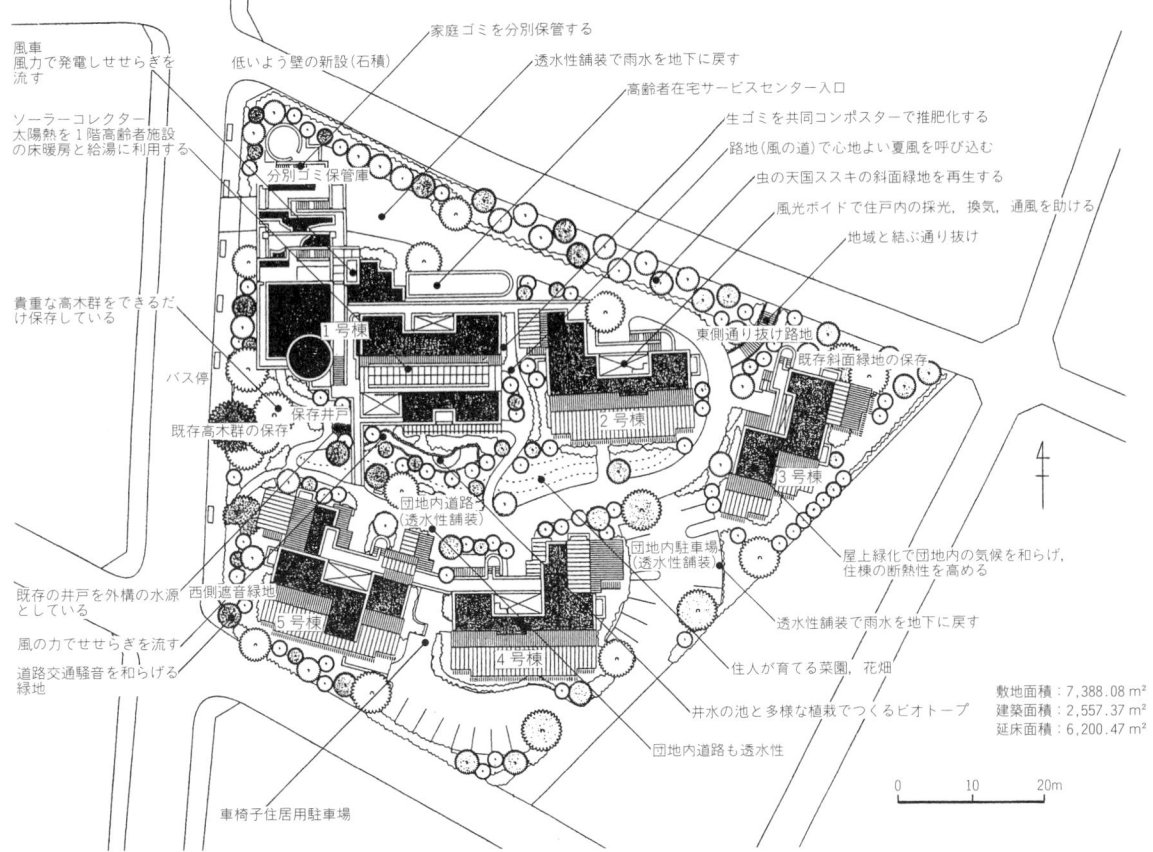

図9.4　深沢環境共生住宅にみる環境共生手法（東京都世田谷区）[4]

9.2 海外のエコロジカルハウジング

イギリスやドイツなどの環境先進国では，行政や民間団体，市民の協力によって，建物の省エネルギー化や太陽熱のパッシブ利用など，計画段階から環境に配慮した住まいづくりが進められている。このエコロジカルハウジングは人間と自然との調和・共生をめざした新しいライフスタイルの提案でもあり，日本でも市民生活の中に浸透しつつある。

9.2.1 省エネルギー型集合住宅

冬場の日照量の少ない北国では暖房によるエネルギー消費量も多い。ドイツでは建物の気密化・断熱化と太陽エネルギーの利用により，室内環境の調整やエネルギー消費量の低減に取り組んでいる。たとえば環境都市フライブルクは，ローコスト型省エネ実験住宅の建設（図9.5）をはじめとするさまざまな環境政策を展開していることで知られている。

地上3階地下1階のテラスハウスは北側壁面の開口部を狭め，3重窓ガラスの採用によって建物全体の熱損失量を抑えている（図9.6）。建物の南側にはサンルームがあり，太陽に向かって大きく開いた扇型平面は太陽エネルギーをふんだんに取り込み，明るい住空間をつくりだしている。パッシブソーラーシステムの採用により，一般の住宅に比べてエネルギー消費量は30〜40％ほど少ない。

9.2.2 環境共生住宅

ハンブルク市のアラメーエ団地はドイツのエコロジー団地の一つである（図9.8）。1980年代半ばに建設されたこの団地はドイツの厳しい土地利用計画の中で運河を再生し，豊かな自然に囲まれた水辺の集合住宅地を提案している。建物は断熱工事を行い，太陽熱のパッシブ利用やサ

図9.5 省エネルギー実験住宅（フライブルク，ドイツ）

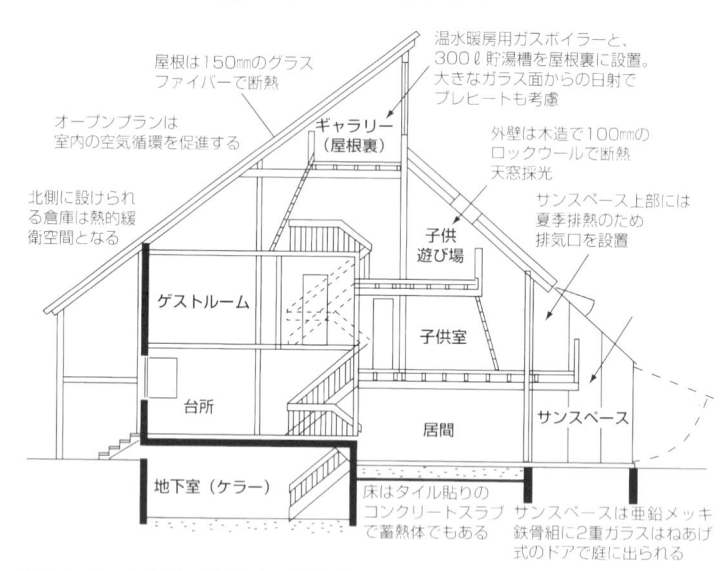

図9.6 省エネルギー実験住宅の断面図

図9.7 環境学習施設・エコステーション（フライブルク，ドイツ）

ンルーム設置のほか外壁には木材やレンガなどの素材を利用し、環境への負荷を最小限に抑えている。団地内の実験住宅棟では壁面緑化や堆肥型トイレ、節水を目的とした汚水処理装置の実験なども試みられている（図9.8，9.9）。

9.2.3 環境学習施設

エコハウスは自然環境と調和した建築技術や生活の知恵を集めた情報提供・体験型の施設である。太陽熱利用や風力発電，雨水利用，サンルーム，コンポストなどを装備した実験ハウスを訪れることにより，消費者は省エネルギー住宅の仕組みや経済効果について，体験しながら学ぶことができる（図9.10）。

フライブルク市のエコステーションはドイツ最大の環境保護団体BUNTが運営する環境学習施設の一つで，間伐材を利用したログハウスには屋上緑化や太陽光発電，雨水再利用などの工夫が盛り込まれている（図9.7）。建物に付属する菜園や観察池は環境学習のための施設として，地域住民や学校関係者に広く開放されている。

図9.8 運河を利用したアラメーエ環境共生住宅（ハンブルク，ドイツ）　図9.9 アラメーエ団地内の実験住宅と屋上緑化

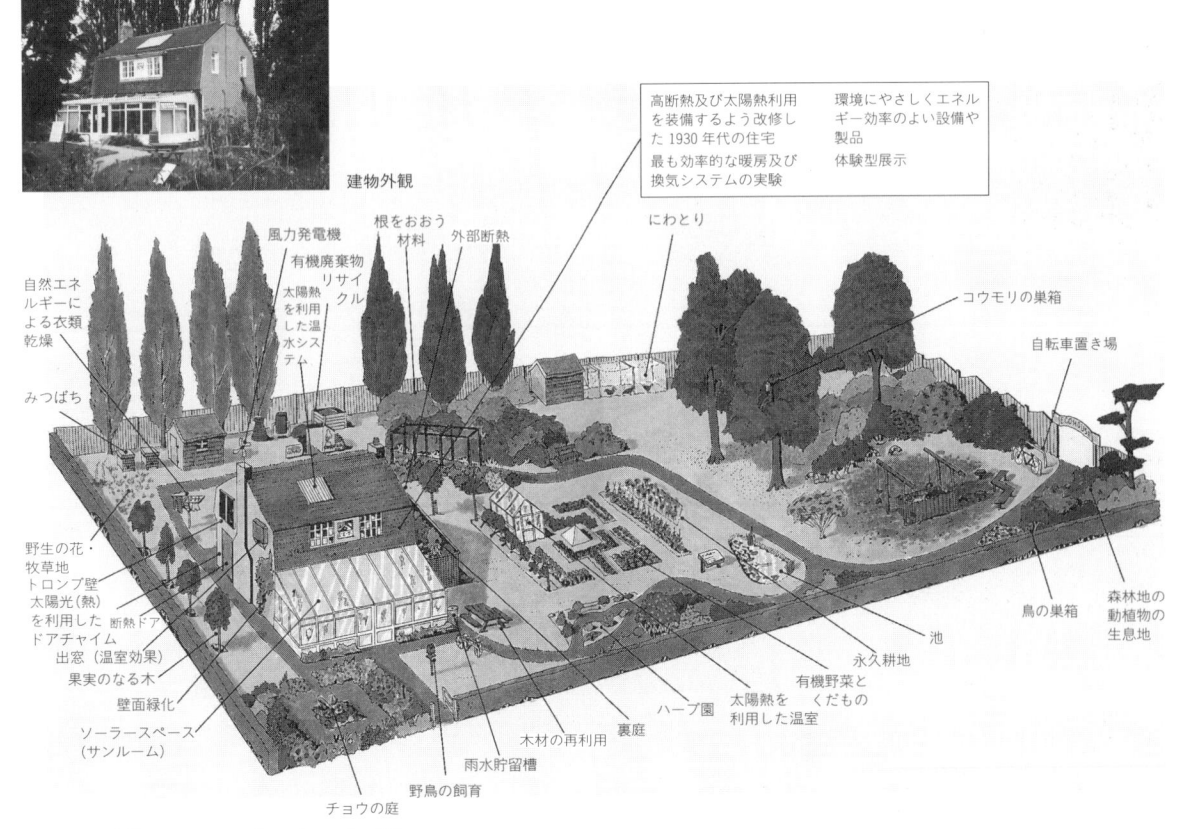

図9.10 イギリスのエコハウス（レスター）[5]

9.3 家族形態の変化に対応する住まい①

9.3.1 家族と就労形態の変化

近年の家族は、多様な形態に変化しつつある。単身世帯の比率が増加し、世帯当りの子供数が減少している。片親の世帯も増えつつある。

家族の小規模化と親族と離れて居住する世帯が増加すると、近隣居住者との相互援助や共同生活が不可欠となる。高齢単身者では、日常生活上の援助が必要になる時がある。兄弟姉妹のいない子供の場合、近くの子供と一緒に遊べる集団が必要である。高齢者と子供が世代を超えて交わる機会も重要である。また、育児制度や設備がまだまだ不十分な現在、育児期の共働きの世帯では、親族や近隣居住者による協力が求められる。

①打合せの会議：1993年3月より敷地探しを始める。共同で住む居住者を募集して12月に協同組合（10戸）を設立し、設計・資金調達などについて話し合う。

②着工：1994年7月にいよいよ建築に取りかかる。地鎮祭で鍬入れを行い、工事の無事を祈る。

③基礎工事：基礎工事に着手すると、住宅地の広さや様子がぼんやりと浮かんでくる。

④上棟式：1994年11月に棟上げをした。60余人が集まり、皆で盛大にお祝いをした。

⑤進行する工事：工事は着々と進行し、1995年3月に竣工、入居した。

⑥現在の住宅地：定期的な居住者の会合を行いながら、和気あいあいの共同管理を行っている。

図 9.11 コーポラティブハウス「木附の里(きづきのさと)」の計画と建設のあゆみ（愛知県春日井市）

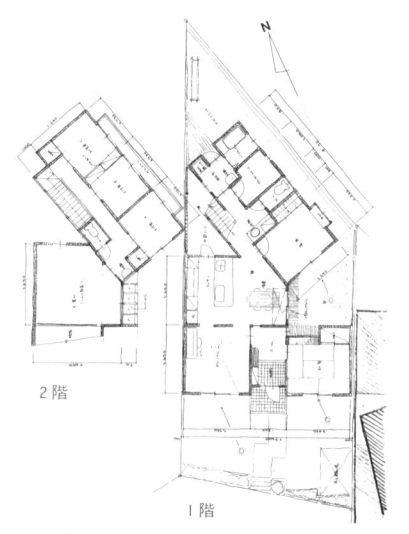

a) 第1次案

計画案の段階から、居室と種類の異なった庭との関係が考えられていた。実施した平面でも、この点を生かし、居室間のつながりをスムーズにしている。

b) 実施した平面

図 9.12 居住者と設計者の間で練りあげられた住戸計画

9.3.2 生活様式の変化

休日数の増加から自由に楽しめる時間が長くなり、行動する単位も、家族を超えてさまざまな形態になりつつある。同じ趣向を持つ人の集まりや季節感を味わう行事などの活動は、地域の活性化のためにも効果的である。生活の運営ばかりでなく、生活を楽しむためにも、家族を超えた集団を形成する必要がある。

わが国では1970年ごろから住宅の取得と生活の共同化を意図して、コーポラティブハウジングが計画・供給されてきた。この形態の優れた点は、①自由な住宅計画が可能なこと、②住宅建設に必要な経費を抑えられること、③入居後の管理も円滑に行えること、などである。

9.3.3 集合からタウンハウスへ

初期に計画されたコーポラティブハウジングは、都市圏内における持ち家取得という志向も強く、集合住宅の形態をとった。積層し、エレベーターを使う集合住宅より戸建ての方が共同生活には向いているはずである。他の家族との交流をより円滑に形成することを意図して、郊外に計画された**タウンハウス**の形態は、自然との共存をも志向する生活様式を表している。

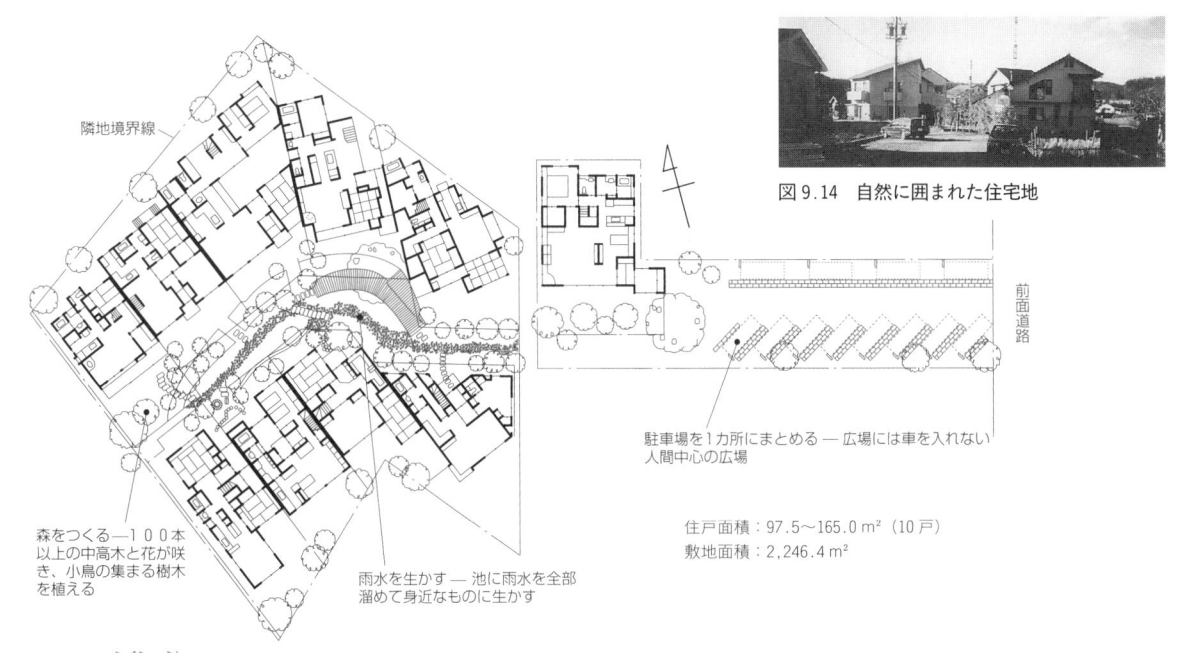

図9.14 自然に囲まれた住宅地

隣地境界線

森をつくる―100本以上の中高木と花が咲き、小鳥の集まる樹木を植える

雨水を生かす―池に雨水を全部溜めて身近なものに生かす

駐車場を1カ所にまとめる―広場には車を入れない 人間中心の広場

前面道路

住戸面積：97.5〜165.0 m² （10戸）
敷地面積：2,246.4 m²

図9.13 「木附(きづき)の里(さと)」配置図（設計：アトリエプランニング一級建築士事務所，連空間都市設計事務所）

図9.15 各戸の個性を表す玄関前の庭

図9.16 行事の楽しさを伝える新聞

9.4 家族形態の変化に対応する住まい②

9.4.1 家族の変化と共同生活の合理性

コレクティブハウジングとは，住宅の共同建設ばかりでなく，日常的な共同生活による豊かさを追求することにも比重を置いた住まいづくりである。北欧のデンマークでは，家族人数の小規模化と女性の社会進出が大幅に進行した1970年代から，各家庭で個別に行っていた家事労働を中心として，生活様式の合理化を大幅に進めた。その結果，世代と家族の枠を超えて生活の共同化を行う住宅形態として定着している。

9.4.2 コレクティブハウジングの計画

共同化する住宅のまとまりは一般的に20戸前後で，共同の生活が展開されるコモンハウスや広場を囲む接地型のタウンハウスが多く計画される。コモンハウスに含まれる施設

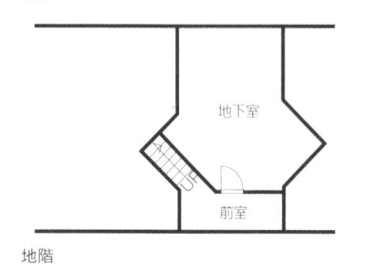

a) 設計者が提案した住戸平面

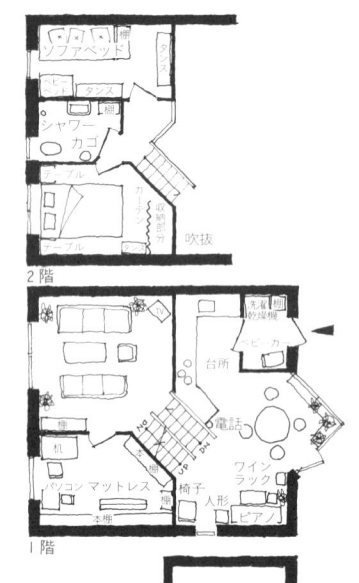

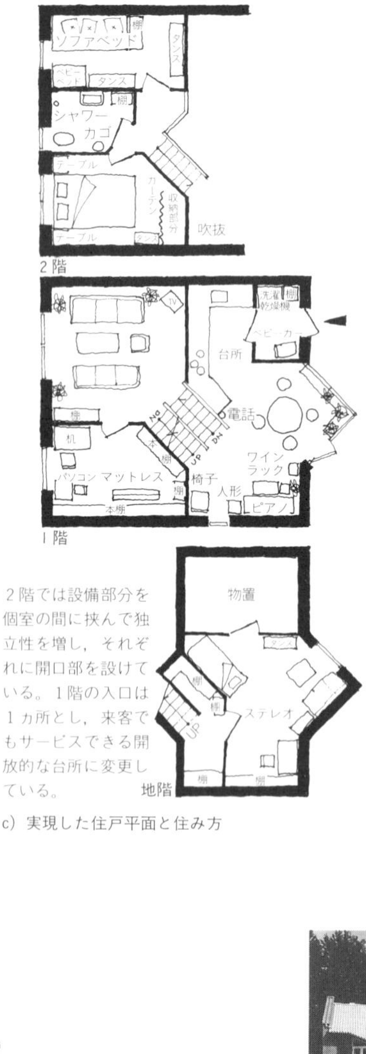

c) 実現した住戸平面と住み方

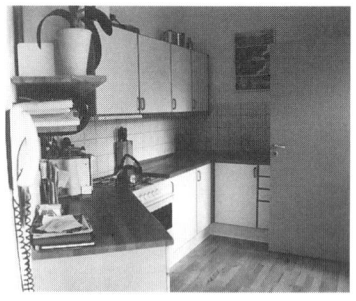

2階では設備部分を個室の間に挟んで独立性を増し，それぞれに開口部を設けている。1階の入口は1カ所とし，来客でもサービスできる開放的な台所に変更している。

d) 玄関ドアを開けた突当たりにある台所

e) 中庭に開放されて連続する食堂

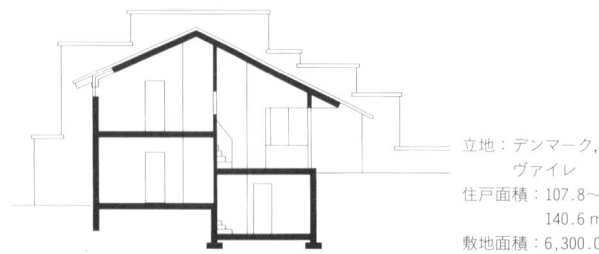

b) 設計者が提案した住戸断面

立地：デンマーク，ヴァイレ
住戸面積：107.8〜140.6 m² (12戸)
敷地面積：6,300.0 m²

f) 中庭を囲む住戸

図9.17 コレクティブハウス「スキーブ」（設計：PLAN）

の内容は、集会室、食堂、台所、工作室、音楽室、保育室、学童保育室、図書室、洗濯室などで、居住者が意図する共同化の程度に合わせて、各住宅地ごとに異なる計画を行っている。

共同化による効率的で合理的な生活を求める居住者の考え方は、住戸の計画内容にも表れる。玄関と勝手口の2つの出入口を持つ案を設計者が示したにも関わらず（図9.17 a)、居住者たちは勝手口側の1カ所で十分と判断して、大幅な変更を加えて実現させている（図9.17 c)。来客でも訪問先で家事に参加する社会では、出入口近くの台所は合理的で使いやすい（図9.17 d)。

9.4.3 コレクティブハウジングの生活

共同生活の運営は、全員が分担して行う。共同で行う食事の準備と会食は、共同生活の中でも重要な位置を占める作業である（図9.18）。共同生活の内容や実施の頻度は、居住者の運営会議により決定されるため、住宅地ごとに異なっている。

原子力発電を行わないことを決めているデンマークでは、太陽熱や風力を利用した発電、省エネルギー、リサイクルなどの環境問題にも敏感で、環境に配慮して、自然と共生する工夫を盛り込んだ計画が増加しつつある（図9.19）。

a) 当番を決めて全員が分担する炊事

b) 家族・世帯を超えて集まる食事と団らん

c) コモンハウスの保育所

図9.18 コレクティブハウスの共同生活の例[6]

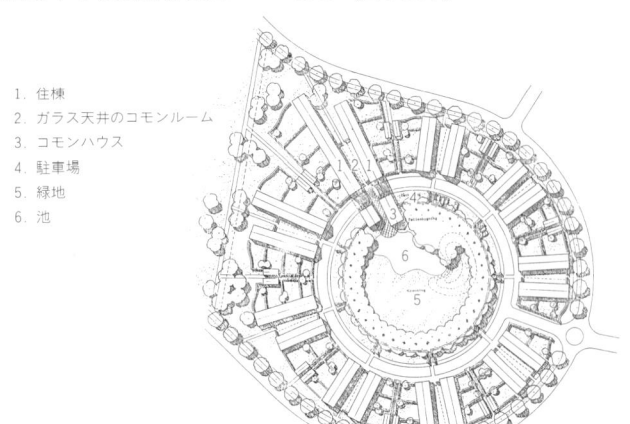

a) 配置図

1. 住棟
2. ガラス天井のコモンルーム
3. コモンハウス
4. 駐車場
5. 緑地
6. 池

b) 住棟1階平面図

1. 入口
2. 居間
3. 寝室
4. 台所
5. 浴室
6. 食品庫
7. 吹き抜け部分
8. ガラス天井のコモンルーム

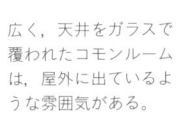

c) コモンルーム

広く、天井をガラスで覆われたコモンルームは、屋外に出ているような雰囲気がある。

図9.19 ソルウーアのコレクティブハウス（設計：ヤーン・ステアモース）[7]

9.5 自立した生活を支える住宅と地域

9.5.1 バリアフリーな環境の必要性

ハンディキャップ者が健常者と同様に自立した生活を送れるためには，バリアフリーな（障害のない）環境と社会のシステムを形成する必要がある。今までの地域と住宅の計画は，健常者を中心に考えられてきたが，今後は，どんな人々でも支障なく生活できる環境に改善していくことが重要な課題である。

9.5.2 自立を支える地域のシステム

ハンディキャップ者にとって，自立して日常生活を行えるように社会的に補助する**ケア**は不可欠であり，生活環境としての住宅地が備えるべき条件である。生活圏の中で，しだいに低下していく身体状況に応じて，必要なケアを受けつつ，可能な限り自立した生活を行い，住み慣れた地域の中で安定して居住できるシステムが整備されることが望まれる（図9.20）。

比較的広域のケアや医療を担当し，自立できなくなった人々の居住施設である特別養護老人ホームや**デイサービスセンター**などが，地域ケアの中心的な役割を果たす。

ケア付き住宅には，自立した生活に不安を感じる人たちが居住する。バリアフリーな住宅内容と設備を備え，安否確認と簡単な生活援助を行う人的ケアを備えた集合住宅で，地域に対するきめ細かな在宅ケアを行うことも期待される。

9.5.3 ハンディキャップ者の住宅

屋外のバリアフリー化が不十分な状況では，ハンディキャップ者が住戸内で過ごす時間が長くなりがちで，居住者の生活や行動の特性に配慮した住宅の計画が重要である。室

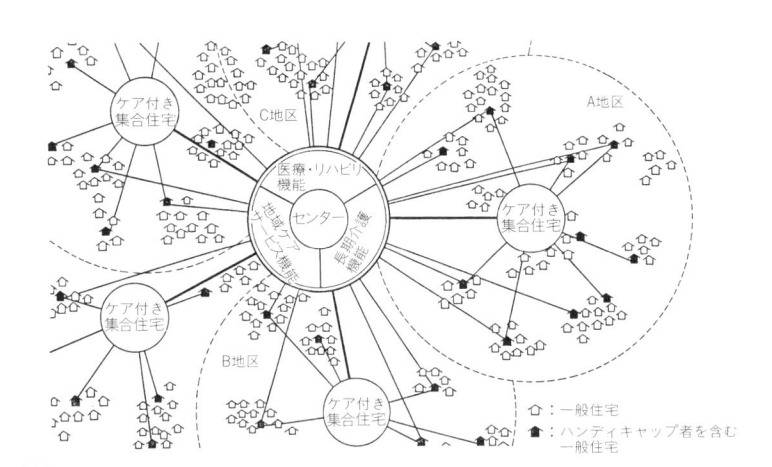

地域ケアシステムとは，地域（市区町村単位程度）のセンターと，地域をさらに分割した地区（小学校区単位程度）に設けられるハンディキャップ者専用ケア付き集合住宅の二段階からなる。センターは，①医療やリハビリテーション機能，②もはや自立できなくなったハンディキャップ者を長期にわたって介護する機能，③地域に居住する多くのハンディキャップ者の自立を助ける諸サービスの拠点としての機能という，比較的高度の専門的機能を有している。これに対して，ケア付き集合住宅は，地域の一般住宅に近接しており，ハンディキャップ者を集合居住させて援助するばかりでなく，一般住宅に居住するハンディキャップ者にも，ショートステイやデイケア，または給食サービスなどの拠点として，身近できめ細かな対応を行う存在として重要である。

図9.20 地域ケアシステムのモデル[8]

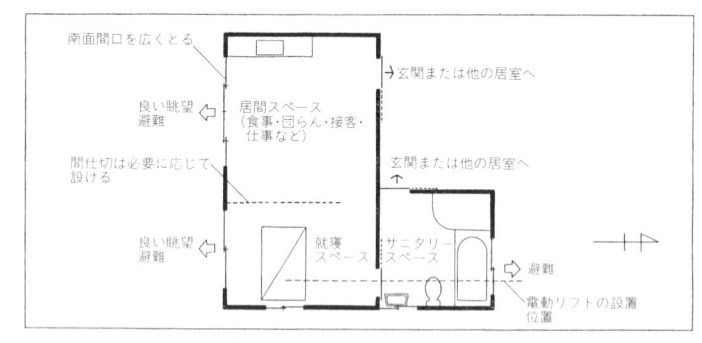

図9.21 ハンディキャップ者専用領域の基本的な空間構成[8]

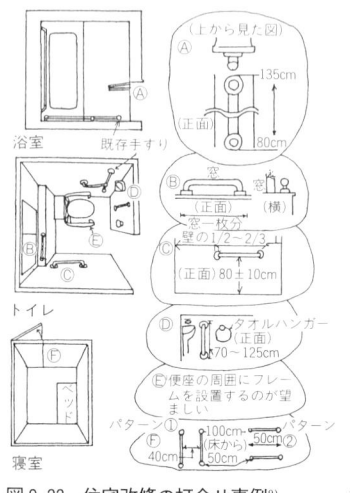

図9.22 住宅改修の打合せ事例[9]

内・通路などの規模は，車椅子などの**補助器具**を利用したり，介助者も一緒に行動するために十分な広さ・寸法を確保する必要がある。居住者にとって困難な移動を少なくするため，単純で短い動線に整理することも重要である（図9.21）。

障害の程度により，住宅改善の内容も個別に検討されるが，改善の頻度が高いのは，浴室・便所などの設備部分，手すりの設置，段差の解消である。改善の過程では，居住者の生活内容に詳しい保健・医療・福祉の分野の専門家と，改善工事を担当する建築関係者とが相談し，協力しながら進める必要がある。自治体では実施するための組織や資金的な援助を行っている（図9.22，9.23）。

9.5.4 補助器具の活用

ハンディキャップ者に残された運動能力を最大限に活用して自立した生活を追求するために，また，介助者に過重な負担をかけないために，障害の内容を補足する器具を開発・活用することは重要である。障害の内容により行動様式には個人差が生じるため，さまざまなタイプの補助器具を準備し，個別の状況に応じて手を加え，場合によっては新たに製作するきめ細かな対応が必要である。デンマークでは，身近な地域ごとに大規模な補助器具センターが設置されている（図9.24）。

進行性の脊髄小脳変形症のため車椅子で生活する妻に対し，築後33年の自宅約16坪を全面改築，1坪分を増築した。設計を始めるにあたっての施主からの要望はできる限り自立した生活ができること，介護がしやすいこと，住み心地がよいことの3点であった。設計上留意した点は次の通りである。

1) 車椅子でどこにでも行ける床面の連続性。
2) 生活動線を重視した各居室間の連続性。
3) 家族とのふれあいの場を設ける（2階に住む娘家族と）。
4) 自立のための工夫（手すり，上下移動装置付き流しなど）。
5) 光と風をとり入れる開口部の配置。
6) 慣れ親しんだ雰囲気を保つ過去との連続性。
7) 安全の確保（非常時への対応）。
8) メンテナンスの容易さ。
9) 明るく楽しいインテリア。
10) 借景と外部空間の活用。
11) コストを下げるための工夫（使えるものは再利用する）。

図9.23 居住者の生活に対応した住宅改善の事例[10]

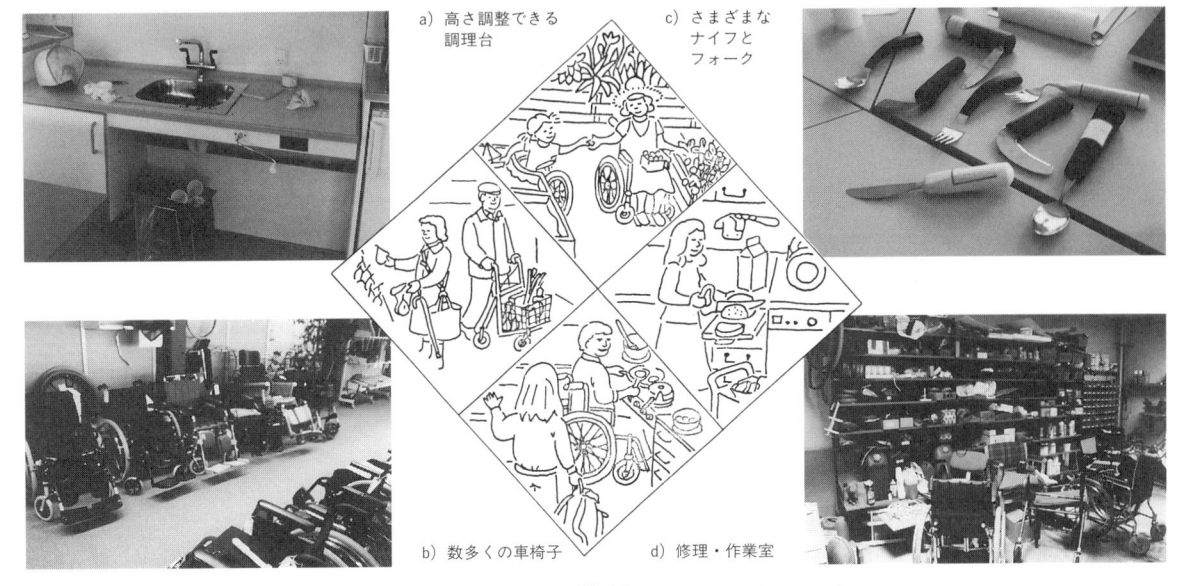

図9.24 ハンディキャップ者の生活を援助する補助器具（ヴァイレ補助器具センター，デンマーク）

9.6 わが国のケア付き住宅

9.6.1 住宅と福祉の連携の必要性

高齢者人口の増加が顕著になった1970年代，高齢の単身者や夫婦だけで生活する世帯では，住宅を得ることや生活に支障をきたすことが発生し，福祉と連携した住宅施策が始まった。当時，東京都区部では，民間アパートを借り上げてケア付きアパートとして供給した。

9.6.2 シルバーハウジング

公的住宅では，1987年より図9.25に示すシルバーハウジングを計画している。ハンディキャップ者でも困らない設備・仕様の住宅で，日常的な安否の確認と生活上の相談を行うライフサポート・アドバイザーが巡回・待機しており，緊急時に通報すると援助が求められるため，

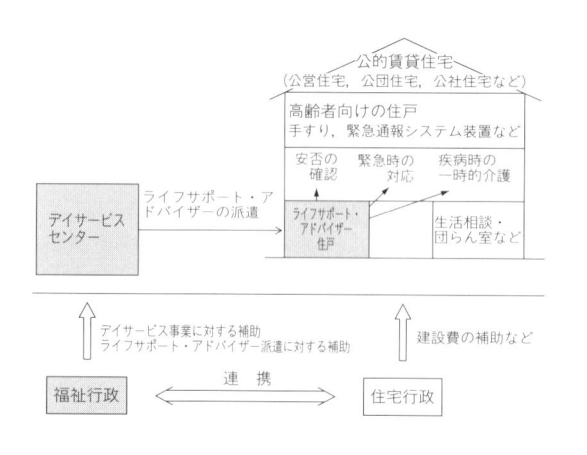

図9.25 シルバーハウジングのシステム

集会室周囲には高齢者向けのシルバー菜園やベンチを設けて，屋外の自然なふれあいの場を計画している。人が集まる様子は，北側の1階に設けたシルバーハウジングからも眺められる。

a) 集会室を中心とした外観

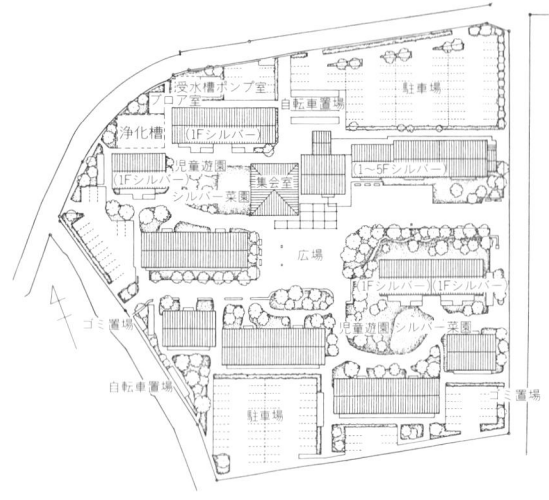

集会室に設けられたライフサポート・アドバイザーの事務室。生活相談・団らん室を中心に1階を主に高齢者向け住宅（20戸）を配置している。福祉施設は近くの団地外に立地している。ライフサポート・アドバイザーの住宅も団地内にはなく，自宅から事務室へ通っている。

b) 配置図

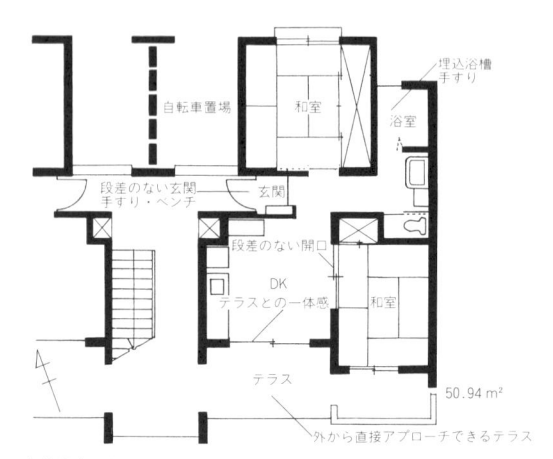

高齢単身世帯・夫婦世帯ともに2DKに居住する。緊急通報のボタンは，居室，浴室，便所に設置している。

c) シルバーハウジングの住戸平面

図9.26 シルバーハウジングの事例（愛知県営赤松住宅，設計：藤川原設計）

安心した生活を送れる。

新しい住宅の計画では，以前からの生活を継続できる環境が望ましい。デイサービスセンターを訪れる高齢者との交流を図り，一般居住者と良好な近所づきあいが形成される計画が重要である。

9.6.3 グループ居住

グループホームは痴呆症高齢者や知的障害者を対象としたもので，共同の場で家族のように生活することを通じて，落ち着いた環境を形成する効果が認められている。一般の高齢者にとっても望ましい居住形態である。1973年から北海道各地で始められた老人福祉寮は，食堂・団らん室を共用しながら，介助者の夫婦を中心に生活するわが国で初期にグループ居住を行った形態である。

阪神・淡路大震災後，被災地で建設された応急ケア付き住宅も，台所・食堂・団らん室を共用し，相互扶助を高める効果をあげた。この経験を踏まえ，数戸の居住者が来訪者も含めて生活を共にできる食事や団らんの場を設けた公営住宅が供給された（図9.27）。日常生活のつきあいを通じて，居住者相互間で，居住者と介助者の間で，自然にケアが行える住宅の形態が望ましい。

a) 共同生活のイメージ

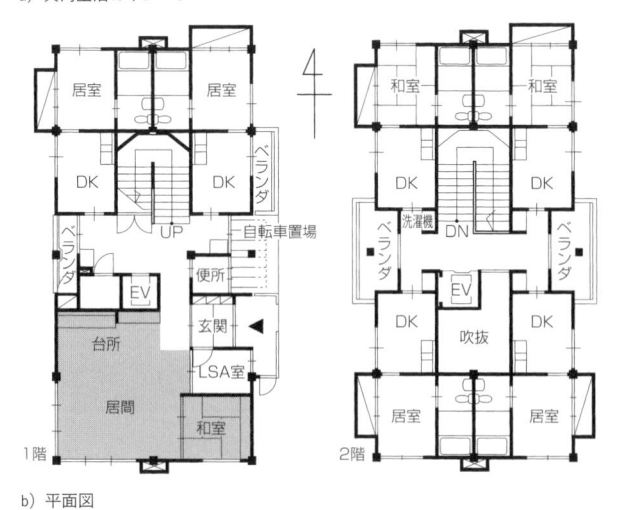

いつでも誰かと会えるし，いつでもひとりになれる！
ひとりで食事するよりも時には大家族のようにみんなで集まって食べよう！
（募集説明書より）

c) 木材を多用した外観

b) 平面図

d) 2階エレベーター前

e) ゆったりした共用室の食事部分

f) 物干し，園芸などに便利なバルコニー

図9.27 グループ居住を行う高齢者向け住宅（兵庫県営片山ふれあい住宅）

9.7 スウェーデンのケア付き住宅

9.7.1 高齢者向け住宅・居住施設の変化

スウェーデンでは，ハンディキャップ者自らが居住形態を決定し，それを社会的に実現するために，さまざまな形態の住宅・居住施設を生み出し，福祉制度の整備と経済基盤の改革を行っている（図9.28）。居住者の生活の質を高め，社会的な経費を低減させるために，高齢者が居住する場は，施設から福祉と連携した住宅へと大きく変化してきている。

後期高齢者（75歳以上）の増加から，密度の高いケアを行う老人ホームや痴呆症の高齢者を対象としたグループホームが増加している。

グループホームは，痴呆症高齢者ばかりでなく知的障害者にも有効な

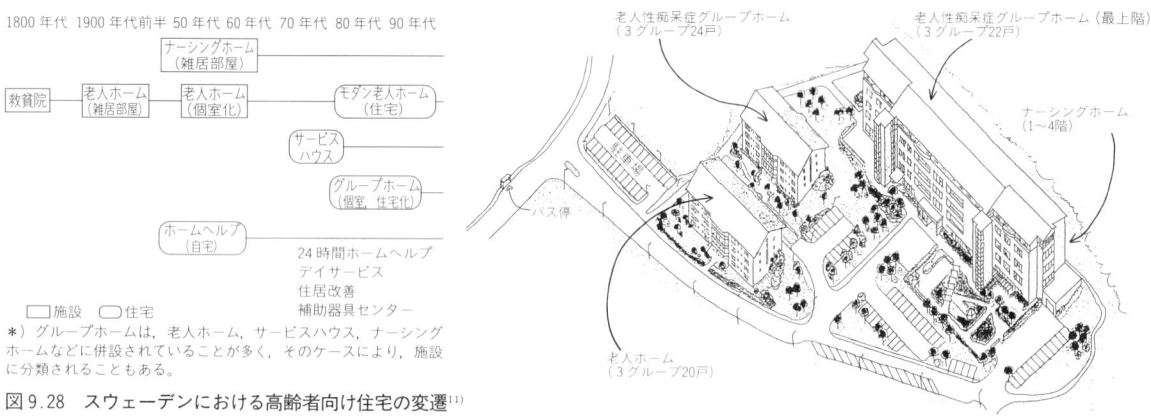

*）グループホームは，老人ホーム，サービスハウス，ナーシングホームなどに併設されていることが多く，そのケースにより，施設に分類されることもある。

図9.28 スウェーデンにおける高齢者向け住宅の変遷[11]

a) 敷地全体の計画

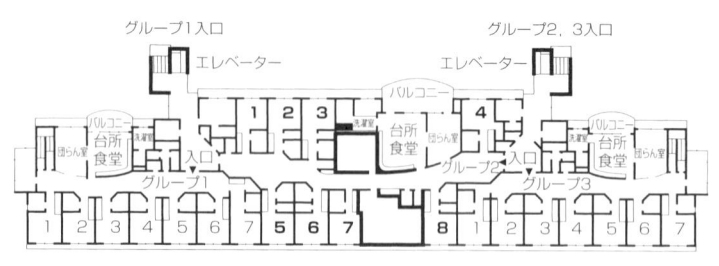

*）住戸内の数字は，各グループごとの住戸番号を示す。数字の太さは，グループが異なることを示す。
1994年2月に屋上に増築された。22戸が3グループに分かれて生活している。各住戸は31〜38 m²で，職員（昼間はグループ当り4人，夜間は3グループで1人）と高齢者が共用室を使って家族的な生活を行っている。

b) 老人性痴呆症グループホーム（最上階）の平面

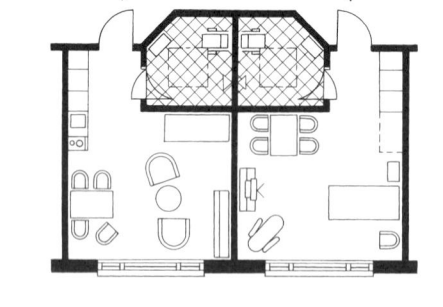

c) 老人性痴呆症グループホーム（最上階）の住戸平面

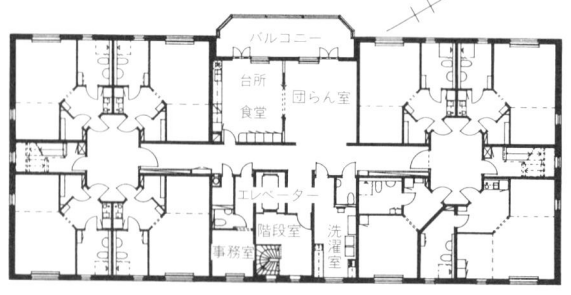

1993年9月に開設している。8戸で1グループを形成している。グループホームに比べると，共用スペースと住戸間の独立性は高くなっている。

d) 老人ホームの平面

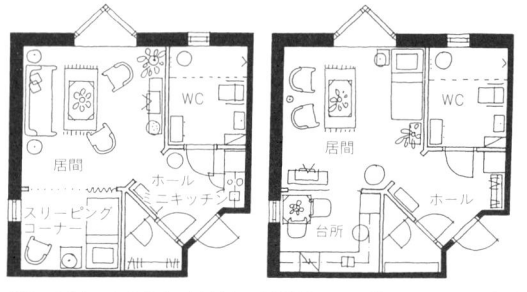

グループホームの場合には（左），台所はほとんど使用しないので充実していない。1日のほとんどを共用スペースで過ごしている。老人ホームでは（右），共用スペースと個別の台所を持つ。住戸面積は，どちらも39 m²。

e) 老人性痴呆症グループホームの住戸と老人ホームの住戸

図9.29 さまざまな居住タイプを含むカレベック高齢者向け居住施設（イェテボリ，スウェーデン）[12]

居住形態である。6〜8人の家族的な集団で、ヘルパーを中心に共同生活することは、落ち着いた環境を形成する。**サービスハウス**や老人ホームと比べると、共同の台所・食堂・団らん室で過ごす時間が長く、各戸の台所が使われる頻度が低いため、住戸規模は小さい（図9.29）。

9.7.2 ケア付き住宅の方向

高齢者の住戸がグループを形成し、共用の居室を設けた構成は、グループホームに限らず、他のケア付き住宅の計画でも一般化しつつあり、家族的な雰囲気の重要さを示している（図9.29, 9.30）。

古い時期に建築された居住施設は、現在求められている居住形態や居住水準の計画へと活発に改築されている（図9.30）。各戸の規模は、社会的な居住水準の向上を反映して倍の規模に拡大され、共用空間も確保されている。家族構成、生活様式、福祉サービスなどの変化に応じて柔軟に改築し、社会的財産である施設を活用する姿勢が重要である。

高齢者向け住宅や施設の外観を、周囲の町並みに溶け込ませることも重要である。居住者は、今まで住んでいた住宅と違和感なく転入でき、周辺の居住者も気軽に訪ねて来る。

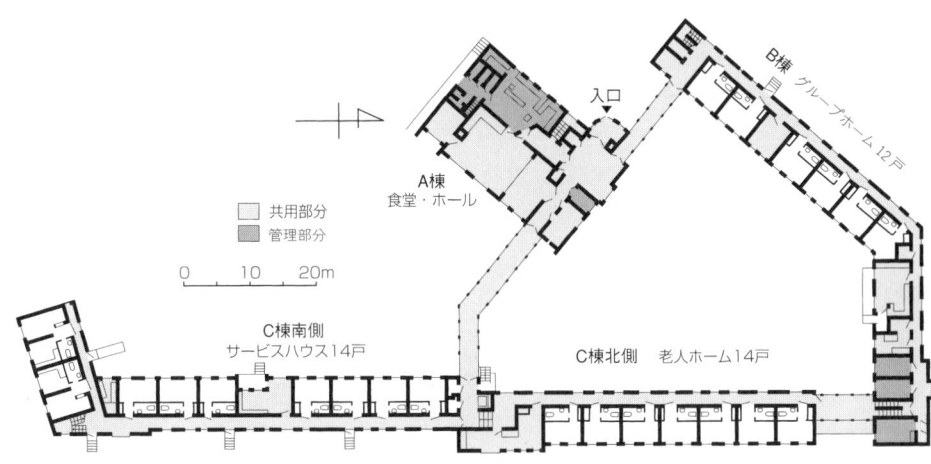

食堂・ホールを中心として、入居する高齢者の生活に合わせて、グループホーム、老人ホーム、サービスハウスという異なった住宅タイプを供給している。それぞれの住宅タイプを、中庭を囲んで適切な位置に配置している。

a) 施設全体の構成

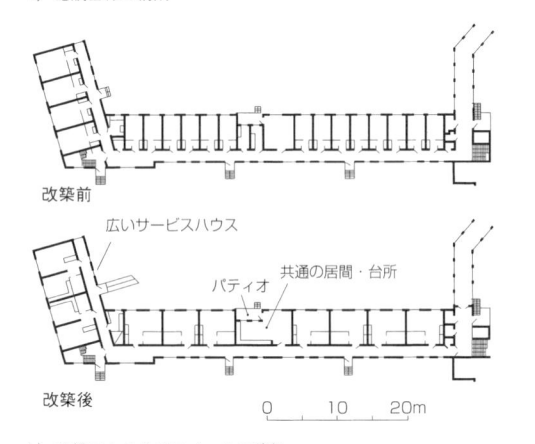

b) 改築による共用スペースの確保

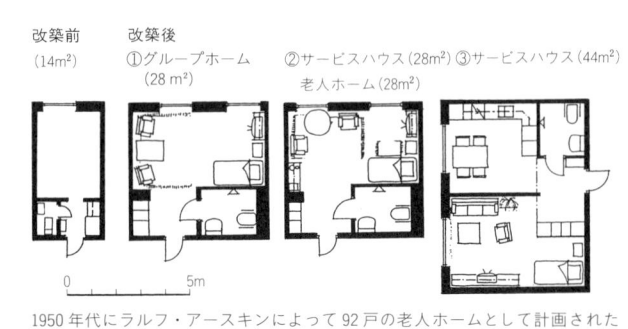

1950年代にラルフ・アースキンによって92戸の老人ホームとして計画されたが、高齢者の生活が変化するのに対応して、1989〜90年にかけて大規模な改築工事を行っている。その結果、3タイプの高齢者向け住宅とし、社会的な居住水準の向上に対応して住戸規模を約2倍に拡大した。

c) 改築による住戸規模の拡大

入口前の広場を示す。道路をはさむ左側の周辺住宅と同様な瓦屋根・レンガ壁で構成され町並みに溶け込んでいる。

d) 周囲の町並みに調和する外観

図9.30　居住者の生活に対応して改築したカスターニエバッケン高齢者向け居住施設（イェテボリ、スウェーデン）[12]

図表出典リスト

1) 住宅における省エネルギーの新たなステージ（住宅，Vol.48，日本住宅協会，1999）
2) 建設省編：平成5年版建設白書，1993
3) 住文化研究会編：住まいの文化，学芸出版社，1997
4) 集合住宅における新たな潮流（住宅，Vol.46，日本住宅協会，1997）
5) Jonathan Cattell "ECO HOUSE THE GUIDE" Leicester Ecology Trust
6) Kathryn McCamant, Charles Durrett, Ellen Hertzman: Cohousing-A Contemporary Approach to Housing Ourselves, Ten Speed Press, 1994
7) Erik Nygaard, Gøsta Knudsen, Karen Zahle, Peder Duelund Mortensen: Contemporary Danish Housing, Arkitektens Forlag, 1992
8) 小川裕子：自立を支える居住システム（住環境の計画編集委員会編：住環境の計画2 住宅を計画する 第二版，彰国社，1998）より作成。
9) 横山勝樹：彦根保健所における住宅改造（高齢者のすまいづくりシステム研究委員会編：日本のハウスアダプテーション，住宅総合研究財団，1993）より作成。
10) 吉田紗栄子：住宅改造実例2例（日本建築学会高齢社会環境整備特別研究委員会編：高齢社会の住宅改造をめぐって，日本建築学会，1993）より作成。
11) 山井和則：スウェーデンの高齢者政策を理解する7つの鍵（生活福祉研究機構編：スウェーデンにおける高齢者ケアの改革と実践，中央法規出版，1996）より作成。
12) Göteborgs Stad: Bostäder för Äldere － Några nyligen uppförda exempel i Göteborg, Göteborgs Stad, 1992 より作成。

用語解説

アピトン
東南アジアの広葉樹，フタバガキ科フタバガキ属に属する樹木。アピトンはフィリピンでの呼称で，インドネシアではクレインという。比重は0.78前後。心材は赤褐色でラワンよりやや重くて硬い。床板などの建築用材や家具などに用いられる。

アルコーブ
もともとは，部屋や廊下の壁面に作られた窪みのこと。西洋の古い建物では，書斎・食事コーナーとして使われた。日本の床の間も一種のアルコーブといえる。最近では，マンションの玄関をこの「アルコーブ式玄関」としているものが散見され，玄関を廊下の壁面から少し窪ませているものが多い。多くの場合，そこには花や植木鉢が置かれ，居住者の個性を伝えている。

イオン水
イオン交換水。イオン交換によって精製され，所定の条件を満たした水のこと。原水を陽イオン交換樹脂と陰イオン交換樹脂に通過させることで，水中のイオン化物質を除去する。

一斤染め
平安時代の染色名で，うすい紅色。絹一疋（二反）を染めるのに約二十斤の紅花が必要だった。非常に高価なものであり，当時は天皇や皇族以外が使うことを禁じる禁色にされていた。

インドアプランツ
室内緑化用の植物。主に室内で生育可能なゴムやドラセナなどの熱帯植物を利用する。冬の寒さに弱いものが多い。

ヴィクトリアン
ヴィクトリア女王（1819〜1901）の時代のイギリスのインテリアの様式。ゴシックからロココ，ネオクラシシズム（新古典主義）に至る過去のすべての様式を組み合わせたもので，これ自体には統一性の見られない様式である。

内法
箱状構造物の内部の差し渡し（寸法）。建物では，対面する2つの壁の内側から内側までの距離をいう。ほかに窓・出入口幅などに使われる。

エクステリア
インテリア（室内）に対峙する言葉。インテリアの装飾に対して屋外設備の門柱や塀，フェンスなど外構を指す。

エコハウス
環境に配慮した住宅やライフスタイルについて，消費者に具体的な情報を提供する施設。通産省では太陽光発電や断熱・気密性能の向上，植物や雨水の再利用による「環境負荷逓減型住宅」を提唱している。

エスキース
設計の過程でのスケッチ，下書きのこと。エスキースを何度も繰り返し，自分で自分の作品の問題点を発見して，再びエスキースを繰り返し完成度を上げることが設計の基本である。

陰陽五行説
中国において宇宙から人事に至るあらゆる現象を説明する理論。陰陽とは二相対立し，循環する原理であり，五行とは木火土金水を表す。青龍は木，白虎は金，朱雀は火，玄武は水であり，これに人間の土気を配して五行の形を備えている。また五行にはそれぞれシンボルカラーや音なども配当された。

核家族
夫婦とその子供だけで構成された家族。長子相続という形態で親子が結ばれていた戦前の家族制度に対し，夫婦の結びつきを基本とした戦後の家族形態をいう。核家族に祖父母が加わる場合，戦前ではこれを大家族と呼んだのに対し，戦後はこれを三世代家族あるいは二世帯家族という。

カプリオール脚
全体がS字形の曲り脚。その脚端は猫などの動物の脚をかたどり，玉をつかんだような形のものも見られる。イギリスで18世紀初めのアン女王の時代（クィーン・アン様式）に広まった。

雁行型
雁が列をつくって空を飛ぶ時の形に由来する，建築を構成する要素の配置形態。ある軸線の方向に対して斜めにずらしながら並べる配置。このようにして配置された構成要素相互の間には，独立性と連続性が形成される。

起居様式
主として住居内の公室空間における生活様式のこと。畳など床面中心の生活行為が多い床座と，家具などを用いた椅子座の生活とに分かれる。住宅の洋風化が進む中で，和室を1室は確保したいというニーズも多い。近年はライフスタイルが多様化し，床座と椅子座の混在した住まい方も見られる。

キトラ古墳
奈良県明日香村阿部山にある古墳時代終末期の古墳。1983年，高松塚古墳に類似する壁画が確認され，1998年の内部調査では，天井の宿星と日月，青龍，白虎の存在が確認された。天井の宿星は赤道，黄道を円形で表し，天体図として最古のもの。また，位置的に高松塚古墳のほぼ真南で，藤原京中軸線の南への延長に近いことから注目を集めている。

居住水準
国民が健康でゆとりある住生活を営めるよう国が住宅建設5カ年計画の中で定めている目標。居住状況の把握や住宅建設量算定のために多くは用いられる。最低居住水準は第3期住宅建設5カ年計画から，都市居住型誘導居住水準および一般型誘導居住水準は第5期住宅建設5カ年計画から導入された。家族構成に応じた住戸の広さや設備，性能などの目標値が定められている。

躯体
建物の荷重を支えるために必要となる基本的な構造体と，これと一体的に施工される建物の機能を果たすために最低限必要な部分のこと。この基本的な工事が終わった段階で，設備や仕上げの工事が行われる。一般的に，柱，梁壁，床，階段などを示す。

クーポラ
ドーム（半球状の円天井，円屋根，円蓋）とほぼ同義語であるが，特に屋根の上や小塔の上の小ドームを指すこともある。

グループホーム
少数規模の痴呆性高齢者や知的障害のハンディキャップ者が，介護スタッフの介護を受けながら炊事・食事・団ら

んなどを共にして生活する住宅の形態。個人の住戸と共同生活を行う場から構成される。公営住宅でも供給が可能である。

軍艦島
長崎県野母半島の北に位置し、長崎港から約18 kmの海上に浮かぶ島。1810年ごろに石炭が発見され、明治期前半から本格的な採掘が始まり、最盛期には5,300人強の人々が働いた。大正時代に、高層の鉄筋コンクリート集合住宅が建設され、それらが林立する姿を大正12年に当時の長崎日々新聞が「軍艦島」という呼び名で紹介し、以後通称「軍艦島」と呼ばれるようになった。島内の居住地域当りの人口密度は、800〜1,300人/haという超高密住居であり、また建物は日本最初の鉄筋コンクリート造の高層集合住宅であった。

ケア
ハンディキャップ者が身体的・精神的・情緒的な水準を維持・回復するために、健康上・日常生活上受ける援助のこと。受ける対象は、家族、近隣社会、福祉施設、医療施設などで、内容を自ら決定する権利を有し、居住する場による差がないことが重要である。

建築面積
建築物（地階で地盤面上1 m以下にある部分を除く）の外壁またはこれに代わる柱の中心線（軒・庇・はねだし縁その他これらに類するもので、当該中心線から水平距離1 m以上突出したものがある場合においては、その端から水平距離1 m後退した線）で囲まれた部分の水平投影面積。

コア
建築物の平面において、便所・洗面・浴室などの設備部分や階段など、建物の荷重を負担できる壁体を集約させて配置したところ。平面の中心部に壁量が多く配置されるため構造的に強く、コアの周囲の居住スペースに開口部を多く取れる利点もある。

公営住宅法
国の補助を受けて地方公共団体が住宅を建設し、これを住宅に困窮する低所得者に安価な家賃で賃貸することにより、国民生活の安定と社会福祉の増進に寄与することを目的として制定された法律。

公私室型
主に食事、団らんのための公室と、就寝のための私室を明確に確保した平面型。家族に見合ったn個の寝室と公室（LDK）から成っているのでnLDK型ともいう。家族の日常生活、個人の尊重（プライバシーの確保）、平等な家族関係を重視した生活像に対応し、戦後普及した。

ゴシック
12世紀中ごろ北フランスに興り、13、14世紀を最盛期として16世紀前半まで継続したキリスト教芸術様式の一つ。垂直線の強調と表面の装飾彫刻、尖頭アーチ、飛梁（フライング・バットレス）、リブ・ヴォールトといった建築構造上の特性があげられる。

コートハウス
敷地の外周に塀や建築物の外壁を配置して、外部に対して閉ざし、内部に配置した中庭に面した開口部から日当り・採光・風通しを確保する住宅の形態。周辺環境の変化に影響されることが少ない。建築物と塀は、一体化することが多い。

コニファー
針葉樹の総称。一般には低木性の葉色の変化のあるものを特にコニファーと称している。樹形の美しさを庭園のポイントとしてデザインする。
　円垂形の樹形：ゴールドクレスト、スカイロケット
　匍匐形の樹形：ジュニペレス・グラウカ、フィリフェラ・オーレア等

コーポラティブハウジング
居住者が敷地選定から完成に至るまで企画・設計プロセスに参加し、自分達の集合住宅をつくっていく形式の集合住宅。居住前にいろいろな問題を共同で解決していく過程でコミュニティが形成される。住宅自体は戸建て住宅の自由設計と不特定多数対象の型計画との間に位置する。

小堀遠州（1579〜1647）
近江国坂田郡小堀村の武士で豊臣秀吉や徳川氏に仕えた。建築や造園、茶道に造詣が深く、その技量も非常に巧みであったといわれている。

コモンハウス
生活の一部を共同化した住宅地で、屋内の共同生活を行う場のこと。住宅地の中心部に歴史的な建物を利用したり、象徴的な形態で建築されることが多い。台所、食事室、集会室、談話室、保育室、オーディオ・ルーム、日曜大工室、洗濯室などが設けられる。

コンテナガーデン
コンテナ（植木鉢）でつくるミニガーデン。植木鉢栽培と異なるところは、いろいろな植物を寄せ植えし、庭園的な意匠を凝らす。

彩度
色の三属性の一つ。色の冴え、鮮やかさを表す尺度。灰色を含まない鮮やかな色は彩度が高く、灰色を含む濁った色は彩度が低いという。また各色相の中で最も彩度の高い色を純色という。

サービスハウス
ハンディキャップ者を対象としたさまざまな種類・程度の援助サービスを受けられる住宅形態。食堂やレクリエーション活動のための共用室が設置されている。生活援助は、住戸内でも共用室でも行われる。

サービスヤード
中心的な生活や生産の過程以外に、建物の運営を行うために必要となる労働的な行為を行う屋外の場。住宅では、洗濯物干場、ゴミ置き場、一時的に物を置く場など、家事に関連した行為を行う性格を持った庭。

三内円山遺跡
縄文時代前期からの集落遺跡で、青森市三内字沢部・字円山に所在する。遺跡からは竪穴住居跡をはじめ、大量の遺物が捨てられた谷（泥炭層）、大規模な盛り土、大人、子供の墓、さらには土器作りのための粘土採掘穴などが発見されている。

色相
色の三属性の一つ。色の主波長に関する尺度であり、赤、橙、黄、黄緑、緑、青緑、青、青紫、紫、赤紫のような色合いの違いを示す色味をいう。

持続可能な社会
有限の地球環境の中で次世代の社会経済的利益を損なうことなく現在の生産・消費活動を満たすためには大量生産・大量消費・大量廃棄のライフスタイルからの脱却が必要である。これからの社会のめざす方向として生産者及び消費者が生産・流通・消費・廃棄の各場面において資源循環・効率利用、環境負荷の低減等が求められている。

シックハウス
住宅に入っただけで体調が悪くなるという健康被害。具体的な症状としては、頭痛や吐き気、喘息、アトピー性皮膚炎など。その原因の一つに、壁紙や合板などの接着剤に含まれるホルム

アルデヒドがあげられている。

しつらい
平安時代に、寝殿造の住宅内を、儀式・行事の内容に合わせて設営することを意味したように、居室内に移動が可能な家具や間仕切りなどを配置して、生活の場を形成すること。同一の居室で、家族構成や季節による住み方の変化に対応できるという利点がある。

就寝分離
夫婦や子供など家族構成員が年齢や性別によって寝室を適正に配分していくこと。プライバシーを確保された個室を持つことを基本的な考えとするが、最低居住水準と誘導居住水準では性別就寝や主寝室内の子供の就寝と個室確保について、その厳しさの程度に差をつけている。与えるケースが多いが、欧米に比べて専用の夫婦寝室が少ないのが特徴である。就寝分離は食寝分離とともに現行居住水準指標における居室配分の基礎となっている。

住宅建設5カ年計画
住宅建設計画法(昭和41年制定)に基づき、国および地方による中期的な住宅建設目標を定めたもの。昭和41年以降、5カ年を計画単位として策定されるもので、各計画期間内の住宅建設の目標や公的資金による住宅建設量などが示される。

住宅需要実態調査
住宅および住環境に対する居住者の主観的評価や住宅改善計画の有無・内容、住み替えの実態などを把握するため、建設省住宅局が5年ごとに実施している調査。全国約9万の普通世帯が対象。住宅・土地統計調査と並んで国および地方自治体の住宅政策立案のための基礎資料として利用されている。

住宅政策
人間として最低限確保されるべき住宅・住環境水準が住宅市場原理や自助努力の範囲内では入手・維持できない場合、あるべき居住像の実現に向かって国や地方自治体が立案する住宅・居住に関する施策全般を指す。平成6年度以降は住宅マスタープランの策定が進み、総合的・長期的・計画的な住宅施策の展開が可能になりつつある。

住宅・土地統計調査
住宅および世帯の居住実態を明らかにするため、総務庁統計局が昭和23年以降5年ごとに実施している大規模調査(指定統計)。わが国の住宅に関する最も基礎的な調査として知られている。住宅需要実態調査が居住者の主観的評価に重点をおいているのに対して、住宅・土地統計調査は住宅・宅地の客観的把握を目的としている。土地事情に関する調査内容の充実を図るため、1998年調査から住宅統計調査を住宅・土地統計調査と改称した。

住宅の地方性・地域性
気候風土や生活様式、歴史・文化の違いから、住宅の間取りや規模、構造、意匠、住まい方などが地方や地域で異なること。高度経済成長期以降の都市化の影響により、住宅の地方性・地域性は失われつつあるが、HOPE計画や民家再生など地域に根ざした住まいづくりに再び注目が集まっている。

住宅不足
ある時期の国全体またはある地域の世帯数から住宅数を差し引いた不足している住宅の数。戦後直後の日本の住宅不足数は420万戸といわれており、それが解消したのは昭和40年代である。

住要求
居住者自らが、よりよい生活を実現するために示す具体的な要求の中で、空間に関する内容。住要求を形成し、調整・方向づける精神活動を住意識、居住者の住に関わる行動や判断を秩序づける価値体系を住居観という。居住者が求める住空間を形成するために、住要求の把握は重要である。

生涯住宅
大きな改造をせずに、高齢期にも住み慣れた住宅に住み続けられるように建設時から配慮をした住宅で、ユニバーサルデザインの住宅版。段差除去、手すりの設置、高齢期に問題が生じやすい水回り、廊下・出入口幅などの配慮のほか、寝室と浴室・便所の近接化などの間取りの配慮が必要。

食寝分離
小住宅における庶民の住み方調査から導き出された住宅平面計画の基本原則で、西山夘三が提案したもの。最も基本的な生活要求として、食事の場と就寝の場を分離することの必要性を科学的に実証し、それを空間として表現した。戦後の公共住宅計画の基礎理論として定着している。

シルバーハウジング
1987年に制度化された高齢者のみ世帯を対象として供給されるケア付きの公的住宅。高齢者の身体条件に配慮した安全な住宅内容で、緊急通報システムを備え、10～30戸ごとに配置されたライフサポート・アドバイザー(LSA)が、安否確認、生活指導・相談、緊急時対応などの生活援助を行う。

心押さえ
ある壁の心から対面する壁の心までの距離で、二者の距離を表す方法。

シンメトリー
対称・相称の様のこと。広く自然界に見られる一つの構造的な特性であり、このような調和のとれた状態は、造形芸術の世界でも非常に関心が高く、古くより重視されていた。

住み方調査
住空間は、住生活の変化に従い発展する。逆に、住生活も住空間の構成に影響されて発展する。両者を居住実態として総合的に採取し、適合・矛盾関係を読みとり、改善・発展方向を考察する調査方法である。調査で採取する項目は、住宅平面、家具配置、主要な生活行為の場などである。

生活行為
住宅の内外で行われる生活を構成する個別的な行為のこと。生活は、これらの行為の集合体として把握される。住宅の計画は、生活行為に対応して行われるが、すべての生活行為を取りあげることはできない。重要な行為に着目した計画が重要である。

生活財
快適かつ豊かな家庭生活をおくるために住居内に持ち込まれる耐久消費財や家具、器具、設備などの総称。最低限あるいは標準的な生活を営むのに必要な基本財と、家族の経済条件やライフスタイルなどによって所有されることの多い贅沢品的なものとに分かれる。

生活様式
生活は、日々繰り返されることで生活行為の一定の秩序を形成する。この生活行為の秩序化した体系を生活様式という。地域、家族、住宅形式などの差異により、さまざまなタイプが形成され変化・発展していく。生活様式が反映した空間的な側面を、住様式という。

組織図
平面を構成する居室・設備などの要素を、建物の機能や利用者の動きによって関連づけ、組織を模式的に説明した図。設計の初期の段階では、建物の基本的な構成を整理して検討するのに用

いる。完成後に，建物の構成を説明する際にも効果的な表し方である。

ゾーニング
建築空間全体あるいは敷地を一つの性質，用途あるいはいくつかの性質，用途の集合により区分，区画すること。その他法令による防火区画，避難区画，あるいは空調，給水設備などの系統分けの場合にも用いる。

ゾーン
同様な用途や目的を持った地帯・区域を意味する。住宅計画では，類似した種類・性格の生活を行う居室が占めている範囲を指す。都市・地域計画では，同種の建物が供給されたり，開発される区域を示す。

耐火建築物
主要構造部を耐火構造として延焼の恐れのある外壁の開口部には防火戸やその他防火設備を有するものを設置した建築物のこと。

ダイニングキッチン
戦後の住宅復興期に，限られた住戸面積の中で秩序ある住生活を営むために提案された住様式。食事と調理の空間を一体的に確保し，椅子座の空間とすることで食寝分離を可能にした。昭和26年の51C型公営住宅平面に導入され，その後は現行最低居住水準における公室構成の基礎にもなった。

タウンハウス
集合住宅の住棟形態を示す。1戸の住宅が2，3階建てで，地面に接し，その上部にほかの住戸がなく，隣に同様な住戸が連続して並ぶ住棟で，共用庭を有するもの。効率的に敷地を活用した形態で，生活の一部を共同化し，住宅地を共同管理する特徴がある。

田の字型
4室が「田」の字に配置され，ふすまなど建具だけで間仕切られた平面タイプ。東日本の「広間型」に対して，主に西日本の農家に多く見られた。大勢の人が集まるのには都合がよいが，プライバシーの確保が難しく，近年は廊下でプライバシーを確保する平面に変化してきている。

違棚
近世に典型化した座敷飾りのための設備の一つ。主殿造りの住宅で書籍や文具，あるいは茶の道具などを飾った。床の間脇の柱間に設けられ，天袋・地袋・2段の段違いの棚板から成る。主となる棚板が一直線にならず，中央で段違いになるので違棚と呼ばれている。

デイサービスセンター
高齢者が在宅で生活しながら通所し，ほかの高齢者とくつろぎ，歓談，食事，入浴などの活動や生活を共にすることを通して心身機能を高め，社会性を養う福祉施設。高齢者の生活圏ごとに，地域施設として適切に配置される必要がある。

動作域
人間が一定の場所で身体の各部位を動かしたとき，平面的・立体的につくられる領域の空間。作業域ともいう。また，人とものを含んだ作業に必要な空間のことを動作空間といい，それらを繋ぎ合わせて，あるまとまった生活行為ができる空間領域を単位空間と呼ぶ。

同潤会
関東大震災の復興のため，住宅の建設・経営事業と不具廃疾収容ならびに授産事業とを目的として，1924年に国の出資を受けて設立された財団法人。1941年に事業を住宅営団に引き継ぐまで，1万2,000戸の住宅を建設した。同潤会は住宅建設に留まらず，鉄筋コンクリート造によるアパートの建設，設計の標準化，住宅共同施設の計画，不良住宅地区の改良などの新しい試みを行った。

トップライト
天井や屋根に設ける，日当り・採光を得るための窓。天窓ともいう。側面の窓と比較して，奥行きの深い室内でも十分な採光が得られるが，雨漏りや保守管理に留意する必要がある。

登呂遺跡
静岡市内にある弥生時代の遺跡であり，住居群跡と水田跡から成る。1943年に発見され，1947～1950年に調査。竪穴住居と高床倉庫が復元されている。この高床倉庫は，規模・構造，集落の中での位置や数から，穀倉であったと考えられている。

二世帯住宅
親と子の両世帯が日常生活で一定の距離を保ちながら，精神的交流と緊急時の対応の安心を確保するための同居型住宅。住空間の分離度によりいくつかのバリエーションがある。子世帯は土地と住空間が確保でき，親世帯は同居の安心感が得られる利点があり，近年増加している。

ネオクラシシズム
新古典主義。18世紀にバロックやロココの自由奔放な典雅趣味に対する反動として興り19世紀前半まで続いた。古典様式の再認識を基盤とし，直線的でシンメトリーな構成が重視される。

延べ面積
延べ床面積。建築物の各階の床面積を合計したもの。ただし，容積率制限に関する規定の適用に当たっては，自動車車庫，自動車路などの部分は5分の1までは延べ面積に算入されない。

掃き出し窓
下端が床面と同じ高さに設けられている窓。廊下などを介することなく居室内から直接外部にゴミを掃き出すことができるように開口部を広く確保した窓や，床の間に床に接して低い位置に設けた窓がある。

バリアフリー
ハンディキャップ者が日常生活を行ううえで障害となる物（バリア）を除去する（フリー）こと。住宅・まちの物的障害，社会的制度の障害，対人関係上の心理的障害を除去・改善する必要がある。

晴と褻
服装，生活，空間の公私を区別してそれぞれの秩序とリズムをたてる一対の概念。晴は正装的，儀礼的，公的，褻は略装的，日常的，私的の意味を示す。この概念は平安時代の寝殿造りにすでに見られ，住宅の機能，室内意匠などの文化に投影されている。

バロック
イタリア語のバロッコ（いびつな真珠）に由来する名称。1600～1700年にかけてヨーロッパに広まった。荘重端正なルネッサンスの古典主義に対し流動的なリズム感，豪華絢爛たる絵画的印象，劇的な明暗効果などを重んじる。

ハンディキャップ者
健常者に比べて身体機能・知的機能が低下している人のこと。加齢現象により機能低下していく高齢者，身体に障害を持つ者，知的障害者のほかに，妊婦，骨折した疾病者，重い荷物を持つ人なども一時的に該当する。

ビオトープ
ギリシャ語の「Bios（生命）」と「Topos（場所）」に由来するドイツ語（Biotop）で，多様な生き物の生息空間を指す。森林や緑地・公園，水辺空間，学校などを人間にとって快適な空間ととらえるだけでなく，あらゆ

る生き物の共生する空間として保全，復元，創出する試みが広がっている。

光ファイバー
光を送るための極めて細い（直径 0.1〜0.15 mm）線状のガラス。これを光通信に使用することで，一時に多重の情報を伝達できる。医学用内視鏡などにも用いられる。

ペア住宅
集合住宅で，老若の両世代用に隣接した二住戸を一組で供給した隣居型住宅。内部で往来できる例も多く，二世帯住宅の一種。1969年から公営住宅で，72年から公団住宅で供給されたが，片方が死亡や転居した際の管理上の問題，高家賃などの理由で需要が少なく供給戸数も少ない。

壁面線
街区内の建築物の位置を整え，その環境の向上を図るために特定行政庁が指定する線。建築物の壁，柱などはこの壁面線を越えて建築してはならない。

補助器具
ハンディキャップ者の低下している身体機能を補い，自立した日常生活を可能とするために使用する設備・用具。移動に用いるもの，衛生設備関係，連絡用などさまざまな種類がある。適切な設備・用具を選定し，効果的に使用するために，医療・福祉分野との連携が必要である。

ボーダーガーデン
花の美しい宿根草を中心に植え込んだ縁取花壇。草花の色彩，高さ，花期によってデザインする。イングリッシュガーデンの花の庭はこの手法による。

ボンエルフ
1970年にオランダのデルフト市で実施された歩行者と車の共存を図った道路。一般に，歩道と車道がある既存の道路を改修し，車道を一方通行とし，その幅員を狭め，さらに車道の仕上げをレンガなどとすることにより，通過交通の進入を防ぎ，車の速度を抑え，歩行者の空間を拡大する。

三具足
仏前に供える香炉，花瓶，燭台の三点一対の飾り物。鎌倉時代中期，新興仏教が仏前荘厳を簡略化するために用いた。室町時代以降は押板や床の間の正式の飾り物として中央に香炉，左に花瓶，右に燭台を置いたといわれる。

見付面積
建築物の梁間または桁行方向に見る鉛直投影面積のこと。この面積に応じて，木造建築物では構造耐力上必要な軸組みの長さが定められている。

ミニ開発
市街化区域（すでに市街地を形成している区域および，おおむね10年以内に優先的かつ計画的に市街化を図るべき区域）内に残った農地などに計画される敷地面積 100 m² 以内の宅地で構成された住宅地。日本人の戸建て志向，都市の利便性，土地の高騰などが絡み合い，1970年代に爆発的に建設され社会問題化した。戸建て住宅であるにもかかわらず，日照・通風，プライバシーなどに問題があり，各都市とも規制する方向の対策がとられている。

明度
色の三属性の一つで物体の表面色の明るさを尺度化したもの。最も高い明度の色が白，最も低い明度は黒である。

モザイク
大理石，ガラス，タイル，貝殻などの細片（テッセラ）を並べて張り付け，形象や文様などを表現したもの。主にビザンティン文化で発達し，初期のキリスト教会などで装飾として好まれた。表面の材質がさまざまな角度で光を捕え反射して，微妙な色合いをたたえる。

山木遺跡
1950年に発見された。水田跡と豊富な木製品で知られる弥生時代後期から古墳時代前期におよぶ集落跡。静岡県田方郡韮山町山木を中心に広がるが，全体の規模ははっきりしない。出土品は木製品主体で，農具や厨房具など多数が発掘されている。

ユニバーサルデザイン
日常用具や住空間を，どんな身体能力の人でも利用できることをめざしたデザインの考え方。米国のロン・メイスが提唱した。バリアフリーが「障害者や高齢者のために」既存のバリアを取り除くという意味が強いのに対し，最初からすべての人が利用しやすい生活環境をめざす点が異なる。

要求水準
住宅の広さや立地，家賃などに対する住要求は家族構成や生活水準，地方・地域によって異なり，また時代とともに変化する。住宅の広さに対する居住者の満足度評価をもとに，ある時代や地域における住宅の広さに対する要求レベルを示したもの。居住者の過半数が満足する住宅の広さを「50％要求水準」と定義した。

吉野ヶ里遺跡
紀元前3世紀から紀元後4世紀近くまで長期にわたり，その時代の推移とともに変化・拡大していった巨大な環濠集落。佐賀県神埼郡神埼町と三田川町にまたがる吉野ヶ里丘陵一帯に散在する。大規模な高床倉庫群をはじめ竪穴住居，鉄製農耕具，銅剣や巴型銅器など多くの出土品がある。

ライフサイクル
人は結婚，就職，子の誕生など，何度かの人生の節目を迎え，生活が変化する。この周期をライフサイクル，比較的安定した各段階をライフステージという。家族のライフステージごとの住要求が変化し，増改築などの住宅改善行動の契機となる傾向があり，住宅計画では重要な概念である。

利休色
緑色の暗い灰色を利休色という。これより緑みの少ない色，すなわち緑のある灰色を利休ねずみという。また，利休色のもつ灰色に茶色みを帯びた色を利休茶と呼ぶ。

ルーフガーデン
屋上庭園のこと。植木鉢を並べて造られた屋上の庭，もしくは陸屋根の建物の屋上に土を配して，草木を植えた庭園。古くは古代ギリシアやローマの都市住宅に見られた。自由な立面，平面，独立構造，ピロティとともに近代建築の五原則の一つにあげられる。

著者略歴

田中　勝（たなか　まさる）
- 1962年　長崎県に生まれる
- 1989年　豊橋技術科学大学大学院工学研究科博士後期課程システム情報工学専攻修了
- 現　在　山梨大学大学院総合研究部教育学域教授
　　　　工学博士

小川正光（おがわ　まさみつ）
- 1949年　広島県に生まれる
- 1979年　京都大学大学院工学研究科博士課程建築学専攻修了
　　　　豊橋技術科学大学助手，
　　　　愛知教育大学助教授，教授を経て，
- 現　在　愛知教育大学名誉教授
　　　　工学博士

村上良知（むらかみ　よしとも）
- 1949年　佐賀県に生まれる
- 1978年　九州大学大学院工学研究科博士課程建築学専攻単位取得退学
　　　　熊本県立大学環境共生学部居住環境学専攻教授を経て，
- 現　在　熊本県立大学名誉教授
　　　　工学博士

小林敬一郎（こばやし　けいいちろう）
- 1942年　大阪府に生まれる
- 1988年　京都大学大学院工学部建築計画専攻研究員修了
- 1991年　早稲田大学大学院理工学部建築史専攻研究員修了
- 1989年～　フランス国立トゥーロン海洋大学名誉教授，フランス私立イセン電気工科大学名誉教授
- 現　在　小林敬一郎建築研究所主宰
　　　　神戸国際大学教授
　　　　奈良芸術短期大学名誉教授
　　　　神戸医療福祉大学招聘教授
　　　　公益社団法人日本建築家協会正会員

白砂伸夫（しらすな　のぶお）
- 1953年　京都府に生まれる
- 1971年　信州大学農学部園芸農学科卒業
- 1978年　京都大学工学部建築学教室：増田友也教授に師事
- 1990年　アール・フュージョン設立主宰
- 2015年　東京農業大学環境共生学博士
- 現　在　神戸国際大学経済学部国際文化ビジネス・観光学科教授
　　　　株式会社アールフュージョン代表取締役
　　　　倉敷芸術科学大学学長補佐
　　　　ランドスケープアーキテクト

笠嶋　泰（かさじま　やすし）
- 1948年　神奈川県に生まれる
- 1973年　千葉大学工学部工学研究科建築学専攻修士課程修了
　　　　大同工業大学，大同大学教授を経て，
- 現　在　大同大学名誉教授
　　　　工学博士

谷村留都（たにむら　るつ）
- 1951年　広島県に生まれる
- 1974年　日本女子大学家政学部住居学科卒業
- 1984年　アール・アンド・エス設計工房設立，現在に至る
　　　　一級建築士

図解住居学2　住まいの空間構成
2000年9月10日　第1版　発行
2022年3月10日　第1版　第5刷

編　者	図解住居学編集委員会
著　者	田中　勝・小川正光
	村上良知・小林敬一郎
	白砂伸夫・笠嶋　泰
	谷村留都
発行者	下　出　雅　徳
発行所	株式会社　彰　国　社
	162-0067　東京都新宿区富久町8-21
	電話　03-3359-3231（大代表）
	振替口座　00160-2-173401

著作権者との協定により検印省略

自然科学書協会会員
工学書協会会員

Printed in Japan
©図解住居学編集委員会（代表）2000年　装丁：長谷川純雄　製版・印刷：壮光舎印刷　製本：ブロケード
ISBN 4-395-28032-3　C 3352
https://www.shokokusha.co.jp

本書の内容の一部あるいは全部を，無断で複写（コピー）、複製、および磁気または光記録媒体等への入力を禁止します。許諾については小社あてご照会ください。